KB182131

신문으로 공부하는 말랑말랑

시사상식

경제·경영

신문을 술술 읽혀야 상식이 쌓인다

신문은 36페이지에서 40페이지 정도의 지면으로 이루어져 있습니다. 이를 한 권의 책으로 옮겨본다면 몇 페이지 정도 될까요? 하루의 신문 내용을 책으로 옮겨보면 약 200페이지 정도라고 합니다. 얇고 가벼운 신문이 이렇게 방대한 양의 정보를 담고 있었다니 새삼 놀랍지 않은가요? 게다가 책과는 다르게 신문은 여러 분야의 다양한 지식을 다룹니다. 하루치 신문은 책과 비교할 때 질적으로 전혀 뒤떨어지지 않는 다양한 내용들을 전해준다는 것을 알 수 있죠. 신문을 읽으면 전 세계 사회현상과 흐름, 전망, 관련된 역사, 문화 등을 배울 수 있습니다. 가장 저렴하게 지식을 습득할 수 있는 방법인 셈이죠.

뉴트로

2010년대 중반부터 시작된 90년대 복고문화 열풍이 계속 이어지고 있습니다. 90년대 당시 유행했던 음악, 패션, 인테리어 등 다양면의 문화가 인기를 끌고 있는데요. 이래서 '유행은 돌고 돈다'는 말이 생겼나 봅니다. 복고열풍은 한동안 들끓은 이후 2022년부터 다시 고개를 들고 있는데요. 최근에는 복고(Retro)와 새로움(New)을 결합한 '뉴트로(Newtro)'라는 신조어가 유통업계에 바람을 일으키고 있습니다.

디리스킹

디리스킹은 위험제거를 뜻하는 말로 본래는 금융기관이 위험을 관리하기 위해 무차별적으로 거래를 중단하는 것을 의미합니다. 그런데 폰데어라이엔 유럽연합 집행위원장이 "세계시장에서 탈 중국이란 불가능하고 유럽의 이익에도 부합하지 않는다면서, 디리스킹으로 전환해야 한다"고 말해 주목받았습니다. 중국과 협력관계를 유지하면서도 의존도를 낮춰 위험을 관리하겠다는 의도로 풀이됐죠.

신문으로 공부하는 **말랑말랑**

시사 상식

경제·경영

(주)시대고시기획

정보가 부족하던 시절에는 정보 찾기 그 자체가 힘들었다면, 요즘과 같은 시대에는 너무 많은 정보가 문제입니다. 쉴 새 없이 쏟아지는 정보의 홍수 속에서 어떤 정보를 취할지 늘 고민해야 하기 때문이죠. 그런 고민을 하는 사이, 찾던 정보는 이미 오래된 것이 되어버립니다. 새로운 정보가 실시간으로 마구 쏟아져 나오니까요. 경제 · 경영 분야는 더욱 심합니다. 세계 속에서 여러 경제 원리는 눈 깜짝할 새, 새로운 이론과 조합으로 재탄생하게 됩니다. 더군다나 취업, 대입, 테셋 등 많은 현장에서 경제 · 경영 분야의 기초 및 상식은 필수입니다. 전공이 아니더라도 기본적인 경제 · 경영 용어 정도는 알아야 하는데 너무 많은 용어와 이론이 학습을 되레 방해하는 셈이죠.

취업, 대입, 테셋을 포함해 풍부한 경제 · 경영 지식을 필요로 한다면 꾸준하게 학습하는 습관을 길러야 합니다. 그래서 여러분에게 〈신문으로 공부하는 말랑말랑 시사상식 경제 · 경영〉이 필요합니다. 기존의 학습서들이 딱딱한 이론을 용어 해설 형태로만 나열했다면, 〈신문으로 공부하는 말랑말랑 시사상식 경제 · 경영〉은 어렵고 딱딱한 경제 · 경영 이론을 신문기사를 바탕으로 아주 쉽게 풀어썼습니다. 중학생 이상이면 충분히 이해할 수 있으면서도 깊이가 있습니다. 말랑말랑한 설명에 더해 신문기사로 사례를 들고, 이어서 문제를 통해 용어를 한 번 더 정리할 수 있도록 구성하여 쉽고 빠르게 학습하고 기억할 수 있습니다. 마지막 챕터에는 경제 · 경영 분야의 기초 이론, 역사, 경제학의 대표 학자 등을 모아 수록해 경제 · 경영 학습서의 기본도 충실히 갖췄습니다.

이 책은 취업, 대입, 테셋 등에 출제된 용어를 선별 · 수록했기 때문에 경제 · 경영 관련 수험생, 그리고 최근 경제 · 경영 분야 흐름을 쉽게 공부하고 싶은 모든 분들에게 많은 도움이 될 것으로 확신합니다.

이 책의 특징

첫 째 | 신문의 기본문법, 경제 · 경영 분야의 최신 · 기본이론을 엄선해 106개 항목으로 정리

둘 째 | 말랑말랑 해설 읽고, 관련기사 정독하고, 퀴즈로 마무리!

셋 째 | 지루하고 딱딱한 설명은 가라! 친절하고 말랑말랑한 해설로 상식 UP!

넷 째 | 신문으로 상식을 업데이트 시킬 수 있는 SD에듀만의 상식 쌓기 노하우 전수

다섯째 | 취업, 대입, 테셋 등에 꼭 필요한 내용들을 단기간에 익힐 수 있는 완벽 대비서!

왜 상식을 쌓아야 할까?

○ 상식은 시민사회의 기본 소양

우리는 사회를 살아가며 '상식적', '비상식적'이라는 말을 흔히 사용합니다. 이는 상식이 사회 구성원들이 매끄럽게 소통하게 하는 수단이 된다는 의미입니다. 상식이 없다면 어떤 주제로 대화하면서 맥락을 잘못 이해해 쉽게 다투거나 제대로 된 의견교환을 할 수 없을 것입니다. 상식은 우리가 시민사회를 살아가면서 갖춰야 하는 기본 소양인 셈입니다.

○ 문해력은 상식에서 나온다

최근 우리사회에서는 학생과 성인을 막론하고 '문해력'이 현저히 떨어진다는 분석이 잇달았습니다. 기본적으로 문해력은 글의 구조와 그 안에 담긴 어휘를 이해하는 능력을 뜻하지만, 더 나아가 어떤 사회현상을 스스로의 기준을 갖고 사고하는 것을 뜻하기도 합니다. 그러기 위해서는 상식이 필요합니다. 상식이라는 대상에 대한 기본적인 이해인 상식 습득이 선행되어야, 더 확장되고 심화된 사고도 나올 수 있는 것이죠.

○ 기업은 상식이 있는 사람을 원한다

상식은 그 사람이 살아오며 축적해온 교양의 정도를 의미합니다. 공기업과 공공기관에서는 이미 인재채용 때 상식 필기시험을 치러 보통 이상 정도의 상식을 갖춘 지원자를 선발하고 있습니다. 또한 기업의 채용면접에서는 흔히 사회 현안과 트렌드를 묻는 질문이 나옵니다. 지원자가 얼마나 이슈에 기민하게 반응하고, 이에 발맞춰 사고하고 행동할 수 있는지 심사하는 것이죠. 이런 센스 있는 사람을 기업은 원합니다.

○ 대입구술 · 면접에서도 상식이 필요해

상식이 많다는 것은 아는 것이 많다는 뜻이고, 많이 아는 사람은 할 수 있는 말도 많습니다. 대입논술과 구술 · 면접전형에서는 예상치 못한 질문에 즉흥적으로 사고하고 이를 정리해 언어로 풀어내는 능력이 필요합니다. 기본상식이 있다면 무엇보다 유리하겠죠? 이를 위해 평소 다방면의 상식을 쌓는 것뿐 아니라 해당 상식에 관해 스스로 생각을 정리해두는 것도 필요합니다. 그런 바탕이 있어야 비판적이고 창의적인 안목이 나올 수 있습니다.

그렇다면 왜 <말랑말랑 시사상식>일까요?

신문 읽는 법부터 차근차근

이 책은 신문 읽기를 바탕으로 하고 있습니다. 상식의 '보물창고'인 신문 읽는 법을 먼저 살펴보고, 기사의 정보를 습득하여 정리하는 법부터 상세히 알려줍니다.

꼭 알아야 하는 키워드만 쏙쏙

어떤 상식부터 공부해야 될지 모르겠다고요? 광범위한 다방면의 시사상식 키워드를 중요도와 시의성을 바탕으로 쏙쏙 엄선했습니다.

시사상식과 일반상식을 한번에

시사상식과 일반상식의 사전적 정의는 다르지만 꼭 구분해 공부할 필요는 없습니다. 이 책에서는 최신이슈는 아니더라도 늘, 혹은 다시금 화제가 되는 일반상식의 내용도 함께 실었습니다.

말랑말랑, 쉽고 친절한 설명

단순한 설명과 암기 위주로 된 기존의 상식책을 넘어, 읽으면서 정말 쉽고 재미있게 이해할 수 있는 친절한 설명을 곁들였습니다.

시의적절한 기사

상식 키워드가 실제 기사에서 어떻게 사용되는지 알아볼 뿐 아니라, 키워드를 더 깊게 이해하고 관련된 다른 정보는 무엇인지 파악하도록 하는 시의적절한 기사를 골랐습니다.

이해를 돕기 위한 시각자료

말랑말랑한 설명과 함께 이해를 돕는 그림 · 사진 · 도표 등의 시각자료를 넣었습니다. 풍부한 정보를 한눈에 파악할 수 있습니다.

한 번 더 이해하기 위한 퀴즈

키워드마다 읽은 내용을 한 번 더 복습하기 위한 다양한 유형의 퀴즈를 곁들였습니다. 실제 상식 시험에 출제되는 내용을 바탕으로 해 기출유형도 엿볼 수 있습니다.

이 책의 구성과 특징

센스 넘치는 지성인의 비결은?

❶ 시사이슈 정리법 공개

신문을 술술 읽으며 쉽고 빠르게 스스로 시사상식을 쌓아갈 수 있는 핵심 노하우를 대방출합니다.

❷ 시사용어 키워드 정리

꼭 알아야 할 용어, 모르는 용어의 정리법을 알려줍니다. 신문 읽기와 병행해 빠짐없이 키워드를 정리하면 효과가 두 배가 되어 상식이 더욱 풍성해집니다.

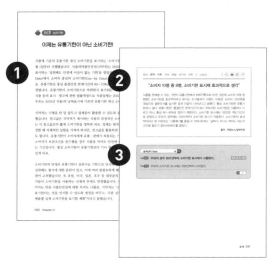

상식 키워드를 습득하는 효과적인 방법

❶ 말랑말랑한 설명

당신에게 꼭 필요한 설명! 말랑말랑하게 풀어 쓴 해설로 상식을 쉽고 재미있게 공부해보세요.

❷ 뉴스 속 상식

쉽고 말랑말랑한 설명을 읽어봤다면 관련 상식들이 어떻게 활용되고 있는지 직접 확인해보면 이해가 훨씬 쉽겠죠? 뉴스 속 상식은 여러분이 공부한 상식용어들이 뉴스 속에 어떻게 언급됐는지 보여줍니다.

❸ 기초 쌓는 ○X퀴즈

확률은 반반! ○X퀴즈를 풀어보며 상식에 대한 흥미를 늘리고 개념을 마무리해보세요.

지식을 풍성하게 하는 다양한 통로

❶ 더 알고 싶다면? Welcome to 토막상식!

본문을 읽는 중 그와 관련해 더 알고 싶은 부분이 생기지는 않았나요? 해당 주제와 그에 관련된 짧은 얘깃거리까지 알고 있다면 더욱 좋겠죠? 토막상식이 여러분을 명실상부한 상식 센스쟁이로 만들어줄 겁니다!

❷ 상식 UP! 객관식 퀴즈

객관식 퀴즈를 풀어보면 조금 더 깊이 있는 상식을 쌓아갈 수 있습니다. 정답을 맞힐 확률이 줄어들었지만 상식의 깊이는 두 배로 늘어났습니다. 말랑말랑한 해설과 함께 공부하면 배경지식은 보너스!

경제학의 기초 "이보다 더 쉬울 수 없다!"

❶ 책속의 책 – 경제학의 깊이를 더하다

한눈에 보는 그림과 도표를 추가해 여러분의 이해를 돕고자 합니다. 더욱 생생하게 머릿속에 기억될 것 같죠?

이 책의 목차

핵심공략법 말랑말랑 신문 읽기

Chapter1 경 제

CONTENTS

합격의 공식 Formula of pass | SD에듀 www.sdedu.co.kr

Chapter2 경영

Chapter3 조세

이 책의 목차

Chapter5 국 제

책속의 책 기초 튼튼 경제학 상식

핵심공략법

말랑말랑 신문 읽기

신문이 술술
읽혀야 상식이 쌓인다

국내 대기업의 한 인사 담당자는 강연 때마다 이런 이야기를 한다고 합니다. "채용 면접관의 마음에 들고 싶다면 스펙을 쌓기보다는 종이신문을 읽으며 종합적 판단력을 키워라." 바로 신문읽기의 중요성을 강조한 말입니다. 세계적인 투자자 워렌 버핏도 하루에 7가지 신문을 정독한다고 합니다. 그는 "나처럼 돈을 많이 벌려면 신문을 많이 읽어라"라고 조언했습니다.

신문은 36페이지에서 40페이지 정도의 지면으로 이루어져 있습니다. 이를 한 권의 책으로 옮겨본다면 몇 페이지 정도 될까요? 하루의 신문 내용을 책으로 옮겨보면 약 200페이지 정도라고 합니다. 얇고 가벼운 신문이 이렇게 방대한 양의 정보를 담고 있었다니 새삼 놀랍지 않은가요? 게다가 책과는 다르게 신문은 여러 분야의 다양한 지식을 다룹니다. 하루치 신문은 책과 비교할 때 질적으로 전혀 뒤떨어지지 않는 다양한 내용들을 전해준다는 것을 알 수 있죠. 신문을 읽으면 전 세계 사회현상과 흐름, 전망, 관련된 역사, 문화 등을 배울 수 있습니다. 가장 저렴하게 지식을 습득할 수 있는 방법인 셈이죠. 또 종이신문은 타이틀 크기, 지면 배치 등만 봐도 해당 이슈가 어느 정도 중요한지 그 중요도까지 파악할 수 있어 신문을 읽는 것만으로도 상황 판단력과 논리력을 키우는 훈련을 할 수 있습니다.

전 분야의 지식을 모두 섭렵할 필요는 없지만 자신에게 필요한 부분을 쏙쏙 뽑아 내 것으로 만드는 데 신문만큼 좋은 도구가 없습니다. 한 기업 사장은 바빠서 업무 중에는 짬을 내 신문을 볼 시간이 없기 때문에 새벽 출근길에 반드시 신문을 읽는다고 합니다. 그것도 두 가지 신문을 말입니다. 짧은 시간 동안 신문을 읽어야 하다 보니 나름대로 신문을 읽는 방법이 있다고 하는데요. 그는 경제, 사회, 정치면 순으로 읽고 그 다음에 문화, 스포츠면을 읽습니다. 자신에게 필요한 정보가 담겨 있는 곳을 먼저 읽는 것이죠. 자신의 필요에 따라 각 분야의 지식을 빠르게 얻을 수 있다는 점이 신문의 가장 큰 매력입니다.

나도 기자다. 내가 기사를 쓴다면?

자신이 독자가 아니라 기자라는 생각으로 신문을 읽어야 합니다. 전문가들은 이러한 방법이 최소의 시간을 들여 최대 효과를 내는 방법이라고 말합니다.

🔷 **신문읽기 3단계**

1단계 : 1면에서 마지막까지 쭉 훑어보면서 큰 제목과 작은 제목의 내용만 간략하게 읽습니다. 5분에서 10분 동안 신문을 넘겨보며 대략적인 이슈들을 파악하는 과정입니다.

2단계 : 주요한 기사들을 파악하면, 자신이 생각하는 중요도의 경중에 따라 어디에 초점을 둬서 읽을 것인지 결정합니다.

3단계 : 정독하며 필요한 부분은 스크랩합니다. 이때 기사에 나온 사건 속에 담긴 의미와 미래의 전망을 파악하며 읽도록 노력을 기울여야 합니다.

신문에서 이것만은 꼭 놓치지 말자.

🔷 **글자만 보지 말자.**

• 신문을 읽을 때는 글자만이 아니라 사진도 글의 내용만큼이나 중요합니다.
• 꼼꼼히 글자 하나하나에만 집중해서 읽기보다 속독으로 내용을 파악하는 것에 주력해야 합니다.
• 중요한 내용은 스크랩하며 흐름을 파악해야 합니다.

🔷 **연재기사, 특집기사는 꼭 읽자.**

• 기사의 기획의도를 생각해봅니다.
• 사건의 흐름을 파악하고, 사고의 범위를 넓히는 데 도움이 됩니다.

🔶 경영을 배우고 싶다면 CEO의 사생활까지도 살피자.

- 경마장에 가면 무턱대고 말을 고르지 않고 말을 연구하며 신중에 신중을 기하는 사람들이 많습니다. 이와 마찬가지로 경영에 대해 알고 싶다면 신문에서 다양한 기업 CEO에 대한 정보를 파악해보기 바랍니다.
- 그리고 점차 범위를 넓혀가면 좋은 정보가 축적됩니다. 해당 기업의 파트너, 진출한 국가와 관련된 정보들로 하나하나 범위를 넓혀간다면 경제·경영에 대한 지식이 쌓일 것입니다.

🔶 세계석학, 포럼 등을 다룬 기사들도 놓치지 말자.

- 신문의 가장 큰 장점은 시공간을 초월한 다양한 경험을 선물해준다는 것입니다. 세계석학들, 전문가들은 우리가 쉽게 만나볼 수 없으며, 이들의 해박한 지식은 우리가 단시간 내에 따라잡기가 어렵습니다.
- 이들의 글을 읽는 것만으로도 우리는 시간과 비용을 들이지 않고 고급 정보를 축적할 수 있습니다.

🔶 경제기사를 읽으면 성공이 보장된다.

- 처음에는 경제기사가 무슨 말인지도 모르겠고, 이해는 커녕 써 있는 말만 암기하려고 해도 도통 잘 되지 않습니다. 하지만 경제기사는 처음에는 어려워도 자주 보면 금세 친숙해집니다.
- 경제 분야의 기사를 읽을 때는 먼저 경제의 흐름을 파악하고 경기의 움직임을 읽어야 합니다. 그리고 금융시장의 동향을 살피고 난 후 적절한 재테크 계획을 세워봅시다.

🔶 1단짜리 단신도 소홀히 보지 말자.

- 가장 가볍게 보고 넘길 수 있으면서도 중간중간 중요한 정보들이 있을 수 있기 때문에 주의를 기울여야 합니다.
- 특히 짤막한 해외 단신에 주목하고, 기업 홍보기사의 경우 모두 믿지는 말도록 합니다.

쉽고, 빠르게
시사상식을 쌓는 공부법을 공개한다

신문을 이해하는 기본상식과 신문의 중요성을 깨달았다면 이제는 어떻게 하면 쉽고, 빠르게 시사상식을 쌓을 수 있을지 알아봐야겠죠. 우선 신문을 읽고 정리하는 습관을 기르는 것이 좋습니다. 읽기만 하고 정리를 하지 않으면 지식을 쌓는 데 한계가 있을 수밖에 없기 때문입니다. 하루에 신문을 다 읽고 정리한다고 했을 때 기본적으로 두 시간, 속성으로 한다면 한 시간 정도는 시간을 들여야 합니다. 만약 그 정도의 시간도 짬을 내기 어렵다 싶은 날에는 하루 30분 정도, 중요한 기사만 읽고 지나가더라도 반드시 정리하는 시간을 가져야 합니다.

어떻게 공부를 해야 할지 구체적으로 알아볼까요?

① 읽고자 하는 신문을 자유롭게 선정합니다. 논조, 기자의 성향, 중립성 등을 고려하는 것도 중요하지만 우선 시사상식을 쌓아가고 싶다면 이는 크게 중요하지 않습니다. 신문을 읽을 때는 노트와 펜도 함께 준비해야 하고, 신문을 다 읽고 한꺼번에 정리할 것이 아니라 신문을 읽으며 메모하고 필기하는 습관을 기르는 것이 좋습니다.

② 먼저 신문의 1면을 읽은 후 맨 뒷장으로 넘겨 사설을 읽습니다. 신문의 1면은 그날의 가장 중요한 사건·사고들을 한눈에 보여주는 곳이고, 사설은 이슈가 되는 논쟁들이 무엇인지를 보여주는 곳이기 때문에 신문에서 가장 주목해야 할 부분입니다. 이렇게 신문의 1면과 사설을 읽으며 노트에 정리를 합니다.

이렇게 정리하면 됩니다. 정말로 간단하죠? 하지만 이것이 하루, 이틀, 일주일, 오랜 시간 쌓이고 나면 이때 쯤에는 어떤 일이 있었는지, 사건의 흐름이 어떻게 바뀌어왔는지하고 파악할 수 있게 됩니다.

이런 능력은 상식을 쌓는 첫 걸음이며 논술시험, 면접시험 등 각종 입사시험에서 시사이슈, 찬반논쟁에 대한 답변 시에도 많은 도움이 됩니다.

③ 다음에는 기사 하나하나를 주의 깊게 읽고 정리해봐야겠죠. 기본적으로 신문을 읽고 정리하는 데 2시간 정도는 투자한다고 생각하면 됩니다. 하지만 시간이 부족하다 싶으면 1면에 나와 있는 제목과 관련된 기사들만 찾아 깊이 있게 읽는 것을 권유합니다. 다양한 기사를 보지 않으면 다양한 지식을 쌓기 어렵겠지만 무엇보다 공부가 습관이 되지 않으면 매일매일 업데이트되는 상식을 공부할 수 없기 때문입니다. 하루에 2시간, 바쁘면 30분이라도 반드시 신문을 읽고 정리하는 습관을 들이시길 바랍니다.

④ 그렇다면 어떻게 정리해야 할까요?
기사 읽기 → 모르는 용어 적기 → 용어 설명 찾아서 내용 적기 → 관련되는 내용이 있다면 참고 사항으로 적기 → 각 용어 정리마다 마지막에는 〈관련 기사〉 내용을 한 줄로 요약 또는 제목만이라도 적기

이렇게 정리하면 됩니다. 그렇다고 너무 욕심 부리지는 말고, 하루에 5~10개 이내의 용어를 정리하는 것이 적당합니다. 정리할 때는 기사 하나를 읽고 정리를 끝내고 다음 기사를 읽고 또 정리하고, 이런 식도 좋지만 이 방식은 쉽게 지칠 수가 있습니다. 그렇기 때문에 기사를 읽되 생소하고 중요한 용어를 노트에 관련기사의 제목과 함께 필기해둔 후에, 신문을 다 읽고 나서 적어둔 용어 설명을 찾아보고 하나하나 살을 붙여 정리해나가는 것이 좋은 방법입니다.

시사상식 키워드 정리

1. 롱테일 법칙(Long Tail Theory)

80%에 해당하는 비주류 상품들의 매출이 20%의 주류 상품 못지않은 경제성을 지니고 있다는 이론이다. 파레토 법칙과는 반대되는 개념이다. 매출 구조가 마치 공룡의 '긴 꼬리(Long Tail)'처럼 낮지만 길게 이어지는데, 이 꼬리 부분에 해당하는 상품들의 총 판매량이 많이 팔리는 인기 상품의 총 판매량을 압도한다는 것이다.

관련기사 **마케팅의 뉴노멀을 이끄는 롱테일 법칙**

인터넷과 디지털기술의 발달로 소비자가 상품에 대한 보다 많은 양적·질적 정보를 접하면서 파레토 법칙과 상반되는 현상이 출현하고 있다. 미국의 IT잡지 편집장 크리스 앤더슨이 이 현상을 공룡의 긴 꼬리에 비유해 명명한 단어가 롱테일 법칙이다. 그동안 주목받지 못하던 다수(꼬리부분 80%)가 핵심적인 소수(머리부분 20%)보다 더 큰 가치를 창출하는 긴 꼬리현상의 시장이 형성됐다는 것이다. 온라인 매장에서 성공한 기업들은 20%의 머리가 아닌 80%의 꼬리의 위치에서 성공할 수 있었다. 잘 팔리지 않는 도서를 온라인으로 판매한 인터넷서점 아마존이나 저비용으로도 광고주가 될 수 있게 한 인터넷포탈 구글의 거대수익 창출이 대표적인 사례다. 비록 롱테일 시장은 개별적으로 보면 작은 규모이지만 전체적으로 합하면 충분한 규모의 시장성이 존재한다. 고정비 부담이 적은 비용절감효과, 다양한 개인 취향을 겨냥한 개별화마케팅, 한 상품이 사라지더라도 쉽게 다른 상품으로 대체할 수 있는 복원력(Resilience) 그리고 낮은 진입장벽 등이 사업상의 인센티브다.

참고 **파레토 법칙**

'이탈리아 인구의 20%가 이탈리아 전체 부의 80%를 가지고 있다'고 주장한 이탈리아의 경제학자 빌프레도 파레토의 이름에서 따왔다. 상위 20% 사람들이 전체 부(富)의 80%를 이루고 있다거나, 상위 20% 고객이 매출의 80%를 차지하는 것이다. 2대 8의 법칙이라고도 한다.

2. 버핏세(Buffett Rule)

부유층 대상의 증세 방안을 말하며 흔히 부자증세라고 일컫는다. 세계 부자 3위인 워런 버핏(Warren Buffett)이 기고문을 통해 자신을 포함한 부자들에게 세금을 더 걷을 것을 촉구하면서 등장한 용어다.

관련기사 **버핏의 인터뷰, 왜 세금을 더 내고 싶다고 했나**

우리는 하루에도 수십억달러를 버는 투자 매니저인데 소득이 성공보수로 분류돼 15%의 낮은 세율을 적용받는다(미국은 사모펀드, 헤지펀드, 벤처투자가 얻는 성공보수에 세율 15%를 적용한다. 기업과 국가가 성장하기 위해서는 투자가 필요하기 때문이다). 2010년에 내가 낸 세금은 총 694만달러(한화 76억)인데, 꽤 많은 돈으로 보이겠지만 과세대상 소득의 17.4%에 불과하다. 우리 사무실 직원 20명의 평균 소득세율은 36%였다. 나처럼 돈으로 돈을 버는 사람보다 직장인들은 높은 세율을 적용받는다. 80~90년대만 해도 부자들의 세율은 훨씬 높았다(1976~1977년 자본이득세율 39.9%). 나는 종종 이런 얘기를 듣는다. 세금이 계속 높아졌다면 투자를 하지 않았을 거라고. 나는 결코 투자를 거부하지 않는다. 투자자들은 세금이 무섭다고 투자를 포기하지는 않는다. 또 높은 세율이 일자리 창출을 막는다고 주장하는 사람에게는 1980년부터 2000년까지 4,000만개의 일자리가 늘었다는 사실을 말해주고 싶다. 나의 부자 친구들은 품위 있는 사람들이다. 나라를 사랑하고 국가가 돈 벌 기회를 준 데 대해 고마워한다. 세금 더 내란 소리에도 개의치 않는다. 특히 서민들이 고통을 겪는 시기에는 더 그렇다.

3. 블랙프라이데이

11월 넷째 주 목요일(추수감사절) 다음 날인 금요일로 미국의 최대 규모 세일 행사기간이 시작되는 때를 말한다. 'Black(검다)'이라는 표현은 상점들이 장부에 '적자(Red Ink)' 대신 '흑자(Black Ink)'를 기록했던 것에서 유래했다는 설과 1960년대 필라델피아에서 추수감사절 다음 날의 극심한 교통체증을 비유했던 것에서 유래했다는 설이 있다. 이 시기에 이루어지는 소비는 미국 연간 소비의 약 20%에 해당한다.

관련기사 **블랙프라이데이의 불편한 진실**

블랙프라이데이가 되면 상점들은 손님들을 끌어모으기 위해 대폭 세일한 미끼 상품들을 내놓는다. 소매업체 전문가들은 블랙프라이데이 바겐세일이 구매자들로 하여금 싸게 쇼핑한다는 착각을 느끼게끔, 잘 짜인 각본에 따라 이루어진다고 말한다. 보통 사람들은 소매업체들이 블랙프라이데이가 되면 재고품 가격을 대폭 인하해 수익성이 떨어질 것이라고 생각한다. 실상은 다르다. 대형 소매업체들은 공급업체와 짜고 시작가를 책정한다. 때문에 아무리 엄청나게 가격을 인하하더라도 여전히 수익 마진을 남길 수 있다. 예컨대 기존 판매가에서 40%를 인하해 39.99달러에 팔리고 있는 붉은 카디건 스웨터의 시작가는

68달러다. 하지만 사실 원가는 40달러에도 한참 못 미친다. 가격 인하를 감안해 처음부터 부풀린 가격이 책정된 것이었다. 그러나 소비자들은 이러한 점에 둔감하다. 이들은 어쩌면 요즘 같은 경기 침체기에 싸게 물건을 샀다는 만족을 원하는 건 아닐까? 이런 할인 게임에서 손을 떼려고 하는 JC페니와 같은 소매 업체들은 소비자들의 외면을 받는다. 이처럼 조작된 디스카운트에 관한 진실은 연휴쇼핑 시즌이 개시될 때 대폭 할인된 제품을 사는 것이 과연 이익인지 의문을 갖게 한다.

⑤ 정리는 노트에 해도 좋고, 컴퓨터 문서로 해도 좋습니다. 대신 3일에 한 번, 또는 일주일에 한 번은 꼭 정리한 내용들을 학습하고, 계속 내용들을 축적해나가야 합니다. 상식용어들을 정리하다보면 반복 등장하는 중요한 단어들이 눈에 띄고, 시대상을 대변하는 중요한 신조어들도 알게 될 것입니다. 이러한 용어들을 정리해두면 나도 모르는 사이에 상식이 쌓여 각종 시험, 수능, 논·구술, 토론 대회에서 좋은 성적을 거두는 밑거름이 될 것입니다.

신문으로 공부하는
말랑말랑 시사상식
경제·경영

CHAPTER 01

경 제

민간기업이 주도하는 우주개척

2023년 5월 25일 한국형발사체 누리호(KSLV-Ⅱ)가 나로우주센터에서 이뤄진 3차 발사에서 처음으로 실용급 위성을 계획된 궤도에 안착시켰습니다. 첫 시도인 실전발사에 성공하면서 우리나라도 민간 우주개발시대의 서막을 열어젖혔는데요. 이로써 우주산업 생태계 활성화를 통한 이른바 '우주경제'에 한 발짝 더 다가섰다는 평가가 나왔죠.

우주경제란 항공우주산업에 민간기업의 참여를 독려해 경제활동을 촉진하는 것을 말합니다. 국가 주도로 이뤄졌던 항공우주산업에 점차 민간기업을 뛰어들게 하는 것이죠. 우주경제는 우주탐사와 활용, 발사체 및 위성의 개발·제작·발사·운용 등 항공우주기술과 관련한 모든 분야에서 가치를 창출하는 활동을 총칭합니다.

특히 '달'은 심우주 탐사의 기반이자 우주경제의 핵심으로 여겨지고 있는데요. 향후 달에 매장된 것으로 추정되는 철, 티타늄, 희토류 등 자원에 대한 연구가 진행될 경우 많은 경제적 효과를 낼 수 있을 것으로 기대하고 있죠. 우리나라는 2022년 8월 첫 달 탐사궤도선인 다누리(KPLO)를 성공적으로 발사했는데요. 다누리는 발사 145일 만에 달 상공의 임무궤도에 안착했고 약 2시간 주기로 달을 공전합니다. 다누리는 고해상도카메라로 달 표면 관측영상을 찍어 달 착륙 후보지를 고르고, 광시야편광카메라 등은 달에 매장된 자원을 탐색하는데요.

이처럼 우리나라도 우주에 한 걸음씩 나아가면서 우주산업이 미래를 이끌 새로운 경제원천으로 떠올랐습니다. 이에 따라 우주경제를 활성화할 필요성이 더욱 커지고 있죠. 우주경제의 선봉에 선 미국에서는 이미 일론 머스크의 '스페이스X', 제프 베조스의 '블루오리진' 같은 민간 우주기업이 위성산업과 우주관광·탐사를 주도하고 있습니다.

美, 우주쓰레기 방치한 민간기업에 사상 첫 벌금 2억원 부과

미국 연방통신위원회(FCC)는 자국 위성방송 통신사 디시네트워크(DISH Network)에 에코스타-7 위성을 지구궤도에서 안전하게 이탈시키지 않았다는 이유로 벌금 15만달러(약 2억원)를 부과했다. 2002년 발사된 이 위성은 원래 2022년 5월에 지구궤도를 벗어나 폐기될 예정이었다. 하지만 위성의 연료가 바닥나면서 회사는 위성을 정지궤도 상공의 지정된 폐기 구역에서 약 178km 떨어진 곳에 방치했다. FCC는 성명을 통해 "운영수명이 다한 위성을 폐기하지 않은 것은 FCC의 통신법을 위반한 것"이라며 "우주쓰레기를 줄이기 위해 벌금을 집행한 첫 번째 사례"라고 밝혔다. FCC 집행국의 책임자 로얀 에갈은 "위성발사와 관리시스템 가동 등이 보편화하고 **우주경제**가 가속화함에 따라 우리는 사업자가 규정을 준수하는지 여부를 확인해야 한다"라며 "이번 벌금부과는 우주쓰레기를 줄일 수 있는 획기적인 방법"이라고 말했다.

출처 : 뉴시스/일부인용

상식UP! Quiz

↳ **문제** 우주경제란 우주진출 · 개발 · 탐사 등으로 이윤을 창출하는 경제활동을 국가기관이 주도하는 것을 말한다.
　　　　　　　　　　　　　　　　　　　　　　　　　　　　　　　　　　o / x

↳ **해설** 우주경제란 우주개발 · 탐사 등 항공우주산업에 민간기업의 참여를 독려해 경제활동을 촉진하는 것을 말한다.

답 　x

취업 준비생인 나는 비경제활동인구에 속할까?

청년백수가 넘쳐나고 취업난이 어느새 익숙한 현실이 된 요즘, 일하는 사람과 일하지 않는 사람을 구분하는 기준은 어떻게 될까요? 먼저 만 15세 이상의 인구를 노동 가능한 인구로 분류합니다. 이 중에서 일을 하고 있거나 구직활동 중인 사람을 경제활동인구라 하고, 그렇지 않은 사람을 비경제활동인구라고 합니다.

경제활동인구란 만 15세 이상인 사람들 중에서 일할 능력이 있고, 취업할 의사가 있으며 실제로 구직활동을 하거나 일하고 있는 사람들을 가리킵니다. 이러한 경제활동인구에는 취업자와 실업자가 모두 포함된다고 볼 수 있습니다. 취업상태에 있는지 아닌지에 따라 취업자와 실업자로 구분되지요. 취업자란 매월 15일이 포함된 1주일 동안 수입을 얻는 것을 목적으로 하여 1시간 이상 일한 사람입니다. 실업자는 일자리를 구하기 위해 구직활동을 했던 사람으로서 즉시 취업이 가능한 사람을 의미합니다. 이때, 아무리 취업 능력과 의사가 있더라도 현실적으로 취업이 불가능한 현역병, 의무경찰 등은 제외된다는 점은 알아두어야 합니다.

한편 2024년 2월 기준 경제활동인구는 2,895만명으로 전년 동월보다 35만여 명 늘었습니다. 여기서 경제활동참가율이란 생산가능인구 중 노동공급에 기여하고 있거나 그럴 의사가 있는 사람, 즉 취업자와 실업자로 분류된 사람의 비율을 뜻하지요. 만약 경제활동참가율이 감소했다면 노동시장으로 들어와 구직할 의사가 없는 사람이 늘었음을 의미합니다.

반면 비경제활동인구는 만 15세 이상 인구 중에서 취업자도 실업자도 아닌 사람을 가리킵니다. 일할 능력은 있어도 일할 의사가 없거나 아예 일할 능력이 없는 사람들을 의미하지요. 여기에는 가정주부, 학생, 노인, 심신장애자, 구직 단념자 등이 있으며 자발적으로 자선사업이나 종교단체에 관여하는 사람들도 포함됩니다.

"韓 인구감소 위기, 이민정책으로 풀어라"

"출산율 제고 정책이 실효성 있는 성과를 거두지 못했고, 저출산 문제를 겪는 선진국들은 이민정책을 통해 **경제활동인구**를 확충하고 있다." 빈곤퇴치 방법론으로 개발 협력분야에서 2019년에 노벨경제학상을 수상한 마이클 크레이머 시카고대학 교수는 적절한 이민정책을 저출산 위기의 대응책으로 뽑았다. 지난해 우리나라 합계출산율은 0.78명으로 경제협력개발기구(OECD) 38개 회원국 중 최하위를 기록했다. 우리나라 역시 이민정책에 무심하지 않다. 한동훈 법무부 장관은 가칭 '출입국 이민관리청' 설립을 추진 중에 있고, 대통령 직속 국민통합위원회도 '이주배경인과의 동행 특별위원회'를 출범시켰다. 이미 감소가 확정된 미래인구의 보충을 위해 이민정책 확대는 선택이 아닌 필수방안으로 여겨지는 추세다.

출처 : 파이낸셜뉴스/일부인용

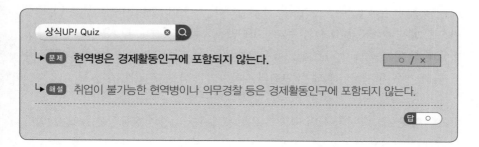

상식UP! Quiz

문제 현역병은 경제활동인구에 포함되지 않는다.　　ㅇ / ×

해설 취업이 불가능한 현역병이나 의무경찰 등은 경제활동인구에 포함되지 않는다.

답 ㅇ

003 공매도

없는 것을 판다고?

주식시장에는 이상한 제도가 하나 있습니다. '주가가 오르면 돈을 번다'라는 일반적인 상식을 뛰어넘는 제도이죠. 주가가 떨어져도 돈을 벌 수 있는 신비한 제도, 바로 공매도(空賣渡, Short Stock Selling)입니다. 공매도의 뜻을 살펴보면 '없는 것을 판다'라는 의미입니다. 즉 보유하지 않은 상태의 주식을 빌려서 판 뒤 나중에 사서 갚는 투자기법이라고 할 수 있습니다. 이때 주식을 다시 사들이는 것은 '쇼트커버링(Short Covering)'이라고 합니다.

어떻게 이게 가능하냐고요? 예를 들어보겠습니다. A라는 사람이 B 회사의 향후 주가 하락을 예상하고 다른 C 금융기관에 B 회사의 10주를 빌립니다. 다시 갚을 때에는 B 회사 주식 10주를 돌려주는 조건입니다. A가 이 빌린 10주를 시장에 150만원으로 팔자 실제로 B 회사의 주가가 100만원으로 내려갑니다. A는 100만원에 B 회사 주식 10주를 다시 사들여 C 금융기관에 갚습니다. 그럼 A는 150만원에 판 주식을 100만원에 사들이게 돼 50만원의 시세차익을 남길 수 있게 됩니다.

이러한 공매도는 특정 주식의 매도 주문을 증가시켜 시장의 유동성을 높일 수 있다는 장점을 가지고 있지만 시장질서를 교란시켜 불공정거래 수단으로 악용될 수 있다는 단점도 동시에 가지고 있습니다. 이러한 이유로 우리나라에서는 지난 2020년 코로나19 사태 여파로 폭락장이 이어지자 전체 상장종목에 대한 공매도를 금지한 바 있습니다. 이후 공매도 한시적 금지조치는 코로나19 상황 등을 고려해 1여 년 더 연장되었으나 금융위원회는 코스피200·코스닥150 지수 대형주 중심으로 공매도를 재개했습니다. 그러다가 2023년 11월에 이듬해 6월까지 공매도를 다시 금지하겠다고 발표했죠.

SG發 주가조작 일부종목, 폭락 전 공매도 급증 … 누가, 왜?

8종목의 주가가 하한가(30% 하락)까지 하락하며 촉발된 'SG발 주가폭락사태'는 유통주식 수와 시가총액이 적은 주식의 주가가 쉽게 급등락할 수 있음을 보여준 사례다. 프랑스계 증권사 소시에테제네랄(SG) 창구에서 대성홀딩스, 선광, 하림지주 등 8종목에 대한 대량 매도주문이 나오면서 나흘간 시가총액 8조 2,000억원이 증발하는 사태가 벌어졌기 때문이다. 특히 이런 폭락이 발생하기 수일 전부터 일부 주가조작의 대상이 됐던 종목 중에는 가격이 하락하면 이익을 얻을 수 있는 **공매도** 비중이 크게 늘었던 사실이 드러났다. 평상시 공매도가 거의 없었던 종목이 폭락 직전 공매도가 급증했다는 것은 크게 2가지 가능성이 있다. 주가조작이 곧 드러날 것이라는 점을 알고 있는 투자자가 공매도에 나섰거나, 아니면 주가조작세력이 폭락 가능성을 인지하고 이를 역으로 이용했을 가능성이 제기된다.

출처 : 조선비즈/일부인용

상식UP! Quiz

↳ **문제** 빌려서 매도한 주식을 결제일 전에 되갚기 위해 해당 종목을 재매수하는 것을 무엇이라 하는가?

① 윈도드레싱   ② 쇼트커버링
③ 플래시크래시   ④ 네이키드 숏셀링

↳ **해설** 주가 하락을 예측해 공매도를 한 후 주가가 반등하면 매도한 주식을 다시 사들이는 것은 '쇼트커버링(Short Covering)'이라고 한다.

 답 ②

나라가 망하지 않는 한 안전하죠!

국채란 국가에서 세입의 부족을 보충하기 위해, 중앙정부가 자금조달이나 정책집행을 위해 발행하는 만기가 정해진 채무증서를 말합니다. 잘 알다시피 모든 국가는 세금을 걷습니다. 이처럼 세금을 걷으면서도 국채는 왜 발행할까요? 세금이 부족해서일까요? 만일 우리나라에서 제2경부고속도로를 건설한다고 생각해봅시다. 그렇다면 초기에 드는 많은 비용을 단순히 세율을 높여서 준비하기는 어려울 것입니다. 왜냐하면 세금을 내는 국민들의 부담이 너무 커질 수도 있기 때문입니다. 이처럼 국채는 대개 국가가 재원조달 및 정책집행을 필요로 할 때 주로 발행합니다. 국채는 국가가 돈을 빌리는 것이므로 나라가 망하지 않는 이상 채무불이행의 위험이 거의 없다고 볼 수 있죠.

국채 종류로는 국고채·국민주택채권 등이 있는데요. 국고채는 1년 만기, 3년 만기, 5년 만기, 10년 만기, 20년 만기, 30년 만기, 50년 만기의 일곱 가지가 공개입찰을 통해 발행됩니다. 국민주택채권은 주택건설 지원자금을 마련하기 위해 법령의 규정에 의해 부동산 등기 등을 하는 경우에 사업자가 의무적으로 매입하는 형식입니다.

국채는 저리로 재정자금을 조달하는 수단이면서 동시에 금융시장을 발달시키는 기본적인 토대를 제공합니다. 국채는 특히 안전성과 유동성이 높아 금융상품 가격산정의 기초가 되는 지표금리를 형성함으로써 채권가격이 공정하게 형성되는 데 기여합니다. 특히, 우리나라의 경우 2016년 50년 만기 국채를 발행했는데, 이는 대외적으로 '우리나라의 신용도가 적어도 50년은 안전하다'고 판단할 수 있는 지표로 해석되기도 한답니다. 50년 만기 국채를 발행한 나라가 그리 많지 않다는 것을 아시나요? 불과 100여 년 전만 하더라도 우리는 1,300만원을 갚기 위해 온 국민이 국채보상운동(1907)을 벌일 만큼 경제적으로 힘들었습니다.

정치 · **경제** · 사회 · 국제 · 문화 · 미디어 · 과학 · IT · 스포츠

예금 '엑소더스' … 초장기 국채 · 단기 금융채 인기

시장금리 하락으로 개인투자자들의 부동자금이 은행을 떠나 주식 · 채권시장으로 '엑소더스(Exodus)'하고 있다. 특히 개인투자자들이 최근 주목하고 있는 분야는 채권시장이다. 금융투자협회에 따르면 지난달 개인투자자의 채권 순매수액은 4조 2,478억원으로 역대 최대였던 지난해 8월(3조 2,463억원) 기록을 넘어섰다. 이 중 최근 개인투자자들의 매수세가 몰리는 채권 종류는 만기 20년 이상 30년 이하의 초장기 **국채**, 만기 6개월 이하의 금융채, 회사채 등이다. 전자의 경우 중 · 장기적으로 기준금리가 하락하고 있는 만큼 매도차익 및 절세효과를, 후자의 경우 높은 안정성을 기반으로 3%대에 머무르고 있는 예금금리를 웃도는 수익률을 낼 수 있단 점에서 인기를 끌고 있다는 것이 업권 설명이다.

출처 : 아시아경제/일부인용

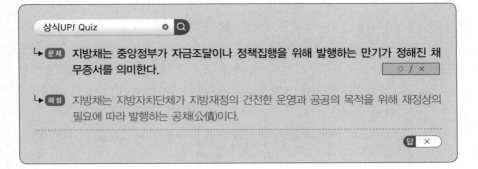

상식UP! Quiz

문제 지방채는 중앙정부가 자금조달이나 정책집행을 위해 발행하는 만기가 정해진 채무증서를 의미한다.

○ / ✕

해설 지방채는 지방자치단체가 지방재정의 건전한 운영과 공공의 목적을 위해 재정상의 필요에 따라 발행하는 공채(公債)이다.

답 ✕

언제든 마음대로 쓰거나 저축할 수 있는 내 돈!

소득, 그리고 처분소득을 알기 위해서는 먼저 세금에 대한 이해가 필요합니다. 대개 사람들은 세금에 대해 거부감을 갖곤 하는데, 그중 가장 큰 이유는 "내가 번 돈을 내가 쓰지 못한다"는 것입니다. 바꿔 말하면 가계가 번 소득 중 세금, 대출이자 등을 제외한 금액만 소비하게 된다는 뜻인데, 이렇게 쓸 수 있는 돈을 가리켜 가처분소득이라고 합니다. 글자 그대로 처분 가(可)능한 소득을 나타내죠. 사전적 의미로는 개인소득 중 소비·저축을 자유롭게 할 수 있는 소득을 말합니다. 개인가처분소득이라고도 하죠.

한 마을을 예로 들어보죠. 이 마을의 구성원이 한 달간 벌어들이는 총소득을 1,000만원이라고 가정해봅시다. 그리고 이 마을의 총 지출은 500만원으로 가정합니다. 만약 이 마을의 소비수준을 알아보려면 어떻게 계산해야 할까요? 1,000만원 중 지출되는 금액이 500만원이므로 소비 수준을 0.5라고 말할 수 있을까요? 소비하지도 못할 돈을 포함시켜 계산한 소비수준은 의미가 없습니다. 총소득 중 실제 마을 사람들이 소비할 수 있는 금액을 산출한 뒤, 이를 바탕으로 소비수준을 측정해야만 합니다.

가처분소득이 중요한 이유는 우선, 소비의 크기에 따라 내수 크기를 알 수 있어 경기가 활성화될 것인지 침체될 것인지를 가늠할 수 있다는 점입니다. 저축의 크기에 따라서는 투자가 증대할지 아니면 위축될지를 판단할 수 있지요. 특히 소비수요와 투자수요는 한 나라의 경기를 가늠해 주기 때문에 기업들은 물론 정책 당국자에게도 중요한 지침이 됩니다. 가처분소득은 국민경제에서 소득분배의 평등 정도를 측정하는 기초자료로 쓰이기도 합니다.

정리하면 가처분소득은 가계가 실질적으로 소비하는 금액을 측정할 수 있는 대표적 지표이기 때문에, 소비동향 및 이와 관련된 경제효과 등을 파악·예측하고자 할 때는 총소득보다 더 적합한 개념이라고 볼 수 있습니다.

한국 가계빚 규모 GDP 100% 초과 … 침체 빈번해진다

우리나라의 큰 가계빚 규모가 경제성장마저 발목을 잡고 있다는 증거가 제시됐다. 국내
총생산(GDP) 대비 가계신용(빚) 비율이 80%를 넘으면 중장기뿐만 아니라 1~3년 짧은
기간 내에도 경기침체 발생확률을 높인다는 한국은행의 연구결과가 나왔다. 실질 경제
성장률도 끌어내렸다. 구체적으로는 가계빚 규모가 1%포인트(p)만 커져도 4~5년의 시
차를 두고 0.25~0.28%p 하락하는 것으로 분석됐다. 우리나라의 국내총생산(GDP) 대비
가계신용 비중은 지난해 말 기준 104.7%로 경제협력개발기구(OECD) 가입국 등 주요국
중 최상위권에 속한다. 가계의 **가처분소득** 대비 가계신용비율은 206.5%로 OECD 평균
(127.3%)을 크게 웃돌며, 코로나19 이후 상승 폭(18.3%p)은 OECD 국가 중 가장 높은 수
준이다.

출처 : 뉴스1/일부인용

상식UP! Quiz

↳ 문제 **개인소득 중 소비 · 저축을 자유롭게 할 수 있는 소득은?**
　　① 가계소득　　　　　　　　② 명목소득
　　③ 이중소득　　　　　　　　④ 가처분소득

↳ 해설 가처분소득은 개인소득 중 소비 · 저축을 자유롭게 할 수 있는 소득을 말한다. 개인
　　가처분소득이라고도 한다. 가처분소득이 중요한 이유는 우선, 소비의 크기에 따라
　　내수 크기를 알 수 있어 경기가 활성화될 것인지 침체될 것인지를 가늠할 수 있다는
　　점이다.

답 ④

당신의 빚은 얼마나 됩니까?

가처분소득이 우리 경제의 소비동향을 파악하는 데 적합하긴 하나, 가처분소득의 개념만 가지고는 서민경제 전반을 파악하기엔 다소 부족한 감이 있습니다. 왜냐하면 우리는 단순히 "소득 중 얼마를 소비하는가"를 파악하는 데에서 나아가 "빚은 얼마나 되는가"도 살펴봐야 하기 때문입니다. 이를 나타내는 개념이 바로 가계부채입니다. 가처분소득, 그리고 가계부채의 비율(가계부채/가처분소득)을 계산하면 가계부문의 원리금 상환능력을 나타낼 수 있습니다.

우리나라는 2023년 기준 1,900조원에 달하는 가계부채로 가정경제가 벼랑 끝에 서 있습니다. 소득에 비해 부채 규모가 아주 크다는 의미죠. 그렇다면 대체 가계부채가 이렇게 상승한 이유가 뭘까요? 대표적인 이유를 몇 가지 꼽자면 가계의 부채부담 자체의 문제, 고령화 · 공적연금 보장 미흡에 따른 소비감소 등의 문제가 있습니다. 또한 최근의 저성장에 따른 일자리 창출 부진으로 인한 소득감소도 주요 원인으로 부각되고 있죠.

물론 단기적으로는 부채가 소득을 상회할 수 있습니다. 경제도 호황기와 불황기가 있듯이 말이죠. 하지만 이러한 현상이 지속될 경우, 또는 부채가 지나치게 많아질 경우에는 여러 문제가 발생할 수 있습니다. 그중 하나는 신용불량자가 다수 발생하는 것입니다. 또 부동산과 관련된 소비 침체가 장기화될 수 있습니다. 이로 인한 경제불안 심리가 만연할 것이고, 경기는 전반적으로 위축될 것입니다. 자칫 경제 전반에 걸친 큰 위기로 확장될 수 있는 것이죠. 가계부채 해법을 찾는 것은 결코 쉬운 문제가 아닙니다. 단순히 "세금을 올리자", "저소득층에게 더 많은 지원을 해주자"는 식의 방안은 약이 아닌 독이 될 수 있기 때문이죠. 가계부채 구조 개선과 더불어 주택시장의 연착륙 유도, 역모기지론 활성화 등을 통해 가계 재무건전성을 확보하는 것이 우선시되어야 할 것입니다.

"가계부채發 금융위기 3년 이내 일어날 우려"

1,867조원에 달하는 **가계부채** '뇌관'이 향후 1~3년 내 현실적인 위험이 될 것이란 경고가 나왔다. 한국은행은 국내외 금융 · 경제전문가 76명을 대상으로 설문조사를 진행해 이 같은 결과가 나왔다고 밝혔다. 위험요인 1순위로 가장 많이 꼽힌 것은 '부동산시장 침체(18.4%)'였다. 그 뒤를 '기업업황 및 자금조달여건 악화에 따른 부실위험 증가(13.2%)', '국내 금융 · 외환시장 변동성 확대(10.5%)' 등이 이었다. 중요도와 무관하게 응답자가 가장 많이 선택한 위험요인은 '가계의 높은 부채 수준 및 상환부담 증가(58.9%)'로 조사됐다. 가계부채 위험요인이 향후 1~3년 내 현실적인 위험이 될 가능성이 높다고 판단한 전문가들은 68.3%나 됐다.

출처 : 매일경제/일부인용

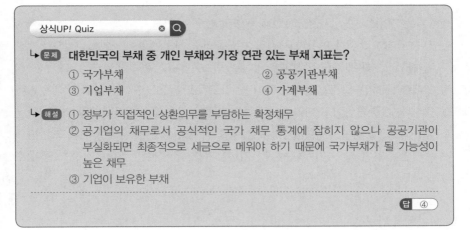

상식UP! Quiz

문제 대한민국의 부채 중 개인 부채와 가장 연관 있는 부채 지표는?
① 국가부채　　　　　　　　② 공공기관부채
③ 기업부채　　　　　　　　④ 가계부채

해설 ① 정부가 직접적인 상환의무를 부담하는 확정채무
② 공기업의 채무로서 공식적인 국가 채무 통계에 잡히지 않으나 공공기관이 부실화되면 최종적으로 세금으로 메워야 하기 때문에 국가부채가 될 가능성이 높은 채무
③ 기업이 보유한 부채

답 ④

이제는 유통기한이 아닌 소비기한!

식품에 기존의 유통기한 대신 소비기한을 표기하는 '소비기한 표기제'가 2023년 1월 1일부터 시행됐습니다. 식품의약품안전처(식약처)는 2023년 1월부터 식품 등에 표시하는 '섭취해도 안전에 이상이 없는 기한'을 영업자 중심의 유통기한(Sell-by Date)에서 소비자 중심의 소비기한(Use-by Date)으로 바꿔 표기하도록 했는데요. 유통기한은 통상 품질안전 한계기간의 60~70%로, 소비기한은 80~90%로 설정됩니다. 유통기한이 소비기한으로 바뀌면서 표기되는 기간이 길어지는 셈이죠. 식품 등의 표시·광고에 관한 법률개정으로 식품업체는 2023년 1월 1일부터 식품(우유는 2031년 적용)의 날짜표시에 기존의 유통기한 대신 소비기한을 적습니다.

식약처는 시행을 한 달 앞두고 업체들이 활용할 수 있도록 품목별 '참고값'을 제시했습니다. 참고값은 식약처가 제시하는 식품의 잠정적인 소비기한입니다. 각 업체는 이 참고값보다 짧게 소비기한을 정하면 되죠. 업체는 원칙적으로 소비기한을 설정할 때 자체적인 실험을 거쳐야 하지만, 참고값을 활용하면 자체실험을 하지 않아도 됩니다. 유통기한이 소비자에게 유통·판매가 허용되는 기간이라면 소비기한은 소비자가 보관조건을 준수했을 경우 식품을 먹어도 안전에 이상이 없다고 판단되는 기간입니다. 통상 소비기한이 유통기한보다 기니 업체는 식품폐기량을 줄일 수 있게 되죠.

소비기한의 반영은 유통기한이 섭취가능 기한으로 인식돼 유통기한이 지난 제품을 섭취해도 될지에 대한 혼란이 있고, 이에 따라 불필요하게 폐기되는 식품도 많다는 점이 고려됐습니다. 또 유럽, 미국, 일본, 호주 등 대부분의 경제협력개발기구 국가들이 소비기한을 사용하는 국제적 추세도 반영했습니다. 하지만 보관기간이 길어지는 만큼 식품안전성에 대한 우려도 나왔죠. 식약처는 "소비자가 소비기한으로 표기한다는 것을 인식할 수 있도록 명칭을 바꾸고, 각종 실험을 통해 단계적으로 제품별 실제 소비기한을 표기할 계획"이라고 밝혔습니다.

"소비자 10명 중 8명, 소비기한 표시제 효과적으로 생각"

식품을 판매할 수 있는 기한이 유통기한에서 **소비기한**으로 바뀐 가운데 소비자 10명 중 8명은 소비기한을 효과적이라고 본다는 조사결과가 나왔다. 티몬은 소비자 1,020명을 대상으로 설문조사를 실시한 결과 이같이 나타났다고 밝혔다. 통상 소비기한은 유통기한보다 길다. 유통기한은 '품질안전 한계기간'의 60~70%지만 소비기한은 식품마다 다르긴 하나, 통상 80~90%로 정하기 때문이다. 소비기한 표시제는 1년간은 계도기간으로 운영되고 우유의 경우에는 2031년부터 소비기한 표시가 적용된다. 소비기한이 효과적이라고 본 이유로는 '식품폐기를 줄일 수 있어서(51%)', '날짜가 지나도 먹어도 되는지 고민할 필요가 없어서(49%)'를 꼽았다.

출처 : 연합뉴스/일부인용

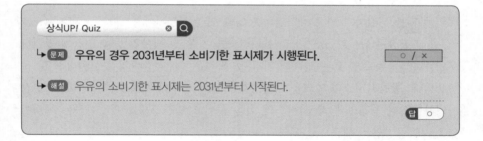

상식UP! Quiz

↳ 문제 우유의 경우 2031년부터 소비기한 표시제가 시행된다. ㅇ / ×

↳ 해설 우유의 소비기한 표시제는 2031년부터 시작된다.

답 ㅇ

작은 정부의 구현

우리 주변에는 국민에게 상품과 서비스를 제공하는 수많은 기업들이 있습니다. 그 중에서도 물과 에너지, 교통, 통신, 의료 같은 서비스들은 국민생활에 없어서는 안 되기 때문에 국가가 직접 기업을 세워 안정적으로 공급합니다. 이런 기업을 공기업 이라고 하는데요. 그런데 국가가 운영하는 공기업은 해당분야의 사업을 독점하는 경우가 많기 때문에 몇 가지 문제점을 일으킬 수 있습니다. 다른 기업과 경쟁할 필 요가 없다보니 서비스의 질이 저하될 수 있고, 방만한 경영으로 적자를 보거나 운 영의 효율성도 떨어질 수 있습니다. 도덕적 해이로 부정부패와 내부비리가 발생할 가능성도 있죠.

이런 문제를 해결하기 위해 공기업의 운영을 민간 사업자에게 맡기는 '민영화(民營 化)'를 추진하곤 합니다. 공기업뿐 아니라 공공기관, 국책사업 등을 민간에 팔거나 운영토록 할 수도 있죠. 민영화의 가장 큰 목적은 '작은 정부'의 구현이라고 할 수 있습니다. 공공서비스의 영역을 시장경제로 옮겨 정부의 개입을 최소화하고, 민간 사업자들끼리 경쟁하게 해 서비스의 질을 높이고 민간경제를 활성화하는 목적이 있죠. 또 공기업은 세금으로 운영되기 때문에, 공기업이 민영화되면 운영에 쓰던 세금을 다른 곳에 쓸 수 있어 결과적으로 세입이 증대됩니다. 우리나라의 대표적 민영화 기업에는 포스코(포항제철), KT(한국전기통신공사), KT&G(담배인삼공사) 등이 있는데요. 이러한 민영화는 자본과 운영을 민간에 완전히 넘기는 외부민영화 와 사업 일부만 위탁하거나 대여하는 내부민영화로 구분됩니다.

다만 민영화에도 부작용이 있습니다. 대부분 공기업이 담당하는 전기나 수도, 도로 같은 공공재는 자연독점에 해당합니다. 자연독점이란 상품·서비스의 특성상 하나 의 기업이 독점해 생산하는 비용이 여러 기업이 생산하는 것보다 저렴해 발생하는 독점이죠. 예를 들어 수력으로 전기를 생산한다고 할 때 드는 초기 고정비용은 어 마어마합니다. 대규모 토목공사를 벌여 댐을 건설해야 하고, 전기를 생산해 공급하는 시스템도 미리 구축해야 하죠. 그러나 댐을 건설해 전기를 생산한다 해도 당장 이윤을 내지는 못합니다. 전기를 쓰는 사람이 점점 늘어나 그 수익이 초기 고정비용을 넘어서는 시점부터 이윤이 되는 것이죠. 그러니 이런 자연독점산업에 다른 민간 사업자가 새롭게 뛰어들기는 쉽지 않습니다. 자연스레 민영화된 공기업이 해당 산업을 독점하게 되는데요.

공기업이었을 때는 국민의 눈치가 보이니 정부도 쉽게 요금을 올리지 못했지만, 민영화 이후부턴 다릅니다. 어쨌든 적자는 모면해야 하니 서비스 가격을 쉽게 인상할 수 있죠. 또 가령 석유처럼 국제정세의 영향을 많이 받는 원자재의 경우, 가격이 수시로 널뛰니 원가가 오르면 서비스 가격도 대폭 오릅니다. 반면 원가가 하락해도 이윤을 내기 위해 서비스 가격은 천천히 내리죠. 결국 서비스 가격은 점진적으로 오르게 됩니다. 더구나 전기, 수도, 교통 같은 공공재 가격의 인상은 우리가 일상적으로 이용하는 상품과 서비스의 생산·유통비용을 끌어올려 고물가를 유발합니다. 이렇듯 민영화는 여러모로 쉽게 단행하기 어렵고 종종 극심한 반대여론에 부딪히는데요. 물론 사업의 공공성이 떨어지거나 민영화 이후에도 국민에 미치는 영향이 적다면, 경영효율화를 위해 민영화를 충분히 고려할만한 경우도 있죠. 아울러 민영화에 성공한 사례도 적지 않습니다.

'철도파업'은 민영화 때문? … 정부 "검토 안 해"

4년 만에 재개된 철도파업의 원인 중에 하나로 지목된 '철도 **민영화**'에 대해 정부가 검토한 바 없다고 부인했다. 국토교통부는 윤석열정부에서 철도 민영화는 전혀 검토한 바 없다고 반박했다. 원희룡 국토부 장관은 "철도노조가 지켜야 할 자리는 정치투쟁의 싸움터가 아니다"라며 사실상 해당 파업을 정치파업으로 규정했다. 총파업에서 철도노조는 수서행 고속철도(KTX) 투입 등 공공철도 확대, 4조 2교대 전면시행, 성실교섭 등을 촉구하고 있다. 주식회사 에스알(SR)이 운영하는 민간투자사업 수서고속철도(SRT) 노선은 경전 · 전라 · 동해선으로 확대되고 경부선 주중운행은 축소됐다. 철도노조는 수서역 기반 SRT와 서울역 기반 KTX의 분리운영을 철도 민영화 수순으로 보고 있다. 이에 대해 국토부는 철도 민영화를 검토한 바 없다고 반박했고, 또한 SRT의 노석확대는 '철도 경쟁체제 유지' 방침에 따른 것이라는 입장을 보였다.

출처 : 파이낸셜뉴스/일부인용

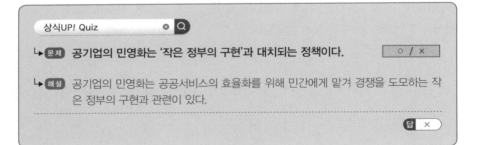

상식UP! Quiz

↳ 문제 공기업의 민영화는 '작은 정부의 구현'과 대치되는 정책이다. ○ / ×

↳ 해설 공기업의 민영화는 공공서비스의 효율화를 위해 민간에게 맡겨 경쟁을 도모하는 작은 정부의 구현과 관련이 있다.

답 ×

009 버스 준공영제

나랏돈으로 버스 굴리기

현재 우리나라 거의 대부분의 지자체에서는 버스 준공영제를 실시하고 있습니다. 준공영제란 앞서 살펴본 민영제에 정부·지자체가 버스운영에 개입하는 것을 말하는데요. 쉽게 설명하면 버스의 노선설정은 지자체에서 하되, 버스회사가 수익성이 떨어지는 노선 때문에 적자를 볼 경우 지자체에서 이를 지원해주는 방식이죠.

준공영제는 2004년 서울 시내버스 노선에 처음으로 시행됐고, 이후 각 지자체로 확산됐습니다. 준공영제 도입 이전에는 버스회사들이 승객수가 적어 수익성이 떨어지는 노선에는 버스를 배치하지 않아 많은 시민이 불편을 겪었습니다. 특정 노선에만 배치가 편중돼 운행대수가 과잉되기도 했고, 그만큼 운행속도도 느려졌죠. 버스회사들은 그런 특정노선들을 가지고 경쟁했고요. 이런 문제를 해결하기 위해 비수익노선을 지자체가 신설하고, 버스회사의 적자를 보조금으로 지원해주는 준공영제가 시행됐습니다. 준공영제 도입 이후 버스노선이 크게 확대되어 많은 시민이 불편을 덜었고, 또 서로 다른 회사의 버스를 갈아탈 때 드는 손실비용을 지자체가 부담하는 환승제도가 도입되면서 시민의 교통비 부담도 줄었는데요. 게다가 연료비, 인건비 등 운행에 드는 비용이 늘어도 보조금으로 이를 해결할 수 있기 때문에, 회사가 요금을 함부로 올릴 당위성도 옅어졌죠.

물론 준공영제에도 앞서본 민영화처럼 부작용이 존재합니다. 적자가 나도 지자체에서 다 메꿔주니 버스회사들이 스스로 수익성을 창출하는 데 게을러지고 경영에도 소홀하게 됩니다. 가장 큰 문제는 버스회사의 도덕적 해이인데요. 지자체에 적자나 운영비용을 부풀려 신고해 더 많은 보조금을 타내고 이를 유용하거나 횡령하는 일이 발생했죠. 또 출근하지도 않는 친인척을 임원급에 앉혀 보조금으로 급여를 지급하는 일도 있었습니다. 시민의 눈먼 세금이 부당하게 낭비된 것이죠. 지자체의 재정부담도 만만치 않은데 말입니다. 일부 버스회사의 비리가 속속 드러나면서 아예 지자체가 운영하는 완전공영제로 전환하자는 주장이 나오기도 했습니다.

경기도 버스노조, 파업 카드 다시 만지작 …
준공영제 전면도입 지연이 원인

경기도 버스노조가 다시 파업 카드를 만지작거리며 대중교통을 둘러싼 긴장감이 고조
되고 있다. 버스노동자단체인 경기도 버스노동조합협의회 등에 따르면 협의회는 지난 4
차 단체교섭에서 임금수준 및 근로조건을 놓고 사측과 이견을 좁히지 못하자 최종협상
결렬을 선언했다. 갈등은 도가 **준공영제** 전면도입시기를 번복하면서 촉발됐다. 지난해
파업여부를 놓고 협의회와 사측이 최종교섭을 벌일 당시 도의 개입으로 파업이 철회됐
으나 이후 도는 지난 협의회 차원의 전원회의에서 예산부족을 이유로 일반시내버스를
대상으로 한 준공영제 도입을 2027년까지로 미룬다고 발표했다. 애초 도가 약속한 전면
도입시기는 2026년이었다. 일각에서 2027년 시행도 장담할 수 없는 것 아니냐는 말이
나오면서 협의회 안에선 격앙된 반응이 일었다. 사측마저 협의회가 요구하는 임금인상
과 근무조건개선을 위해선 준공영제 도입을 통한 도의 운영비 지원이 필수라며 맞서고
있어 갈등이 커졌다.

출처 : 세계일보/일부인용

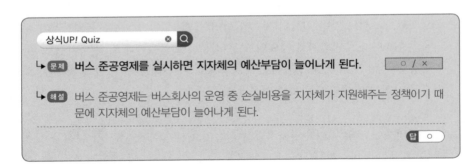

상식UP! Quiz

↳ 문제 **버스 준공영제를 실시하면 지자체의 예산부담이 늘어나게 된다.**   ○ / ×

↳ 해설 버스 준공영제는 버스회사의 운영 중 손실비용을 지자체가 지원해주는 정책이기 때
문에 지자체의 예산부담이 늘어나게 된다.

답 ○

돈에도 대표가 있다?

국제 간 결제나 금융거래의 기본이 되는 통화를 우리는 '기축통화(Key Currency)'라고 합니다. 미국의 로버트 트리핀 예일대 교수가 처음 사용한 용어인데, 그는 오늘날의 기축통화로 미국의 달러화($)와 영국의 파운드화(£)를 들었습니다. 기축통화로서 기능을 수행하기 위해서 기축통화 발행국은 군사적으로 지도적인 입장에 있어 전쟁으로 국가의 존립이 문제시되지 않아야 하며, 다양한 재화나 서비스를 생산하고, 통화가치가 안정적이며, 고도로 발달한 외환시장과 금융·자본시장을 갖고 있어야 하며, 대외거래에 대한 규제도 없어야 합니다.

잠시 기축통화의 흐름을 살펴볼까요? 19세기 중반 이후 영국은 국제금융의 중심지로 강력한 세력을 뽐냈습니다. 그러면서 자연스럽게 영국의 파운드화가 기축통화로 작용합니다. 그러다 닥친 제1차 세계대전으로 유럽 각국의 경제는 산산조각 나게 되고, 전쟁의 피해를 입지 않은 미국이 전쟁 특수를 누리면서 세계 최강국으로서 싹을 보이게 됩니다. 이후 경제력과 국력을 배경으로 미국 달러가 명실공히 기축통화로 자리매김을 하게 됐죠. 지금까지도 달러는 그 영향력을 유지하고 있습니다. 다만 중국이 G2로 불릴만큼 성장하면서 위안화가 엔화, 파운드화, 유로화와 함께 기축통화의 지위를 호시탐탐 노리고 있습니다. 그러나 기축통화로서의 조건인 신뢰도나 사용도 면에서 보면 아직은 미 달러화와 비교하기에는 이르다는 게 전문가들의 진단입니다.

 기축통화의 조건

- 해당국 통화가 자유 교환성 내지 광범한 자유 대체성을 보유해야 한다.
- 통화 가치의 안정성이 보장되고 국제적 신뢰가 두터워야 한다.
- 국제 결제통화로서의 수요도와 공급도가 높아야 한다.
- 해당국의 금융시장이 국제 금융시장으로서의 기능과 조직을 충분히 구비해야 한다.

기축통화의 꿈

지난 대통령 후보 토론과정에서 일반인들이 이해하기 어려운 **기축통화**에 대한 논란이 있었다. 원화가 조만간 기축통화가 될 수 있기에 정부 지출을 추가로 확대할 수 있다는 논거로 제시되었다. 과연 기축통화란 무엇인가? 국제무역결제. 환율평가. 대외준비자산으로 사용되는 국제통화이다. 현재 미국의 달러화가 그 역할을 하고 있다. 달러 이외에도 국제거래에서 유로화. 영국 파운드화. 일본 엔화. 중국의 위안화 등이 중심적인 역할을 하는 통화다. 그러나 달러에 비하면 역할과 비중이 아직 미흡하다. 이들 통화는 달러화와 함께 국제통화기금(IMF)의 특별인출권(SDR) 통화바스켓에 편입된 '교환성통화'로서 국제무역에서 차지하는 비중이 크고 자유롭게 교환이 가능하다는 평가를 받은 통화이다. 기축통화국이 되기 위해서는 세계경제를 주도하는 경제력을 갖추어야 하고 모든 국제거래에서 폭넓게 사용돼야 한다. 통화가치가 안정이 돼야 하며 국제적으로도 선진화된 금융시장이 바탕이 돼야 한다.

출처 : 파이낸셜뉴스/일부인용

상식UP! Quiz

↳ 문제 **기축통화의 조건이 아닌 것은?**
　① 대외거래에 대한 강력한 규제로 시장을 통제할 수 있어야 한다.
　② 통화가치의 안정성이 보장되고 국제적 신뢰가 두터워야 한다.
　③ 국제 결제통화로서의 수요도와 공급도가 높아야 한다.
　④ 해당국의 금융시장이 국제 금융시장으로서의 기능과 조직을 구비해야 한다.

↳ 해설 기축통화는 대외거래에 대한 규제가 없어야 한다.

답 ①

돈에도 기준이 있는데, 금리에는 없을쏘냐?

한국은행이 2022년 10월 기준금리를 연 2.50%에서 3.00%로 인상하며 국내 기준금리가 3%대 영역에 들어섰습니다. 추가적인 변동 가능성에 대해 각종 금융시장과 언론에서 뜨거운 관심을 보였습니다. 일단 기준금리가 변경되면 우리나라의 거의 모든 경제활동이 기준금리의 영향을 받게 되기 때문입니다.

그렇다면 이와 같은 기준금리는 무엇이며 어디서 결정되는 것일까요? 우리나라의 중앙은행인 한국은행은 물가안정 달성을 목표로 통화정책을 수립·집행합니다. 그리고 한국은행은 구체적으로 물가안정목표제라는 제도를 운영하고 있습니다. 물가안정목표제는 중앙은행이 일정기간 동안 달성해야 할 물가 목표치를 미리 제시하고, 이를 달성하기 위해 노력하는 통화정책을 일컫는데, 이를 달성하기 위한 다양한 정책수단들 중 하나가 바로 '정책금리의 조정'입니다. 한국은행이 사용하는 정책금리를 바로 '기준금리'라 합니다. 기준금리는 한국은행과 금융회사 간 거래의 기준이 되는 금리를 의미하는데, 매달 '한국은행의 금융통화위원회'를 통해 결정되지요. 구체적으로 기준금리는 금융회사 간에 단기간 빌려주고 빌려쓰는 콜금리의 기준이 되며, 금융회사가 한국은행에 단기채권을 매각하거나 한국은행에서 자금을 차입할 때 적용되는 고정금리의 역할을 합니다.

한국은행이 제시하는 기준금리가 중요한 이유는, 채권의 매매나 금융기관의 지급준비율 또는 재할인율 등의 통화정책으로 통화량이나 물가, 나아가 금리에 영향을 주기 때문입니다. 이런 이유로 한국은행에서 기준금리를 발표하면 시중 은행을 포함한 금융기관들은 이를 기준으로 하여 각각 금리를 책정하지요. 따라서 한국은행이 기준금리를 올리면 시중 금리도 상승하게 되고, 기준금리를 낮추면 시중 금리도 떨어지게 되는 겁니다.

뚝뚝 내려가는 전세대출 금리 … 기준금리 아래로

최근 시장금리 하락과 금융당국 주문에 따른 은행들의 조정으로 대출금리가 점차 내려가고 있다. **기준금리**가 3.50%로 유지되면서 전세자금대출 금리는 이를 밑도는 수준까지 내려왔다. 금융권에 따르면 5대 시중은행의 전세대출 고정금리(2년)는 이날 연 3.42~5.91%로 집계됐다. 최근 하락세를 보이면서 하단이 한국은행 기준금리 아래로 떨어졌다. 지난해 말에는 6개월 변동금리 기준 5.01~7.07%를 형성한 바 있다. 업계에서는 기준금리 동결과 은행채 · 코픽스 인하, 금융당국 주문에 따른 은행권 조정 등이 맞물려 당분간 대출금리 내림세가 이어질 것으로 보고 있다.

출처 : 뉴시스/일부인용

상식UP! Quiz

↳ **문제** **기준금리의 특징이 아닌 것은?**
① 매달 '한국은행의 금융통화위원회'를 통해 결정된다.
② 콜금리의 기준이 된다.
③ 금융회사와 한국은행의 자금 차입 등에 적용되는 고정금리 역할을 한다.
④ 기준금리를 올리면 시중 금리는 내려간다.

↳ **해설** 한국은행이 기준금리를 올리면 시중 금리 또한 올라간다.

 **012** 환율

환율이 우리 경제에 미치는 영향은?

환율이란 쉽게 말해서 외국 돈의 가격으로, 외화를 얻기 위해 지불해야 하는 자국 통화의 양을 의미합니다. 우리나라의 돈과 외국 돈을 교환할 때 외국 돈과 비교한 우리나라 돈의 값어치를 나타내는데요. 이러한 환율은 물가상승률이나 금리 차이 등 여러 요인에 의해 영향을 받아 결정됩니다. 우리나라는 1997년부터 자유변동환율제도를 채택하여 정부의 개입 없이 순수한 시장원리에 따라 환율이 결정되도록 하고 있습니다.

환율하락과 환율상승의 관계를 살펴보면 다음과 같습니다. 먼저, 환율하락은 한 국가의 통화가치가 상대적으로 상승하는 것입니다. 따라서 수입이 증대되고, 수출이 감소하며 외채 부담이 감소하는 효과가 있습니다. 또한 국제적인 영향력이 강화되는 결과를 초래합니다.

반면, 환율상승이란 자국의 화폐가치에 대한 평가가 상대적으로 하락하는 것을 의미합니다. 이로 인해 통화의 대외구매력이 약해져 수출상품의 외화표시 가격도 내려가게 되죠. 따라서 수출이 많아지고, 수입이 감소하며 외채 부담이 증가하게 됩니다. 뿐만 아니라 인플레이션 현상이 일어나면서 물가가 상승하는 부작용까지 초래할 수도 있습니다. 이와 같은 환율은 국제수지나 물가, 금리 차이 등 다양한 요인에 의해 수시로 바뀔 수 있습니다. 그 외에도 각 국가의 정치적·사회적인 요인에 의해서도 변동될 수 있습니다.

환리스크란 환율이 변동함에 따른 위험을 의미합니다. 예를 들어 달러화가 예상치 못하게 급격하게 상승하면 원화가치가 떨어지기 때문에 달러 표시로 수입계약을 맺은 업체는 원화로는 예상보다 더 많은 금액을 지불해야 합니다. 당연히 손해겠지요. 환율의 급격한 변동으로 인해 멀쩡한 기업들이 문을 닫는 사례도 적지 않습니다.

정치 · **경제** · 사회 · **국제** · 문화 · 미디어 · 과학 · IT · 스포츠

유가 · 환율 상승세 … 항공업계 경영실적 발목 잡을까

국제유가와 원·달러 **환율**이 계속 오르면서, 국내 항공업계의 경영환경에 불확실성이 커지고 있다. 올 하반기까지 유가와 환율 상승세가 이어질 경우, 항공사들 실적회복에 치명타가 될 수 있다는 우려도 들린다. 업계에 따르면 국내 항공사들이 또 다시 국제유가와 환율 상승을 걱정해야 하는 처지다. 최근 석유수출국기구(OPEC) 회원국과 주요 산유국으로 이뤄진 OPEC 플러스의 감산 결정으로 한동안 안정됐던 유가는 다시 오를 수 있다. 원·달러 환율이 추가 상승할 수 있다는 점도 부담이다. 원·달러 환율강세는 항공업계 입장에선 대표적인 악재다. 국내 항공사들은 항공유와 항공기 임대료 등 모든 비용을 달러로 결제하기 때문에 환율이 오르면 비용증가가 불가피하다. 원·달러 환율이 10원 오르면 대한항공은 약 350억원, 아시아나항공은 약 284억원 손실을 보는 것으로 알려졌다.

출처 : 뉴시스/일부인용

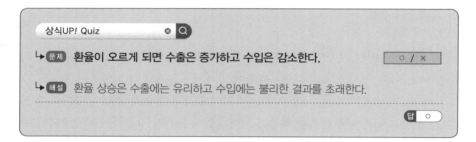

상식UP! Quiz

↳ 문제 환율이 오르게 되면 수출은 증가하고 수입은 감소한다.   ○ / ×

↳ 해설 환율 상승은 수출에는 유리하고 수입에는 불리한 결과를 초래한다.

답 ○

친환경의 딜레마

바야흐로 친환경의 시대입니다. 지구온난화를 비롯한 환경위기에 세계 정상들이 모이는 자리에서도 친환경이 주요 담론이 되고 있습니다. 각국의 정부에서는 탄소 배출을 감축하자는 세계적 기조에 앞 다투어 참여하고 있죠. 그런가하면 많은 기업들은 친환경적인 방식으로 상품을 만드는 데 몰두하고 있는데요. 그런데 한편으론 세계적으로 대두된 이 친환경이 또 다른 경제적 위기를 만들어내기도 합니다. 그린 플레이션(Greenflation)이 바로 그 중 하나입니다.

그린플레이션은 친환경을 뜻하는 '그린(Green)'과 화폐가치 하락으로 인한 물가상 승을 뜻하는 '인플레이션(Inflation)'의 합성어입니다. 친환경 정책이 아이러니하게 도 물가를 높이게 된다는 뜻인데요. 정부는 친환경 정책을 펼치면서 탄소를 많이 배출하는 산업에 규제를 둡니다. 예를 들어 탄소를 많이 배출하는 기업에 부과하는 탄소세 같은 규제가 있죠. 이러한 규제 때문에 필수원자재의 생산이 어려워지고 곧 생산감소로 이어져 가격이 상승하게 되는 것입니다.

그린플레이션은 인류가 기후변화에 대응하기 위해 노력할수록 사회의 유지·발전 에 드는 전반적인 비용이 상승하는 역설적인 상황을 일컫습니다. 가령 재생에너지 발전을 장려하면서 화석연료 발전설비보다 구리가 많이 들어가는 태양광·풍력 발 전설비를 구축해야 하는 상황이 여기에 해당합니다. 이로 인해 금속원자재 수요는 급증했지만 원자재 공급량이 줄어들면서 가격이 치솟게 되는 것이죠. 그린플레이 션은 경제적 불황과도 연결될 소지가 있어 만만하게 볼 일은 아닙니다. 그래서 전 문가들은 정부가 친환경 발전에 필요한 자원을 확보하고, 그린플레이션에 대처할 구체적인 방안을 찾아야 한다고 조언합니다.

"탈탄소화 과정에서 그린플레이션을 극복해야 한다"

탄소중립이 전 세계적으로 진행되면서 금속 · 에너지 등 친환경 원자재가격이 빠르게 오르고 생산재 전반의 원가 상승, 비용 전가, 소비자물가 상승으로 이어지고 있다. 탄소중립의 부담 현상인 **그린플레이션** 우려가 커지고 있다. 실제로 핵심 광물의 수요와 가격이 급격히 상승하고 있다. 작년에 전기차 배터리에 필요한 코발트 가격은 119%, 니켈은 55%, 리튬은 569%나 폭등했다. 완성차 부품의 경량화 소재인 알루미늄과 마그네슘의 가격도 상승세다. 원자재를 대량으로 공급하는 중국에서 환경규제와 전력 부족으로 공장가동률이 하락하면서 공급이 급감했다. 그린플레이션은 불행하게도 스태그플레이션(경기침체 속 물가상승)으로 이어질 수 있다. 근로자는 오른 물가를 반영한 임금인상을 요구하게 된다. 기업은 오히려 현장의 노동력 의존을 줄이고, 자동화에 투자하면서 제품 가격을 높인다.

출처 : 이투데이/일부인용

상식UP! Quiz

↳ **문제** 그린플레이션은 친환경 정책이 외려 물가를 높인다는 의미를 갖고 있다.

○ / ×

↳ **해설** 그린플레이션은 친환경 정책이 원자재의 가격을 높여, 공급은 줄어들게 하고 물가는 상승시키는 현상이다.

답 ○

식탁물가 비상! 치솟는 곡물 가격

지구온난화와 기상이변으로 인해 작물의 생산량 및 공급이 감소하고, 경작지가 줄어들면서 곡물 가격은 급등하기 시작했습니다. 이는 곧 사회 전반의 물가도 덩달아 오르는 현상을 초래했는데요. 2006년 이후부터 전 세계적으로 이러한 현상이 확대되기 시작했습니다. 이는 식량난을 일으킬 수 있으며 전 세계적으로 경제위기를 초래할 수 있어 주의가 필요합니다.

'애그플레이션'이라는 단어는 2007년 미국의 금융회사인 메릴린치의 보고서와 영국의 경제 주간지 '이코노미스트'의 기사에서 사용된 이후 널리 쓰이고 있습니다. 농업을 뜻하는 '애그리컬쳐(Agriculture)'와 '인플레이션(Inflation)'을 합성한 신조어로, 국제농산물 가격이 급등하면서 일반 물가가 상승하는 현상을 의미합니다. 곡물의 가격을 올리는 주요 요인으로는 지구온난화 등 기상이변으로 인한 농산물 생산량 감소, 인구의 증가로 인한 곡물 소비량 증가, 육류 소비 증가로 인한 사료용 곡물 수요 증가, 유가 급등으로 인한 생산비와 유통 비용의 증가, 경작지의 감소, 곡물을 이용한 대체연료 활성화, 식량의 자원화, 투기자본 유입 등이 있습니다.

요컨대, 애그플레이션은 농산물의 수요와 공급의 변화로 발생한다고 말할 수 있습니다. 애그플레이션은 국가 전체를 경제적 위기에 빠뜨릴 수 있으며, 곡물 자급률이 낮은 나라에서는 그 심각성이 더욱 커집니다. 특히 애그플레이션은 빈곤한 저개발국가의 저소득층에게 가장 심각한 피해를 끼칩니다. 전체 소비 품목 중에 식품이 차지하는 비율이 높을수록 곡물 가격의 인상에 크게 영향을 받기 때문입니다.

삼겹살 발전소

농산물 가격이 이례적으로 급등한 적이 있다. 2007~2008년 무렵이다. 당시 영국의 경제 주간지 이코노미스트는 이 현상을 **'애그플레이션'**으로 명명했다. 농업을 뜻하는 영어 애그리컬처(Agriculture)와 인플레이션(Inflation)을 합성한 신조어였다.

애그플레이션의 원인은 인구 증가나 농축산물 소비 증대만이 아니다. 곡물의 대체에너지화가 주요인일 때도 많았다. 국제적 고유가와 지구온난화에 대한 우려로 화석연료를 '바이오연료'로 대체하기 시작하면서부터 그랬다. 석유를 대체할 에탄올을 추출하느라 옥수수 가격 등이 폭등한 것이다. 바야흐로 돼지고기가 '귀하신 몸'이 될 판이다. 삼겹살 기름 등을 발전연료로 활용할 길이 트이면서다. 동식물성 유지로 만든 '바이오 중유'로 기존 발전용 벙커C유를 대체하는 기술은 성능과 안전성이 이미 확보됐다.

'삼겹살 발전소'는 특정 에너지원을 편식하는 데 따르는 비효율성이나 에너지 수급상의 허점을 일깨우는 예화일지도 모르겠다. '탈원전 모범국'이란 독일의 속사정을 보면 더욱 그런 생각이 든다. 독일은 오래전부터 태양광 · 풍력 발전소 확충에 박차를 가해 왔지만, 재생에너지가 기상여건에 따라 발전량이 들쭉날쭉한 게 큰 문제였다. 결국 전력수급 문제 등 에너지정책은 '원전이냐, 재생에너지냐'라는 식의 일도양단이 아니라 각 에너지원의 장단점을 살려 융합(Mix) 차원에서 접근하는 게 모범답안일 듯 싶다.

출처 : 파이낸셜뉴스/일부인용

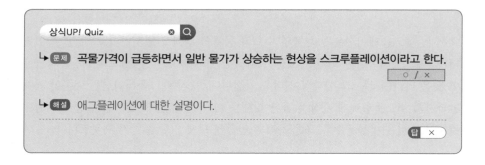

경제를 쥐어짜니, 나오는 건 서민들 한숨뿐

스크루플레이션(Screwflation)은 쥐어짤 만큼 어려운 경제상황에서 체감물가가 올라가는 상태를 말합니다. '돌려조인다, 쥐어짜다'라는 의미의 스크루(Screw)와 인플레이션(Inflation)의 합성어이며, 물가상승으로 인해 소비액이 늘어나 경제지표상으로는 경기가 회복단계에 들어선 것으로 보이지만 실질 구매력은 줄어드는 상태를 말합니다.

스크루플레이션은 물가상승과 실질임금 감소, 주택가격 하락과 임시직의 증가 및 주가 정체 등으로 중산층의 가처분소득이 줄어들었을 때 발생합니다. GDP와 1인당 소득은 회복하는 것처럼 보이더라도 실제로 들어오는 돈은 줄어들고 나가야 할 돈은 늘어나는 상황이 중산층을 쥐어짜게 되는 것입니다. 이에 따라 소비가 위축되고 실질적 경기는 되살아나지 못하는 상황이 지속되는 것이죠. 중산층의 소비가 살아나야 생산과 고용이 늘어나게 되고 궁극적으로 경제가 성장하기 마련이지만, 물가상승과 실질임금감소 등의 원인으로 인해 중산층이 더 이상 활발한 소비를 하지 않게 되는 것입니다.

스태그플레이션(Stagflation)은 경기가 침체되면서 물가가 올라가는 현상인 반면, 스크루플레이션은 중산층의 가처분소득이 오르지 않아 쥐어짤 만큼 일상생활이 어려워지는 상태를 말합니다. 지난 2011년 미국 헤지펀드 시브리즈파트너스의 더글러스 카스 대표는 "미국 경제는 스태그플레이션보다 더 해결하기 어려운 스크루플레이션 상황에 빠져 있다"고 언급한 적도 있습니다. 카스 대표는 중산층의 가처분소득 감소 요인으로 물가상승과 실질임금 감소 외에도 1970~1980년대와 달리 연방준비제도이사회(FRB)에 강력한 리더십을 가진 폴 볼커 전 의장 같은 사람이 없는 점을 들기도 했습니다.

인플레이션의 유형

초인플레이션 (하이퍼인플레이션)	인플레이션의 범위를 초과하여 경제학적 통제를 벗어난 인플레이션
스태그플레이션	경기침체기에서의 인플레이션으로, 저성장 · 고물가 상태
애그플레이션	농산물 상품의 가격 급등으로 일반 물가도 덩달아 상승하는 현상

정치 · **경제** · 사회 · 국제 · 문화 · 미디어 · 과학 · IT · 스포츠

내 지갑을 쥐어짠다, 스크루플레이션 공포

서울 마포구 공덕동에 사는 회사원 김모(39)씨는 장을 볼 때면 숨이 막힌다. 돼지고기, 우유 등 반드시 사야 하는 물건 몇 개만 담았는데도 3만원이 훌쩍 넘기 때문이다. 김씨는 "비슷한 물건을 살 때 작년 초만 해도 2만원대를 지출했는데 최근 들어 물가가 너무 많이 오른 것 같다"고 했다. 물가가 가파르게 오르면서 '**스크루플레이션(Screwflation)**' 그림자가 주요국을 덮치고 있다. 스크루플레이션은 '쥐어짜다'라는 뜻의 '스크루(screw)'와 물가상승을 뜻하는 '인플레이션(inflation)'을 합쳐 만든 용어로, 임금보다 물가가 더 빨리 올라 살림살이가 팍팍해지는 현상을 뜻한다. 고소득층보다 중산층과 저소득층에 더 큰 타격을 입히기 때문에 빈부격차를 확대하는 주범으로도 꼽힌다.

출처 : 조선일보/일부인용

상식UP! Quiz

↳ 스태그플레이션, 애그플레이션과 함께 서민경제의 3재(災)라고 불리며 물가와 가처분소득 악화를 관련지어 설명한 용어는 무엇인가?

① 스크루플레이션   ② 에코플레이션
③ 매니플레이션   ④ 초인플레이션

↳ 해설 스크루플레이션은 쥐어짤 만큼 가처분소득이 줄어드는 가운데 체감 물가가 올라가는 상태이다.

답 ①

돈의 혁명! 화폐단위가 아래로 아래로

리디노미네이션(Redenomination)은 화폐단위를 변경하는 것, 즉 화폐개혁을 의미합니다. 화폐의 액면가를 동일한 비율의 낮은 숫자로 변경하는 조치로, 화폐단위를 하향 조정하는 것이죠. 화폐단위를 1,000대 1 혹은 100대 1 등으로 바꾸는 식입니다. 화폐의 단위가 작아지기 때문에 거래할 때의 편의성이 높아지고 인플레이션 기대심리 억제, 자국 통화의 대외적 위상 제고 등이 기대됩니다.

화폐개혁이란 기존 화폐의 유통을 전면 금지하고 새 돈으로 교환토록 하는 통화정책을 말합니다. 물가의 급등 등 경제 문제가 원인이지만 지하자금 색출과 같은 정치적 목적으로도 활용됐습니다. 1953년 시행된 제2차 화폐개혁은 화폐단위를 '원'에서 '환'으로 변경하는 것이 골자로, 2월 15일 발표돼 2월 17일 전격 시행되어 단 이틀 만에 원과 전(錢) 등 기존화폐 사용이 전면 금지됐습니다. 한국전쟁으로 인한 막대한 군비지출로 물가상승 압력이 심각하게 커진 데 따른 조치로, 세수 부족으로 인한 재정적자를 해결하려는 의도도 있었습니다. 교환 비율은 100원당 1환. 개혁 직전 최고가 지폐는 1,000원권이었으며, 앞면은 이승만 당시 대통령의 초상, 뒷면은 파고다공원 전경이었습니다. 이 돈은 10환권으로 교환됐고, 10환권의 앞면에는 남대문, 뒷면엔 해금강 총석정이 그려졌습니다.

한편 새 화폐 가운데 최고액 지폐는 1,000환권으로 크게 상승한 물가를 반영한 것이었습니다. 화폐개혁 직전 1조 1,367억원에 달했던 은행권 발행액은 개혁 2주 뒤 76억 5,100만환으로 축소됐습니다. 경제사학자들은 제2차 화폐개혁이 시중의 과잉구매력을 흡수하고 경제부흥자금을 마련했다는 점에서 성공적이었다고 평가합니다.

1962년 원(₩)에 통화단위 자리를 넘겨줄 때까지 '9년 천하'에 그쳤지만 환의 흔적은 지금도 남아 있습니다. 가령 한국은행이 만든 동전이 처음 등장한 것은 '환'의 시기인 1959년 10월이었습니다. 무궁화가 그려진 10환, 거북선의 50환, 이승만 대통령의 100환이 발행됐지요. 세종대왕의 모습이 처음 화폐에 새겨진 것도 이 시기였습니다. 당시 1,000환권 앞면에 나타난 이승만 대통령이 1960년 4 · 19 혁명으로 하야하면서 그 자리를 세종대왕이 차지한 것입니다.

그런데 5 · 16 쿠데타 후에 집권한 군사정권이 1962년 6월 부정축재자의 지하자금을 양성화하려고 제3차 화폐개혁을 단행해 환의 역사는 짧게 끝나버렸는데요. 이 때문에 그해 5월 처음 선보인 저축통장을 든 모자(母子) 그림의 100환 지폐는 발행 26일 만에 사라졌습니다. 당시 교환비율은 10환당 1원(₩). 제3차 화폐개혁은 미비한 준비와 예기치 못한 예금동결 조치 등으로 경제에 큰 혼란을 일으켰습니다. 지하자금 색출 역시 기대에 못 미쳤습니다. 그러나 당시 정해진 '원' 체계는 60여 년이 지난 현재까지 이어졌고, 그간 디노미네이션도 없었습니다. 제3차 개혁 당시 최고액권 지폐는 500원이었으며, 현재는 5만원으로 정확히 100배가 됐습니다.

리디노미네이션의 효과와 비용

효과	비용
지하경제 양성화 • 거액 현금의 신권 교체 과정을 통해 세원 기반 확보	**실물투기 · 자금유출** • 현금을 실물에 투자하거나 해외에 유출
원화 위상 제고 • 현재 1달러당 1,000원대인 환율이 낮아짐	**물가 상승** • 이전 액면가에 비추어 가격에 둔감해진 틈을 타 기업의 가격 인상 러시 우려
재무제표 등 장부 기장 간편	**경제 불안 심리**
경기부양 • 유효수요 확대를 통한 IT업체 등의 수익 증대	**기기교체 등 비용** • 금융권 ATM 등 장비와 소프트웨어 교체

베네수엘라, '100만대 1' 리디노미네이션 선언

중남미 국가인 베네수엘라가 **리디노미네이션**을 추진했다. 하루가 다르게 뛰는 살인적 수준의 물가를 잡을 방법이 없는 탓에 결국 3년 만에 또 다시 '100만대 1' 리디노미네이션을 하는 것으로 풀이됐다. 베네수엘라 중앙은행은 성명을 내고 기존 볼리바르 지폐에서 '0' 여섯 개를 빼는 100만대 1 화폐개혁을 추진한다고 밝혔다. 환율이 1달러 당 403만 6,000볼리바르 수준인데, 화폐개혁을 적용하면 1달러가 4.0볼리바르가 되는 셈이다. 베네수엘라의 리디노미네이션 조치는 2008년 1000대 1, 2018년 10만대 1에 이어 세 번째다. 화폐개혁 단행과 신규 고액권 발행 등으로 대처하고 있지만 가파른 물가상승으로 역부족이라는 평가다. 지난 번 조치의 효과도 오래 가지 못 하면서 결국 이번에 또 메스를 든 것이다. 베네수엘라는 석유 등 부존자원이 있지만, 좌파 정책과 미국의 견제로 장기간 곤궁한 경제상황에 직면했다.

출처 : 신아일보/일부인용

 상식UP! Quiz

↳ 문제 **다음 중 리디노미네이션에 대한 설명으로 옳지 않은 것은?**

　① 가치의 변동 없이 모든 지폐와 은행권의 액면을 동일한 비율의 낮은 숫자로 표현하는 것이다.

　② 화폐의 숫자가 너무 많아서 발생하는 국민들의 계산이나 회계 기장의 불편, 지급상의 불편을 해소하는 데 목적이 있다.

　③ 인플레이션 기대심리를 유발할 수 있다는 문제점이 있다.

　④ 화폐단위가 변경되면서 새로운 화폐를 만들어야 하기 때문에 화폐제조비용이 늘어난다.

↳ 해설 리디노미네이션의 장점은 인플레이션 기대심리를 억제할 수 있다는 것이다.

답 ③

치솟는 식탁물가, 서민 등골 더 휘겠네

엥겔지수는 가계의 총 소비지출액에서 식료품비가 차지하는 비율입니다. 1857년 독일의 통계학자 엥겔이 가계 지출을 조사한 결과 저소득 가정일수록 총 소비지출액 중에서 식료품비가 차지하는 비율이 높고, 고소득 가정일수록 식료품비가 차지하는 비율이 낮다는 법칙을 발견하였는데, 이를 '엥겔의 법칙'이라고 합니다. 엥겔지수에 따른 구분을 구체적으로 살펴보면 엥겔지수가 0.5 이상일 경우 후진국, 0.3~0.5이면 개발도상국, 0.3 이하일 때 선진국으로 구분합니다.

식료품은 생존을 위해 필수적이기 때문에 어느 가정에서든 일정 정도는 소비해야 하지만, 무조건 많이 소비해야 만족도가 높은 재화는 아니기 때문에 소득이 증가하더라도 식료품비는 크게 증가하지 않습니다. 그렇기 때문에 소득이 적을수록 식료품비 지출의 비중이 크고, 반대로 소득이 많을수록 식료품비 지출의 비중은 낮은 경향이 있습니다. 통계학자 엥겔은 소득이 증가할수록 생계비에서 식료품비가 차지하는 비율은 감소하는 대신 교육과 위생, 오락, 통신비용 등의 문화비가 두드러지게 증가하며, 의류비, 주거비 등은 큰 변화가 없다고 설명했습니다.

엥겔지수와 함께 경제상황을 나타내는 또 다른 지수들도 알아볼까요? 엥겔지수만큼 자주 사용하는 용어로 '지니계수'가 있습니다. 지니계수는 오늘날 가장 널리 사용되는 사회 계층 간 소득 불균형을 나타내는 지표입니다. 지니계수는 XY기록계 위에 국민 개개인의 소득을 가난한 이부터 차례대로 더할 때 나타나는 곡선(로렌츠곡선)과 모든 국민이 소득이 동일하다고 가정할 때 나오는 대각선이 이루는 반원형 도형의 크기로 구합니다.

한편 슈바베지수는 가계소득 중에서 주거비용이 차지하는 비율이며, 빈곤의 척도로 사용됩니다. 슈바베지수가 높을수록 총 소득 중에서 주거비용이 차지하는 비중이 큰 것이므로 가구의 주택부담 능력은 떨어진다고 볼 수 있습니다. 따라서 슈바베지수가 높을수록 저소득 가구에 가깝고, 슈바베지수가 낮을수록 고소득 가구에 가깝습니다.

정치 · **경제** · **사회** · 국제 · **문화** · 미디어 · 과학 · IT · 스포츠

엥겔지수 높아지는 한국, 먹방 · 배달음식 탓?

한국에 **엥겔지수**의 '역습'이 시작됐다. 후진국이 아닌데도 이 지수가 높아지는 현상이 나오고 있기 때문이다. 독일 경제학자 에른스트 엥겔이 내놓은 엥겔지수는 가계 소비지출에서 식료품비가 차지하는 비율을 나타내는 것으로, 소득이 낮을수록 높게 나오는 게 일반적이다. 한국은행에 따르면 외식비를 제외한 한국의 엥겔지수는 2017년 11.6%에서 2020년 12.8%로 늘었다. 이 지수는 2000년대 이후 꾸준히 낮아지다가 2007년에는 11.8%까지 떨어졌다. 그러다 2008년부터 상승세로 돌아선 것이다. 지수를 올린 원인으로는 배달 · 외식문화의 활성화가 첫손에 꼽힌다. 또 바깥 활동을 자제하고 집에서 끼니를 해결하는 '집밥족'이 늘어난 결과도 있다. 한국농수산식품유통공사(aT) 관계자는 "식당 서빙 비용, 배달 비용 등의 인건비가 반영되기 때문에 엥겔지수도 높아지는 효과가 생긴다"고 말했다. 반조리 · 조리 식품의 확산도 한몫했다. 식재료를 사서 조리하는 번거로움을 덜려는 1인 가구, 맞벌이 부부가 늘며 식생활 패턴이 바뀌었다는 것이다. 가공 과정에서 각종 서비스 비용이 포함되므로 음식료 비용은 증가한다. 주요 식재료 가격 상승도 영향을 미쳤다.

출처 : 중앙일보/일부인용

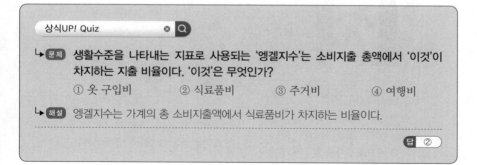

상식UP! Quiz

↳ **문제** 생활수준을 나타내는 지표로 사용되는 '엥겔지수'는 소비지출 총액에서 '이것'이 차지하는 지출 비율이다. '이것'은 무엇인가?

① 옷 구입비   ② 식료품비   ③ 주거비   ④ 여행비

↳ **해설** 엥겔지수는 가계의 총 소비지출액에서 식료품비가 차지하는 비율이다.

답 ②

상황을 봐가며 은근슬쩍 발 빼기

끝을 알 수 없는 구불구불한 미로를 헤매다가 출구를 찾았을 때의 기쁨과 해방감이 느껴지는 것만 같은 용어 '출구전략'. 출구전략은 원래 군에서 쓰이던 말로, 아군의 피해를 최소화하면서 전쟁을 끝내는 전략을 의미했습니다. 그런데 경제용어로 사용되면서 경기침체기에 경기를 부양하기 위하여 취했던 각종 정책들을 경제에 부작용을 남기지 않게 하면서 서서히 거둬들이는 전략을 의미하게 되었습니다. 그리고 기업이 다른 기업을 인수 · 합병하였다가 가장 적절한 시기에 매각함으로써 이익을 실현하는 전략도 여기에 포함됩니다.

경기가 침체되면 기준금리를 내리거나 또는 재정지출을 확대하여 유동성 공급을 늘리는 조치를 취하게 되는데요. 이러한 조치는 나중에 경기가 회복되는 과정에서 과도하게 공급된 유동성으로 인해 물가가 상승하고 인플레이션을 초래하는 결과를 낳을 수 있습니다. 이에 따라 경제에 미칠 후유증을 최소화하면서 각종 비상조치를 정상화하여 재정 건전성을 강화해나가는 것이 바로 출구전략입니다.

출구전략
위기 때 풀어놓은 각종 경제 완화 정책을 정부가
다시 거둬들이는 것

고려할 점	올바른 방향성
• 정책을 거둬들일 것인가? • 유동성(자금)을 거둬들일 것인가? • 그 시점을 언제로 할 것인가?	지속적인 경기부양 과정에서 야기되는 불균형을 해소, 성장잠재력을 확충한다.

전기요금 인상 부담에 '여당 출구전략' 제물 된 한전 사장

전기요금 인상시점이 다가올수록 여당에서 연일 정승일 한국전력 사장의 퇴진을 거론하며 압박하고 있다. 전기요금 인상으로 나빠질 수 있는 여론을 잠재우기 위해 한전 사장의 '경영실패'를 강조하며 퇴진을 **출구전략**으로 찾고 있는 모양새다. 그러나 한전 적자의 주요 원인이 국제 에너지가격 급등에 따른 것이고 총선을 앞두고 요금인상이 부담스러워 한전 경영진에 책임을 떠넘긴다는 지적이 나오고 있다. 여당이 정 사장의 퇴진에 공세를 퍼붓는 것은 '적자는 무리한 탈원전의 결과'라며 문재인정부에 비난의 초점을 맞췄던 이전까지의 태도와도 다르다. 최근 태도 변화에는 정부 정책에 대해 당이 적극 개입하는 것과 무관치 않다. 한 전직 관료는 "최근 여당이 정책결정 과정에서 전면에 나서면서 전기요금 인상 책임도 떠안게 되자 여론 무마용으로 요구가 늘어난 것 같다"고 설명했다.

출처 : 경향신문/일부인용

상식UP! Quiz

↳ 문제 미군이 베트남전에서 전쟁을 종료하고 희생을 최소화하면서 빠져나오기 위해 사용했던 전략에서 유래된 말로 경기회복 시점에서 금리인상, 흑자예산 등의 정책을 사용하는 것은?

① 후퇴전략　　　　　　② 출구전략
③ 회복전략　　　　　　④ 기만전략

↳ 해설 출구전략은 경제에 부작용을 남기지 않게 하면서 각종 경기부양정책을 서서히 거둬들이는 전략이다.

답 ②

 **019 불황형 흑자**

흑자는 흑자인데 무늬만 흑자

최근 무역과 관련한 경제기사를 보다보면 '불황형 흑자'라는 용어가 등장하는데요. 흑자면 흑자이지 불황형 흑자란 무슨 의미일까요? 상식적으로 무역에서 흑자는 수입보다 수출이 더 많을 때 나타나죠. 그런데 불황형 흑자란 경기 불황기에 수출보다 수입이 더 감소해 수출입 결과가 흑자로 나타나는 것입니다. 수출과 수입 모두 다 마이너스인데, 결과적으로 수입이 더 적어 무늬만 흑자로 기록된 것이죠.

최근 우리나라의 수출은 지속해서 내리막길을 걸었습니다. 2023년 8월을 기준으로 수출액 감소가 11개월째 이어졌는데요. 이렇게 수출이 연속 하락을 겪은 가장 큰 이유는 우리나라 반도체 업황이 부진했고, 최근 중국의 경기도 좋지 않다보니 대중국 수출량이 감소했기 때문입니다. 전문가들은 중국경제가 회복되기 전까지는 수출 부진이 이어질 것이라는 전망을 내놨습니다. 그런데 이 와중에 수입은 왜 더 줄어든 것일까요? 그것은 유가가 낮아지면서 수입하는 에너지도 함께 줄어들었기 때문입니다. 원유, 가스, 석탄 등 에너지 수입이 모두 줄어들었죠.

이처럼 무역수지는 여러 가지 상황에 의해 결정이 됩니다. 우리나라처럼 제조업 중심의 수출로 먹고 사는 국가에게 무역수지는 무엇보다 중요한데요. 최근처럼 불황형 흑자가 나타난 것은 결국 경제활동 자체가 크게 둔화되고 있다는 의미입니다. 경제성장도 마찬가지겠죠. 2023년 2분기의 우리나라 경제성장률은 0.6%에 그쳤습니다. 그나마 수출보다 수입이 더 줄어 나온 초라한 성적표였죠. 단순히 성장했다고 가슴을 쓸어내릴 상황은 아니라는 뜻입니다. 당시 정부에서는 수출 물량이 그래도 상승세를 기록하고 있어 우리 무역수지에 긍정적 신호가 되고 있다고 설명하기도 했습니다.

불황형 성장에 물가마저 들썩 ··· 'S의 공포' 경고음 커진다

불황형 성장의 우려가 커지는 가운데 잠잠했던 국제유가 · 물가마저 들썩이고 있어 '스태그플레이션 공포'가 다시 엄습하는 모습이다. 2분기 한국경제는 0.6% 성장했으나, 사실상 '무늬만 성장'에 가깝다. 기획재정부 · 한국은행에 따르면, 1분기 성장을 주도한 민간소비는 2분기 들어 마이너스 전환했고, 정부소비 역시 외환위기 이후 최저치를 기록했다. 그나마 순수출이 경제성장을 이끌었으나, 이마저도 '**불황형 흑자**'에 가깝다. 수출 증가가 아니라, 수입이 줄어든 규모가 수출 감소폭을 웃돌면서 나타난 결과이기 때문이다. 정부는 중국의 경제활동 재개효과와 유커의 귀환 등을 들며 상반기 침체됐다가 하반기 회복을 기대하지만, 시장의 평가는 냉정하다. 조경엽 한국경제연구원 경제연구실장은 "민간소비 위축 등 경제여건이 부실화하고 있고, 중국 등 주요국의 경기회복 지연으로 연말까지 경기반등을 이뤄내긴 사실상 어렵다"고 말했다.

출처 : 한국일보/일부인용

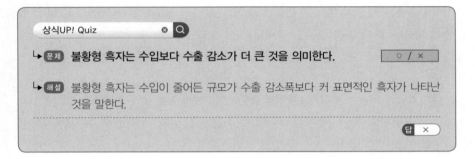

상식UP! Quiz

↳ 문제 **불황형 흑자는 수입보다 수출 감소가 더 큰 것을 의미한다.** ○ / ×

↳ 해설 불황형 흑자는 수입이 줄어든 규모가 수출 감소폭보다 커 표면적인 흑자가 나타난 것을 말한다.

답 ×

과연 최저임금 1만원의 시대가 올까요?

우리나라는 시장의 수요와 공급에 따라 가격이 결정되는 시장경제 체제입니다. 하지만 시장에 정부가 개입하기도 하죠. 그 중의 하나가 바로 가격통제 정책입니다. 가격통제는 크게 최고가격제와 최저가격제 두 가지로 나뉩니다. 최고가격제는 시장에서 자율적으로 형성되는 가격이 지나치게 높다고 판단되면 설정하는 것으로, 정부가 가격의 상한선을 정해 그 수준 이상으로 거래되는 것을 법으로 금지하는 제도입니다. 비상시 또는 전시의 생활 필수품에 대해 가격을 통제하는 방식이 대표적이죠. 이와 반대로 최저가격제는 정부가 하한선을 설정해 그 이하로 가격이 내려가지 못하도록 통제하는 제도입니다. 노동시장에서의 최저임금제도가 바로 그것입니다.

최저임금제는 임금의 최저 수준을 보장해 근로자의 생활안정과 노동력의 질적 향상을 꾀하는 것이 목적입니다. 우리나라는 1986년 12월 31일 '최저임금법'을 제정해 공포했고, 1988년 1월 1일부터 최저임금제가 본격 시행에 들어갔습니다.

근로자위원과 사용자위원, 공익위원 9명씩 총 27명으로 구성된 최저임금위원회는 매년 경제상황과 물가상승률, 생산성 향상 등을 고려해 다음 연도 최저임금을 심의·의결합니다. 최저임금 심의 법정 시한은 6월 29일이며, 고용노동부 장관이 최저임금을 확정 고시해야 하는 날짜는 8월 5일입니다. 최저임금위원회는 2024년도 최저임금을 시급 기준으로 전년도보다 2.5% 오른 9,860원으로 의결했습니다. 최저임금을 월급으로 환산하면 206만 740원(월 노동시간 209시간 기준)입니다.

자영업자들 "집합금지 업종에 손실보상 집중돼야 … 최저임금 동결"

자영업자 · 소상공인들이 집합금지 업종에 손실보상금이 집중돼야 한다고 주장했다. 특히 지난 3년 동안 지속된 코로나19 여파를 감안해 **최저임금**을 동결해야 한다고 주장했다. '코로나 피해 자영업 총연대(코자총)'는 "집합금지 및 제한 업종에게 선택과 집중을 하는 손실보상 지원책 마련을 강력히 요구한다"고 밝혔다. 코자총은 "손실보상 범위에 대한 확대정책이 실질적으로 막대한 손해를 본 유흥 · 식당 · 카페 등 집합금지 및 제한 업종에게 피해를 주고 있다"며 "정작 큰 피해를 본 집합금지 및 제한 업종에게 돌아갈 손실보상의 파이가 적어지는 모순된 상황이 연출되고 있어 온전한 피해보상이 안 되고 있다"고 설명했다. 또한 코자총은 자영업자들이 지난 3년 동안 코로나 여파로 인해 어려움을 겪은 점을 감안해 최저임금을 동결해야 한다고 주장했다. 최저임금위원회에서 업종별 · 직군별 임금지불 능력을 고려한 차등적용을 시행하라는 의견도 냈다.

출처 : 조선비즈/일부인용

상식UP! Quiz

↳ **문제** **2024년의 시급 기준 최저임금은 얼마인가?**

① 8,530원 ② 9,350원
③ 9,590원 ④ 9,860원

↳ **해설** 2024년도 최저임금은 시급 기준으로 2023년도보다 2.5% 오른 9,860원이다.

답 ④

빨리 배신하는 사람이 승자가 된다?

리니언시(Leniency)는 '자진신고자 감면제도'라고도 하며, 담합 행위를 한 기업들의 자진신고를 유도하여 기업 간 상호불신을 자극하고, 담합을 방지하도록 하는 제도입니다. 중세 가톨릭 교회 시절에 고해성사로 죄를 고백하면 용서받는 면죄부의 개념이라고 할 수 있는데요. 조사에 착수하기 전 담합 사실을 처음 신고한 업체에는 과징금 100%를 면제해주고, 2순위 신고자에게는 50%를 면제해줍니다. 이 제도를 통해 상호 간의 불신을 자극하여 담합을 사전에 방지하는 효과를 얻을 수 있습니다.

리니언시의 가장 큰 장점은 적발하기 어려운 담합행위를 적발하는 데 유용하다는 것입니다. 하지만 이 제도를 몇몇 기업들이 악용하면서 단점도 생겨났습니다. 2011년 생명보험 회사들이 보험예정이자율 담합을 했던 사건을 예로 들 수 있는데요. 이때 삼성·교보와 같은 대기업이 운영하는 생명보험사들이 자진신고제도를 통해 1, 2순위를 차지하면서 과징금을 감면받았습니다. 하지만 얼마 후에 또다시 보험사들이 변액보험 담합을 시도했는데, 이번에도 대기업 보험사들이 치열한 자진신고 순위 싸움을 하며 감면혜택을 받았습니다. 담합을 주도한 것은 대기업이 운영하는 생명보험사들이었음에도 불구하고 리니언시를 악용해 감면혜택을 받았고, 중소 보험회사들은 대형회사들만 믿고 담합에 참여했다가 더 많은 과징금을 물게 된 것이죠.

부품 담합 피해자면서 ⋯ 조용한 현대차

공정거래위원회는 연료펌프 등 자동차 부품을 담합한 일본과 미국 기업에 과징금 371억원을 부과했다. 그런데 현대 · 기아차의 태도가 이상하다. 피해 기업으로 응당 해야 할 담합업체에 대한 손해배상 청구 소송은커녕 공정위의 담합 조사에 비협조적이라는 반응이 나오고 있다.

공정위 심판정에선 생경한 광경이 연출됐다. 당시 공정위 전원위원회는 이번에 발표한 덴소와 델파이 등 다국적 자동차 부품 기업의 과징금을 결정하고 있었다. 이 사건을 조사한 공정위 심사관은 현대차가 조사에 극히 비협조적으로 나왔다며 "의아하다"고 말했다. **리니언시**(담합 자진신고)를 한 업체는 "담합을 근절하는 역할을 했는데, 되레 현대 · 기아차로부터 불이익을 받고 있다"고 하소연했다. 현대 · 기아차의 이런 태도를 바라보는 정부 시선엔 서운함이 녹아 있다. 정부 관계자는 "국익을 위해 국제적 담합을 밝혀줘도 현대차는 담합으로 속았다는 것을 인정하고 싶지 않은 것 같다"면서 "글로벌 기업답지 못하다"고 꼬집었다.

출처 : 국민일보/일부인용

상식UP! Quiz

↳ **문제** 담합행위를 한 기업들에게 자진신고를 유도하는 리니언시에 대한 설명이다. 다음 괄호 안에 들어갈 말이 바르게 연결된 것은?

> • 담합 사실을 처음 신고한 업체에는 과징금 (　　)%를 면제해준다.
> • 2순위 신고자에게는 (　　)%를 면제해준다.

① 80, 50　　　　　　　　　　② 80, 40
③ 100, 60　　　　　　　　　　④ 100, 50

↳ **해설** 조사에 착수하기 전 담합 사실을 처음 신고한 업체에는 과징금 100%를 면제해주고, 2순위 신고자에게는 50%를 면제해준다.

답 ④

경제규모는 어떻게 파악하죠?

만약 면접관이 "우리나라의 경제규모를 측정해보라"는 질문을 던졌을 때 어떻게 대답할 수 있을까요? 정부의 한 해 예산을 예로 들어 설명할 수도 있을 것이고, 아니면 한 해 우리나라 수출액의 총액을 토대로 설명할 수도 있겠죠. 다 맞는 이야기라할 수 있습니다. 그렇지만 경제에 관심이 있는 분이라면 자연스럽게 '국내총생산'으로 우리나라의 경제규모를 설명할 수 있을 것입니다. 국내총생산, 즉 GDP(Gross Domestic Productivity)는 미국의 쿠즈네츠(Kuznets)라는 경제학자에 의해 고안된 경제지표랍니다. 대개 1년 동안 한 국가의 영토 내에서 생산되는 상품 및 서비스를 모두 더한 총액으로 나타냅니다.

전문적으로 표현하면, 국민 소득을 나타내는 가장 일반적인 지표로서, 한 나라 안에서 그 나라의 국민과 외국인이 1년 동안 새로이 생산한 최종 재화와 최종 서비스의 시장 가치를 합산한 것을 의미합니다. 예를 들어 만약 한국 기업의 상품이 미국에서 생산되었다면 이 생산품은 미국의 GDP에 포함된답니다. 미국의 영토에서 생산되었기 때문이죠. 물론 GDP가 높아지는 것은 분명 좋은 일입니다. 경제규모가커지는 것이니까요. 다만 이러한 국민 소득의 개념은 국민의 생활 수준을 정확하게나타내지는 못한다는 단점도 존재합니다.

 명목GDP

당해연도의 최종생산물의 수량에 당해연도의 시장가격을 곱하여 산출되는 GDP로서 경상가격 GDP라고 한다.

실질GDP

기준연도의 가격으로 서비스와 재화의 가격을 계산한 값이다. 가격은 변함이 없다는 가정하에 생산량의 변동만을 측정한다. 그렇기 때문에 실질GDP는 경제성장, 물가 변동 등 국민 경제가 시간에 따라 어떻게 변하고 있는가를 살피는 데 사용된다.

금리인상, 1년이면 GDP 감소에 이른다

금리인상이 경기침체로 이어지는 것은 당연하다. 인상 목적이 치솟은 물가를 잡기 위한 것이었고, 물가를 잡는다는 것은 과열된 경기를 강제로 꺼뜨린단 것이다. 당연히 경기는 침체된다. 경로는 여러 가지다. 기준금리를 올리면 시장금리가 올라간다. 돈을 빌리는 기회비용인 이자가 많아진다. 소비가 줄어들고, 투자도 줄어들고, 생산도 줄어드는 것이 자연스럽다. 소비감소와 투자감소, 생산감소가 모두 **GDP** 감소를 의미한다. 궁금한 것은 '얼마나 감소시키고, 그렇게 감소시키는 데 시간은 얼마나 걸리나'다. 한국개발연구원 (KDI)은 금리인상이 '주택경기'에 영향을 미쳐 GDP 감소로 이어지는 경로를 계산했다. 금리인상이 주택수요에 미치는 영향부터. 우선 금리 1%p가 오르면 주택가격은 3.9%가 떨어진다. 대출금리가 높아지니 수요가 줄고, 그에 따라 주택가격이 내려가는 것이다. 이 효과가 즉시 나타나는 것은 아니다. 금리인상시점(1분기)에는 −0.6%p 정도의 효과가 나타나고, 이후 서서히 반영된다. 그리하여 그 효과가 가장 크게 나타나는 시점은 인상 으로부터 1년 뒤다.

출처 : KBS/일부인용

 Quiz　　❌ 🔍

↳ **문제** 당해연도 최종생산물의 수량에 당해연도의 시장가격을 곱하여 산출하는 지수로서 국가 간 GDP 비교의 기준으로 삼는 것은 실질GDP다.　　ㅇ / ×

↳ **해설** 실질GDP는 기준연도의 가격으로 서비스와 재화의 가격을 계산한 값이다. 가격은 변함이 없다는 가정 하에 생산량의 변동만을 측정한다. 때문에 실질GDP는 경제성 장, 물가 변동 등 국민 경제가 시간에 따라 어떻게 변하고 있는가를 살피는 데 사용 한다.

답 ×

최소한의 자원으로 이익을 극대화!

여러분은 체리피커(Cherry Picker)라는 용어를 알고 있나요? 기업의 상품이나 서비스를 구매하지 않으면서 자신의 실속 차리기에만 관심을 두고 있는 소비자를 말합니다. 한마디로 기업의 상품이나 서비스에서 단물만 쏙쏙 빼먹는 사람들을 뜻하죠. 그런데 최근에 고물가가 지속되고 생활이 점점 더 팍팍해지면서 체리피커에서 진일보한 개념도 생겨났습니다. 바로 체리슈머(Cherrysumer)입니다. 체리피커에 소비자를 뜻하는 'Consumer'를 합한 말인데요. 해마다 새로운 소비트렌드를 전망하는 김난도 교수의 '트렌드 코리아'에서도 소개된 개념이죠.

체리슈머는 간단히 말하면 '알뜰한 소비자'를 뜻합니다. 단물만 빼먹는 체리피커가 부정적인 의미가 강했다면, 체리슈머는 남들에게 폐를 끼치지 않는 선에서 극한의 알뜰함을 추구한다는 점에서 비교적 긍정적입니다. 한정된 자원을 최대한으로 활용하는 이들의 소비형태는 합리적이라고 평가되는데요. 예를 들어 OTT 계정에 가입하는 비용을 줄이기 위해, 비용을 나누고 계정을 공유할 사람들을 구하기도 하고요. 때로는 음식 배달비를 아끼기 위해 함께 배달을 시키고 배달비를 나눌 사람들을 온라인에서 찾기도 합니다. 또 물품을 살 때 번거롭더라도 필요한 만큼만 그때그때 구입하면서 낭비를 줄입니다. 그래서 이들의 소비는 매우 계산적이고 전략적이죠.

1인 가구가 늘어나고 고금리·고물가가 지속되면서 이 체리슈머들을 공략하기 위한 기업들의 마케팅도 활발해지고 있습니다. 대량의 묶음상품보다는 큰 상품을 조각으로 나누어 판매하는 경우도 늘어나고 있죠. 예를 들어 엄두도 못 낼 값비싼 와인을 병이 아닌 잔으로 나눠 판매하는 식으로 말입니다. 이와 함께 충동구매를 하지 않는 꼼꼼한 체리슈머들을 끌어들이기 위해 다른 기업보다 저렴한 상품을 더 좋은 품질로 내놓는 것이 무엇보다 중요해졌습니다.

고물가 시대, 합리적 소비층 체리슈머 공략

잇따른 물가상승으로 소비심리가 위축되고 있는 가운데 알뜰하고 현명한 전략적 소비를 추구하는 **체리슈머**가 외식업계의 화두다. 외식업계에서는 자체 앱과 자사 몰에서 할인 및 증정 프로모션을 진행하는 등의 전략으로 합리적 소비층인 체리슈머 고객의 '락인 효과'를 기대하고 있다. 카페 프랜차이즈 브랜드 커피베이는 멤버십 회원 대상으로 '그린베이 프로모션'을 진행하고 있다. 이번에 3회차를 맞이한 그린베이 프로모션은 커피베이 친환경 활동인 '고그린 캠페인'의 일환으로 다회용컵 사용 장려를 위해 기획된 프로모션이다. 카페보니또는 단골고객에게 차별화된 서비스를 제공하고자 '카페보니또 멤버십'을 운영하고 있다. 멤버십 카드를 발급받은 모든 고객들에게, 즉시 10% 메뉴 할인제공 및 구매액의 2% 추가적립 혜택을 준다.

출처 : 머니투데이/일부인용

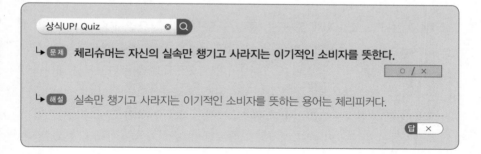

상식UP! Quiz

▶ 문제 체리슈머는 자신의 실속만 챙기고 사라지는 이기적인 소비자를 뜻한다.

○ / ×

▶ 해설 실속만 챙기고 사라지는 이기적인 소비자를 뜻하는 용어는 체리피커다.

답 ×

수입국도 여기저기 뚫어놔야 해

지난 2021년 우리나라에는 '요소수'의 품귀 사태가 일어나 한창 시끄러웠는데요. 요소는 소변에도 포함된 유기화합물로 보통 암모니아와 이산화탄소를 합성해 생산합니다. 요소는 농업에 쓰이는 비료를 만드는 데 사용되고, 또한 요소를 물에 녹인 요소수는 화물차 등 디젤차량에서 발생하는 질소산화물(NOx)을 정화하는 장치인 'SCR'에 쓰입니다. 배기가스가 지나는 통로에 요소수를 뿌리면 질소산화물이 물과 질소로 환원되는데요. 2015년에 유럽의 배기가스 규제인 '유로6'가 국내에 도입되면서, 디젤차량에 반드시 SCR을 탑재하고 요소수가 소모되면 보충해야 합니다. SCR이 설치된 디젤차량은 요소수가 없으면 아예 시동이 걸리지 않죠. 유통을 담당하는 화물차에게는 필수적인 물질입니다.

그런데 2021년 요소의 최대생산국인 중국이 요소 수출을 중단하면서 세계적인 대란이 일어났습니다. 중국의 요소는 중국 내의 석탄을 통해 주로 생산되는데, 석탄 공급이 부족해지자 중국은 석탄으로 만들어지는 요소의 수출 중단조치를 내려버렸죠. 중국에서 거의 대부분의 요소수를 수입하는 우리나라도 정면타격을 받았습니다. 요소수 값이 천정부지로 치솟고 주유소에서는 요소수 품귀 현상이 발생했습니다. 화물차들이 운행을 멈추기 시작하자 유통망 마비 위기가 눈앞에 닥쳤고, 정부와 국내 유통업체들은 부랴부랴 요소수를 확보하기 위해 동분서주했습니다. 정부는 호주 등 해외로까지 공군기를 급파해 요소수를 공수해오기도 했죠.

그런데 2023년 9월 중국이 다시 요소의 수출중단을 선언하면서 불안감을 키웠습니다. 정부는 요소수의 비축량이 충분하다고 했는데요. 기존에 중국으로부터 수입한 요소수가 이미 확보됐고, 국내업체도 요소수 생산을 늘리고 있다며 진화에 나섰습니다. 그럼에도 요소수 거래가 폭증하고 가격이 급등하는 등 대란 조짐이 일어났죠. 이는 화물·유통업 종사자들이 이전 요소수 대란의 재현을 우려해 미리 요소수를 챙겨두려는 불안심리 때문이라는 분석이 나왔습니다.

사실 우리나라는 요소뿐 아니라 산업에 쓰는 많은 원자재를 수입에 의존하고 있죠. 특히 마그네슘, 희토류, 수산화리튬 등 자동차와 배터리 제조에 꼭 필요한 원자재를 대부분 중국에서 수입하는 실정입니다. 그러다보니 요소수 대란처럼 중국이 자국 사정을 이유로 수출을 제한해버리면 제조업 중심의 우리나라로써는 치명상을 입을 수밖에 없죠. 그래서 수입처 다변화를 서둘러 꾀해야 한다는 목소리가 높습니다.

정치 · **경제** · 사회 · **국제** · 문화 · 미디어 · 과학 · IT · 스포츠

제2요소수 터지나 … 핵심광물 13종, 中 쏠림 심해졌다

미중갈등이 '뉴노멀'이 되면서 둘 사이에 낀 한국의 공급망에도 빨간불이 들어왔다. 하지만 정부의 다변화 속도는 국제정세변화를 따라가지 못하고 있다. 이종배 국민의힘 의원이 산업통상자원부 등에서 받은 자료에 따르면 전략적 중요성이 큰 핵심광물 33종 중 3대 수입국 안에 중국이 포함된 건 25종이었다. 한 대기업 관계자는 "중국산 원자재가 제일 싸고, 지리적으로 가까우니 물류비도 적게 든다. 기업으로선 리스크가 있어도 대중의존도가 높을 수밖에 없다"라고 말했다. 상황이 이렇다보니 반도체 등 핵심산업이 걸린 한국은 중국정부의 작은 움직임에도 민감할 수밖에 없다. 2021년 하반기 극심한 공급난이 발생했고, 이후 다시 위기설이 퍼졌던 **요소수**가 단적인 예다. 중동 · 동남아 대체선 확보에도 차량에 쓰는 산업용 요소 90.2%는 여전히 중국에서 수입하고 있다. 중국의 수출중단이 실제로 이뤄지면 국내운송 등에서 혼란이 불가피하다.

출처 : 중앙일보/일부인용

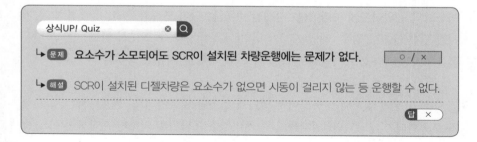

상식UP! Quiz

↳ 문제 요소수가 소모되어도 SCR이 설치된 차량운행에는 문제가 없다. ○ / ✕

↳ 해설 SCR이 설치된 디젤차량은 요소수가 없으면 시동이 걸리지 않는 등 운행할 수 없다.

답 ✕

우리 정서와는 아직 멀어요

팁(Tip)은 호텔이나 식당, 이발소 등에서 서비스를 제공하는 접객원에게 자발적으로 주는 추가금액을 의미합니다. 봉사료라고도 하는데요. 우리나라를 비롯한 동아시아에서는 보편적인 문화가 아니고, 유럽에서도 의무가 아니거나 아예 사라진 경우도 있다고 합니다. 그러나 미국과 캐나다 등 북미와 중남미 국가에서는 일상문화로 자리 잡았습니다. 특히 미국의 경우 호텔·식당종업원들의 급여는 법률에 의한 최저임금이 아닌 손님의 팁에 의해 결정된다는 인식이 있죠.

그런데 최근 우리나라에서 이 팁 문화에 대한 논쟁이 화두에 올랐습니다. 국내의 한 카페에서 키오스크 옆에 종업원을 위한 '팁 박스'를 두어 논란이 됐죠. 물론 반드시 팁을 지불해야 하는 것은 아니지만, 종업원이 직접 주문을 받는 것도 아닌데다가 은근히 팁을 강요하는 것 같아 언짢다고 말하는 이들이 많았습니다. 카페 측에서는 외국인 관광객이 많은 카페의 위치상 팁을 주려는 외국인 손님이 종종 있어 비치한 것이라고 해명했으나 논란은 가라앉지 않았죠. 또한 국내 유명 택시호출 플랫폼에서는 기사에게 택시비 외에 별도 팁을 주는 서비스를 도입하는 것에 대해 설문조사를 실시했는데요. 70%에 달하는 대부분의 이용자가 이를 반대했음에도, 이를 무릅쓰고 팁 서비스를 시범 도입했습니다. 택시 이용 후 높은 평점을 매기면 이용자의 동의여부에 따라 팁을 결제할 수 있는 창이 뜨도록 했죠. 플랫폼 측은 기사가 팁을 강요할 경우, 해당 기사가 팁 기능을 이용할 수 없도록 하고 지불한 팁은 환불조치 하겠다고 했지만 부정적인 목소리는 가라앉지 않았습니다.

팁 문화가 우리 정서와는 동떨어져 있기에 일어난 일들인데요. 현재로서는 팁 문화가 보편화되지 않았지만, 업체들이 팁 서비스를 조금씩 도입하기 시작하면 어느 순간 결제과정에서 당연한 수순으로 정착될 것이라 우려하는 목소리도 있습니다. 현재 성행하는 음식배달 플랫폼에 존재하는 배달료도 이전에는 지불하지 않았으나, 어느 순간 영업정책이라는 미명하에 보편화됐다는 주장도 나왔죠. 한편 우리나라에서 팁 논쟁이 벌어진 가운데, 팁의 본국인 미국에서는 물가상승으로 팁이 과도하게 책정되면서 소비자들의 불만이 쏟아졌다고 하는데요. 팁 문화에 대한 부정적 여론도 형성되고 있다고 하죠. 오죽하면 '팁플레이션'이라는 신조어까지 등장했다고 하니, 참 아이러니한 일이 아닐 수 없습니다.

정치 · **경제** · **사회** · **국제** · 문화 · 미디어 · 과학 · IT · 스포츠

'팁의 나라' 미국도 "이젠 못 참겠다" … 강제한 식당에 분노

미국의 한 식당이 무조건 18%의 팁을 자동으로 부과하면서 **팁** 문화가 일상화된 미국에서도 논란이 번졌다. 미국 캘리포니아주에 있는 한 음식점은 '1인 이상'인 테이블에 팁 18%를 청구하는 영수증을 발행하고 있다. 이곳에서 식사한 고객이 영수증을 촬영하여 미국 커뮤니티 사이트에 올리면서 화제가 됐다. 이 영수증에는 "18.00% 서비스요금 포함. 1인 이상인 경우 18.00%의 팁이 자동으로 적용됩니다. 질문이 있으시면 매니저와 이야기하십시오"라고 적혀있다. 미국에서는 식당 등에서 서비스를 받고 팁을 주는 것이 일반적이지만, 10~20% 등 손님의 재량껏 지불하는 것이지 모든 고객을 상대로 강제적으로 고정된 팁 부과를 하는 경우는 드물다. 코로나19 이후 패스트푸드점, 키오스크주문 매장 등에서까지 팁을 요구하면서 미국에서도 팁에 대한 불만이 커졌다. 고물가에 팁 부담까지 커지면서 '팁플레이션(팁과 인플레이션의 합성어)'이라는 용어까지 생겨났다.

출처 : 헤럴드경제/일부인용

상식UP! Quiz ⊗ 🔍

↳ **문제** 현행 식품위생법에 따르면 식당 업주가 손님에게 별도 팁을 강제 요구하는 것은 불법이다.

〇 / ×

↳ **해설** 우리나라 식품위생법 시행규칙에 따라 식당의 업주는 메뉴에 부가세와 봉사료(팁)를 포함한 최종가격을 표시해야 하므로, 별도 팁을 강요하는 것은 불법이다.

답 〇

유행은 돌고 돌아

2010년대 중반부터 시작된 90년대 복고문화 열풍이 계속 이어지고 있습니다. 90년대 당시 유행했던 음악, 패션, 인테리어 등 다방면의 문화가 인기를 끌고 있는데요. 이래서 '유행은 돌고 돈다'는 말이 생겼나 봅니다. 복고열풍은 한동안 들끓은 이후 2022년부터 다시 고개를 들고 있는데요. 최근에는 복고(Retro)와 새로움(New)을 결합한 '뉴트로(Newtro)'라는 신조어가 유통업계에 바람을 일으키고 있습니다. 의류업계에서는 90년대에 유행했던 브랜드를 다시 론칭하기도 하고, 기존 브랜드에 90년대 패션 트렌드를 입혀 출시하기도 했죠. 또 과거 전성기를 지나 오래도록 침체됐던 기성 브랜드의 매출이 급등한 사례가 나오기도 했습니다. 가방에 다는 '키링'과 배꼽을 드러내는 '크롭티', 품이 넓은 '카고팬츠'가 길거리를 점유하고 있죠. 이런 경향은 이른바 'Y2K패션'이라고 불리고 있는데요. Y2K는 1999년 말 컴퓨터가 2000년의 연도처리 과정에서 오작동해 갖가지 사회적 문제를 일으킬 것이라는 세기말 종말론의 일종입니다.

패션 외에도 젊은 층이 많이 찾는 상권의 식당과 카페에서는 90년대에 유행했던 예스러운 소품을 배치하고, 식음료도 당시 사랑받았던 품목을 내놓으며 젊은 층에게 신선함을 선사하고 있습니다. 단순히 예쁜 인테리어와 차별화를 두어 흔히 말하는 '힙(hip)하다'고 느끼게 되죠. 최근에는 AI 앱을 통해 90년대 풍 헤어·패션스타일로 보정한 사진이 SNS상에 범람하기도 했습니다.

이렇듯 80년대도 아니고, 2000년대도 아닌 유독 90년대 문화와 아이템이 사랑받는 이유는 무엇일까요? 뉴트로를 이끄는 세대는 20~30대인 MZ세대인데요. 이들에게 90년대는 너무 멀지도 가깝지도 않죠. 인터넷이 보편화된 2000년대 이후의 문화는 MZ세대들이 이미 쉽게 접할 수 있어 식상한 데 비해, PC통신이 태동하고 경제성장을 이룬 90년대의 문화는 퍽 신선하게 다가오죠. 그렇다고 70~80년대 문화를 향유하기엔 너무 낯설고요. 이러한 뉴트로는 2010년대 중반부터 90년대 대중

음악이 재발견되고 사랑받으면서 촉발됐습니다. 뉴트로는 90년대에 활발하게 문화를 즐긴 30~40대 소비층에게는 가장 추억하기 적당한 시기에 있고, 10~20대에게는 신선하고 힙하게 다가옵니다. 현재의 뉴트로 열풍이 언제까지 이어질지 모르지만, 언젠가는 2020년대 문화가 뉴트로가 되어 미래에 소비시장을 주름잡을지도 모르겠네요.

정치 · **경제** · **사회** · 국제 · 문화 · 미디어 · 과학 · IT · 스포츠

'디카' 한물 갔다고요? … '뉴트로' 열풍에 MZ 오픈런

스마트폰의 보급으로 한때 '한물갔다'는 평가를 받을 정도로 위축됐던 디지털카메라 시장이 '**뉴트로**'를 만나면서 다시 활기를 되찾고 있다. 기존 DSLR 시절의 마니아 중심 시장이 아닌, 예쁘고 감성적인 접근을 좋아하는 20~30대 MZ 고객들을 주 타깃으로 변화를 모색하는 모습이다. 정해환 니콘이미징코리아 대표는 "카메라 시장이 레트로 트렌드를 만나 긍정적인 변화를 이끌고 있고, 이 같은 흐름이 업계전반에 기대감을 높여주고 있다"며 "니콘이 이번에 출시하는 'Z f'도 레트로 열풍에 맞춘 신작이다. 젊은 고객들에게 어필하기 위해 팝업스토어도 소위 '힙하다'는 합정동에 마련했다"고 말했다. 'Z f'는 1980년대 필름카메라 시장을 주름잡던 'FM2'의 디자인을 복각해, 얼핏 보면 필름카메라를 떠올릴 정도로 디자인을 강조했다. 최근 20~30대 사이에선 감성적인 사진촬영을 위해 일부러 필름카메라를 구매하고 이를 현상하는 사례도 늘고 있다. 홍대입구 · 합정 등에는 필름카메라 자판기도 생기는 등 사진과 카메라는 일종의 놀이영역이 됐다는 평가다.

출처 : 뉴시스/일부인용

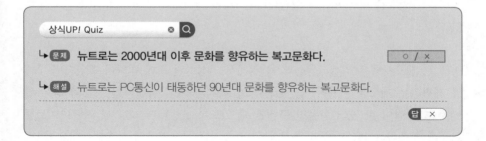

상식UP! Quiz

↳ **문제** 뉴트로는 2000년대 이후 문화를 향유하는 복고문화다.　　○ / ×

↳ **해설** 뉴트로는 PC통신이 태동하던 90년대 문화를 향유하는 복고문화다.

답　×

027 리셀러

먼저 사서 비싸게 파는 사람이 진짜 임자

스위스의 명품 시계 브랜드인 롤렉스의 매장에서는 시계가 아닌 공기만 판다는 말이 있습니다. 매장에 가도 시계를 구입하기가 그만큼 어렵다는 뜻인데요. 상품 공급이 줄면서 매장에 상품이 입고되기만 하면 어떻게든 구매하려는 사람들이 줄을 잇고 있습니다. 이는 롤렉스뿐 아니라 다른 명품 브랜드에서도 나타나고 있는 현상인데요. 이렇게 명품을 구매해서 몇 배의 웃돈을 얹어 되팔아 차익을 남기는 사람들이 늘어나고 있습니다. 이들을 우리는 리셀러(Reseller)라고 부르죠.

사실 리셀러는 '되팔렘'이라는 멸칭으로도 불리고 있습니다. 그만큼 이들이 시장에 끼치는 영향도 크다고 할 수 있는데요. 리셀을 전문으로 하는 사람들이 한정판과 희소한 상품들을 독점하다시피하면서 일반 소비자들의 불만도 커지고 있습니다. 이들은 매장 앞에서 노숙까지 하는 아르바이트를 고용해 조직적으로 움직이면서 상품을 그야말로 '싹쓸이'하고 있는데요. 명품 브랜드만이 아니라 화제로 떠오른 신상품이나 한정판 MD 상품, 컬래버레이션 운동화, 희소 LP판이나 아이돌 굿즈 등 희귀하고 가격을 올려 팔 수 있을 만한 물건이라면 가리지 않고 구매하고 있습니다. 오프라인에서는 아르바이트를 쓰고, 온라인에서는 매크로 프로그램을 가동하면서 상품을 구하고 있죠. 이런 상품들은 다시 엄청나게 가격이 붙어 중고시장에 등록됩니다. 중고거래 플랫폼인 '당근마켓'을 위시한 중고시장이 활성화되면서 리셀러들의 입김은 더욱 세지고 있습니다. 이러한 행위들은 또한 시장을 교란시킬 수 있죠.

명품 브랜드 샤넬은 리셀러들을 막기 위해서 의심스런 구매 내역이 확인되면 구매를 제한하는 제도를 시행하기도 했는데요. 특히 자사의 특정라인 상품의 경우 일년에 한 사람이 한 개의 상품만 구매할 수 있도록 했습니다. 그러나 아르바이트를 고용해 활동하는 리셀러들의 특성상 이런 조치는 무용지물에 불과했는데요. 그런데 사실 이런 리셀러가 기승을 부리기 시작한 것은 명품 브랜드들이 가격을 연달아 인상한 영향도 있었습니다. 이는 코로나19로 매출 타격을 입은 브랜드들이 명품 소비율이 높은 우리나라를 비롯한 아시아 지역을 중심으로 가격인상을 단행한 것으로 풀이됐습니다. 또 2022년 이후로도 명품가격은 오르는 추세가 계속 됐죠. 유명 명품 브랜드의 가격조정정책 때문에 상품의 가치가 유지되고 오히려 인상되는 현상이 발생하자, 이를 재테크 수단으로 활용하려는 리셀러들에게 힘을 불어넣었다는 분석이 있습니다.

정치 · **경제** · **사회** · 국제 · 문화 · 미디어 · 과학 · IT · 스포츠 |

"이번 생엔 내 집 마련 포기, 돈 모아서 샤넬백이나 사련다"

샤넬백을 사려고 새벽부터 백화점 앞에 줄을 서는 한국 쇼핑객들의 모습을 외신이 집중 조명했다. 글로벌 공급대란 속에서도 식료품 · 휴지 등 사재기 현상을 찾아볼 수 없는 나라인데, 1,000만원이 넘는 고가의 핸드백을 먼저 손에 넣으려고 경쟁하는 것이 한국의 현주소라고 분석했다. 샤넬 핸드백을 구매하는 주 소비층은 단연 20~30대 'MZ세대'다. 남들에게 뒤처지는 것을 싫어하고 현재 만족을 중시하는 경향 때문에 고가의 제품을 아낌없이 구매한다는 것이다. 이들이 샤넬에 열광하는 배경에는 돈이 있어도 마음대로 살 수 없는 상품의 희소성이 있다. 구매 후 '**리셀**(재판매)'을 통해 차익을 얻을 수 있다는 점도 인기 요인이다. 이은희 인하대 소비자학과 교수는 "샤넬은 구하기 어려운 물건을 손에 넣었을 때 느끼는 즐거움을 주는 아이템"이라며 "되팔았을 때 수익이 나는 것도 장점"이라고 설명했다.

출처 : 머니투데이/일부인용

상식UP! Quiz

↳ 문제 **리셀러가 구입하는 상품은 명품 브랜드로 한정되어 있다.**   `○ / ✕`

↳ 해설 리셀러는 명품 브랜드뿐 아니라, 비매품인 MD 상품이나 한정판 신발, 새로 출시된 게임기 등 희소성 있는 상품들을 구매하여 프리미엄을 붙여 중고시장에 판매한다.

답 ✕

우리경제의 실핏줄

흔히 우리경제의 실핏줄이라 불리는 소상공인은 '소기업 및 소상공인 지원을 위한 특별조치법'에 규정돼 있는 사업자를 말합니다. 상시근로자 수는 업종마다 다른데요. 제조업, 건설업, 운수업 등은 10인 이하, 도소매와 서비스업의 경우 5인 이하일 때 소상공인이라고 하죠. 연매출은 10억원에서 120억원 이하인 경우 해당하는데, 보통 자영업자들의 평균 연매출이 10억원대 이하이니 대개 여기 속한다고 할수 있죠. 소상공인은 우리나라의 전체 중소기업 중 93.7%를 차지하고 전체고용에서는 고용주와 직원을 합해 44.2%를 차지한다고 합니다. 말 그대로 실핏줄인 셈이죠. 소상공인은 민생경제현황을 파악할 수 있는 지표가 됩니다.

지난 코로나19에 특히나 큰 피해를 입은 사람들은 소상공인이었습니다. 정부가 사회적 거리두기로 영업제한을 걸면서 고통을 호소했죠. 코로나19가 엔데믹으로 전환된 이후에도 고물가와 인건비 상승에 허덕이는 소상공인들이 신음소리가 터져나왔습니다. 사실 자영업자를 비롯한 소상공인들은 정부정책과 대내외적 상황에 여러모로 취약할 수밖에 없습니다. 특히 우리나라 소상공인을 보면, 비자발적으로 노동시장에서 이탈해 치밀한 준비과정 없이 창업을 하거나 창업자금으로 대규모 대출을 끌어다 쓰는 경우가 많죠. 그러다보니 경영 중 돌발상황에 대처가 미흡하고, 시장상황을 읽고 사업방향을 전환하는 능력도 취약합니다. 그래서 사업이 기울게 되면 금방 문을 닫고 빚더미에 앉기 십상인데요. 거기에 비교적 진입장벽이 낮은 요식업, 도소매업의 경우 시장이 과밀해 경쟁이 치열하죠. 결국 나눠먹을 수 있는 시장은 점점 줄어들고, 경쟁에서 살아남기 위해 사업주 개인의 노력이 필요하지만 대부분 녹록치는 않습니다.

2021년 우리나라의 자영업자 수는 656만 8,000명이고, 연평균 소득은 1,952만원으로 나타났습니다. 자영업자 수는 느는 데 비해 소득은 계속 줄고 있는데요. 뿐만 아니라 자영업자의 대출 잔액은 2022년 무려 1,019조 8,000억으로 기록됐습니다.

비싼 임대료는 물론이고 경기부진과 팬데믹으로 무너지는 사업을 유지하기 위해 많은 대출을 받았죠. 더 큰 문제는 고금리로 이자부담이 만만치 않다는 점입니다. 그런데 이런 와중에 윤석열정부가 팬데믹 초기에 소상공인들에게 지급했던 지원금을 환수한다는 계획을 밝혔는데요. 2023년 세수부족으로 골머리를 앓던 정부가 이를 재난지원금을 환수해 조금이나마 메꾼다는 것이었죠. 정부는 당시 지원금 공고문에 '사후에 환수할 수 있다'는 조항을 넣어 문제가 없다고 했습니다. 그러나 구멍난 국가재정을 힘없는 소상공인들에게 부담 지운다는 비판의 목소리도 나왔습니다.

정치 · 경제 · 사회 · 국제 · 문화 · 미디어 · 과학 · IT · 스포츠

정부, 684만 소상공인을 혁신사업가로 만든다

정부가 제조 기반 · 서비스 혁신을 통해 새로운 부가가치를 창출하는 기업가형 **소상공인**을 육성한다. 정부는 기업가형 소상공인의 잠재력을 널리 알리기 위해 '라이콘 기업(LICORN)' 육성을 제시했다. 라이콘 기업이란 라이프스타일(Lifestyle) · 로컬(Local)과 유니콘(Unicorn) 기업을 합한 말로 기업가 정신을 가진 소상공인을 라이프스타일이나 로컬에서 혁신을 일으키는 유니콘 기업으로 새롭게 브랜드화한 개념이다. 유형은 제조 기반 · 혁신 서비스 접목에 따라 라이프스타일 혁신, 로컬크리에이터, 온라인 셀러 등 세 가지로 나눴다. 정부는 창업 분야에서 창의적 인재 키우기에 집중하며, 소상공인의 성장 단계별로 글로벌 진출도 함께 지원한다. 상권기획자와 로컬크리에이터의 연계 · 협업을 통해 역사문화 등 지역 정체성을 담은 상권창업도 촉진할 계획이다.

출처 : 한국일보/일부인용

상식UP! Quiz   ⊗   🔍

↳ 문제   **관련법에 의하면 도소매 업종의 경우 상시근로자가 5인 이하일 때 소상공인으로 분류된다.**

○ / ×

↳ 해설   제조업, 건설업, 운수업 등은 상시근로자 10인 이하, 도소매와 서비스업의 경우 5인 이하일 때 소상공인이라고 한다.

답 ○

신문으로 공부하는
말랑말랑 시사상식
경제·경영

CHAPTER 02

경영

029 애자일

기민하고 민첩하게 시장에 대응한다

구글과 아마존 같은 기업들이 세상을 움직이고, 우리나라에서도 카카오, 당근마켓 같은 IT기업들이 유니콘 기업으로 떠오르면서, 다른 영역의 기업들도 IT체제로의 전환과 이에 대응할 소프트웨어 개발을 시도하고 있습니다. IT기업들의 활약과 함께 경영계에 떠오르는 것이 있는데요. 바로 애자일(Agile)입니다. 애자일은 원래 소프트웨어를 개발하는 기업에서 통용되던 하나의 방법론이라고 할 수 있습니다. 쉽게 말해 개발사들이 소프트웨어 개발에 실패하지 않도록 조직을 이끌고 업무를 해나가는 방식 중 하나입니다.

통상 소프트웨어를 개발하기 위해서는 고객의 요구에 맞춰 큰 프로젝트를 기획하고 각각의 개발과정을 체계적으로 설정해둡니다. 그리고 개발자들이 이에 알맞게 각자의 개발업무를 하며 소프트웨어를 완성해내죠. 이러한 방식을 폭포수(Waterfall) 방법론이라 하는데요. 그런데 고생 끝에 개발한 소프트웨어가 고객의 마음에 들지 않는다면 어떻게 할까요? 또 고객이 어느 정도 완성된 소프트웨어 결과물을 보고서 갑작스레 판이한 요구를 해온다면 어떨까요? 개발사 입장에서는 난감할 수밖에 없습니다.

애자일은 고객이나 시장의 요구에 짧은 주기로 그때그때 대응하기 쉽도록 고안됐습니다. 애자일은 '기민한', '민첩한'이라는 의미를 갖고 있는데요. 하나의 소프트웨어를 개발하기까지 처음에는 고객의 요구에 맞춰 대략적인 스케치만을 제시하고, 고객의 추가적인 요구에 따라 그때그때 수정해가면서 결과물을 완성해가는 것입니다. 그러면 애써 만들어놓은 소프트웨어를 뒤엎을 필요도 없고, 고객의 요구를 훨씬 수월하고 정확하게 반영할 수 있겠죠.

애자일은 2000년부터 그 필요성이 대두되기 시작했는데요. 2001년에는 17명의 개발자들이 조금 더 '가벼운 방식'으로 소프트웨어를 개발하는 애자일의 이념을 담은 애자일 선언문(Agile Manifesto)을 만들어 전 세계로 배포했습니다. 그러면서 많은 개발사들이 애자일 방법론을 채용하기 시작했죠. 최근에 이 애자일은 소프트웨어 개발을 넘어 마케팅, 의사결정, 인사관리 등 다양한 경영분야로까지 적용되고 있습니다.

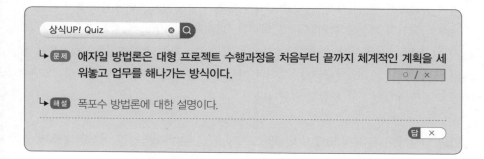

정치 · 경제 · 사회 · 국제 · 문화 · 미디어 · 과학 · IT · 스포츠

행안부, 당근마켓 · 토스 · 우리은행과 애자일 혁신 전략공유

행정안전부는 정부세종청사에서 '애자일 혁신, 조직의 성공전략'을 주제로 워크스마트 포럼을 개최한다고 밝혔다. 당근마켓은 성장 원동력이 된 '애자일 개발문화'를 소개하고, 공개와 공유, 자율과 책임을 중심으로 한 기업의 '수평적 문화'를 발표한다. 토스를 운영하는 비바리퍼블리카는 고객수요를 즉각 반영할 수 있는 애자일 서비스 개발에 대해 발표한다. 정부와 같이 거대한 조직규모를 가진 우리은행은 애자일한 조직운영을 통해 외부 환경변화에 대응하는 신속한 의사결정에 대해 발표한다. 행정안전부는 급변하는 행정환경에 민첩하고 유연한 정부 구현의 필요성을 강조할 예정이다.

출처 : 아시아경제/일부인용

상식UP! Quiz

문제 애자일 방법론은 대형 프로젝트 수행과정을 처음부터 끝까지 체계적인 계획을 세워놓고 업무를 해나가는 방식이다. ○ / ×

해설 폭포수 방법론에 대한 설명이다.

답 ×

숨김없이 다 보여줄 테니! 투자 좀…

기업공개(IPO ; Initial Public Offering)는 기업 설립 후 처음으로 외부투자자에게 주식을 공개하고, 이를 매도하는 일을 말합니다. 넓게는 기업의 전반적인 경영 내용을 공개하는 것이고, 좁은 의미로는 주식공개상장을 의미하죠. 구체적으로 설명하면 주식회사가 이미 발행했거나 새로 발행하는 주식의 전부 또는 대부분을 정규 증권시장에 내놓고 일반 투자자에게 공개적으로 파는 일입니다. 기업이 주식을 한국거래소에 공식 상장하기 위해서는 자사의 주식과 경영 내역을 외부투자자와 시장에 공개하는 엄격한 상장심사를 거칩니다.

기업공개를 하지 않은 기업, 즉 정규 증시에 상장하지 않은 기업은 비공개기업이라고 하는데, 비공개기업이 기업공개 절차를 거치면 공개기업이 되는 거죠. 그렇다면 기업공개는 왜 할까요? 자금조달을 원활하게 해서 기업의 재무구조를 개선하고, 국민의 기업참여를 장려하여 국민경제 발전에 기여하는 데 그 이유가 있습니다. 기업이 공개되면 전문경영인에 의한 경영 현대화가 가능해짐으로써 주식회사 본연의 사회적 책임과 기능을 확립할 수 있답니다. 이밖에도 기업공개는 ▲주주의 분산투자 촉진 및 소유분산 ▲자금조달능력의 증가 ▲주식가치의 공정한 결정 ▲세제상의 혜택 등의 장점이 있습니다. 그러나 기업의 소유권인 주식이 매매 대상이 되는 만큼 경영권이 분산될 위험도 있습니다.

반면 회사가 주식을 상장해 투자금을 모아야 할 상황이지만 당장 기업공개를 성공시키기 힘든 경우도 있겠죠. 이럴 경우 선택 매매를 실시해 먼저 투자금을 어느 정도 확보해놓는 경우가 있습니다. 각종 주식시장 룰의 제약을 받지 않고 직접 거래자를 구해 거래하죠. 이를 '프리IPO'라 합니다.

기업공개 때 기관 '수요예측 횡포' 막는다 … 참여 요건 강화

금융투자협회는 **기업공개(IPO)** 때 기관의 불성실한 수요예측을 방지하기 위해 수요예측 참여 요건을 강화한다고 밝혔다. 금융투자협회는 전날 자율규제위원회를 열고 이 같은 내용을 담은 인수업무 규정 개정안을 의결했다. 개정안에 따르면 투자일임업자가 고유재산으로 IPO 수요예측에 참여하기 위해서는 투자일임업에 등록한 후 2년이 지나고 투자일임재산이 50억원 이상이어야 한다. 등록한 지 2년이 넘지 않은 경우에는 투자일임재산이 300억원 이상이어야 수요예측에 참여할 수 있다. 이러한 기준은 사모집합투자업자에게도 적용된다. 고유재산으로 IPO 수요예측에 참여하는 투자일임업자와 사모집합투자업자는 수요예측 참여 요건을 충족한다는 확약서 및 증빙서류를 IPO 대표 주관사에 제출해야 한다. 이전까지 투자일임회사가 투자일임재산으로 수요예측에 참여할 때 충족해야 하는 일정 요건이 있었지만, 고유재산으로 참여하는 경우엔 별도의 요건이 없었다.

출처 : 연합뉴스/일부인용

상식UP! Quiz

↪ 문제 **기업공개(IPO)는 자금조달을 원활하게 해서 기업의 재무구조를 개선하는 데 목적을 둔다.**

○ / ×

↪ 해설 기업공개는 자금조달을 원활하게 해서 기업의 재무구조를 개선하고, 소액주주의 기업참여를 장려하여 공적인 경제발전에 기여하는 데 목적을 둔다.

답 ○

뭉치면 산다고?

요즘 멕시코는 무법천지라고 해도 과언이 아니죠. 마약 범죄 조직들이 연합해 카르텔(Cartel)을 구성하면서 각 조직 간 피비린내 나는 암투가 끊이질 않습니다. 멕시코 카르텔! 잔혹하기 이를 데 없다고 합니다. 카르텔을 설명하려다 멕시코 갱 이야기까지 나왔네요.

카르텔은 기업 상호 간의 경쟁의 제한이나 완화를 목적으로, 동종 또는 유사산업 분야의 기업 간에 결성되는 기업담합형태를 의미합니다. 기업연합(企業聯合)이라고도 하지요. 가맹기업은 이 협정에 의하여 일부 활동을 제약받지만 법률적 독립성은 잃지 않습니다. 일반적으로 카르텔은 가맹기업의 자유의사에 의하여 결성되지만, 국가에 의하여 강제적으로 결성되는 경우도 있습니다.

카르텔은 기업과 기업 간의 경쟁으로 일어나는 불이익을 제거하고 시장을 독점하며 초과이윤을 얻는 것을 목적으로 하고 있는 점에서는 트러스트와 유사합니다. 다만 카르텔은 독립기업의 연합형태, 즉 협약에 의한 결합형태인 점, 그리고 시장통제를 목적으로 하는 점이 특징이지요. 카르텔은 시간이 지나면서 생산과정의 기술적 합리화에도 개입하고, 신디케이트를 형성하여 공동판매를 행하게 되면 참가기업은 사실상 독립성을 상실할 수도 있다는 단점도 존재합니다.

카르텔은 자본주의 기업의 경쟁이 격화하던 1870년대 이래 특히 유럽 지역에서 급속히 발전하였는데, 경제의 비효율화, 국민경제발전의 저해 등 폐해가 커서, 국가에 의한 강제 카르텔의 경우 외에는 대다수 나라가 금지·규제하고 있습니다. 한국도 이 폐단의 심화를 막기 위하여 1980년에 제정한 '독점규제 및 공정거래에 관한 법률'로 통제하고 있답니다.

12년 동안 닭고기 가격 담합한 16개사 … 과징금 1,758억

치킨, 닭볶음탕 등에 쓰이는 육계 신선육의 가격과 출고량을 12년 동안 담합한 업체들이 무더기로 적발됐다. 담합에 가담한 16개 업체는 시장 점유율 77%를 차지해 닭고기 가격 상승을 주도했다. 이들 업체에는 과징금 총 1,758억 2,300만원이 부과됐다. 이들 업체는 육계 신선육 판매가를 결정하는 제비용(도계 공정에 드는 모든 경비), 운반비, 염장비 등을 공동으로 결정해 가격을 담합했다. 육계 신선육을 냉동 비축하는 방법으로 출고량을 줄이거나, 생계 시세를 올리기 위해 유통시장에서 생계 구매량을 늘리는 방법을 쓰기도 했다. 닭고기 업체들은 자신들의 행위가 공정거래법 적용이 배제되는 정부의 수급조절 정책에 따른 행위라고 주장했지만 공정위는 받아들이지 않았다. 조홍선 **카르텔**조사국장은 "농식품부에서 수급조절 명령을 한 적이 없고, 사업자들이 담합을 해놓고 거꾸로 농식품부에 행정지도를 요청하기도 했기 때문에 공정거래법 적용이 배제된다는 주장은 설득력이 없다고 봤다"고 설명했다.

출처 : 국민일보/일부인용

 상식UP! Quiz

↳ **문제** 기업 상호 간 경쟁의 제한이나 완화를 목적으로, 동종 또는 유사산업 분야의 기업 간에 결성되는 기업담합형태를 의미하며, 경제의 비효율화, 국민경제발전의 저해 등에 미치는 폐해가 커서 대다수 국가가 금지 · 규제하는 것을 뜻하는 용어는?

① 카르텔   ② 트러스트
③ 신디케이트   ④ 콘체른

↳ **해설** ② 트러스트 : 동일산업에서 자본의 결합을 축으로 한 독점적 기업결합으로 카르텔보다 강력한 형태
③ 신디케이트 : 동일시장 내 여러 기업이 출자하여 공동판매회사를 설립, 일원적으로 판매하는 조직으로 카르텔과 트러스트의 중간 형태
④ 콘체른 : 몇 개의 기업이 결합력을 발휘하는 거대한 기업집단

답 ①

032 스텔스 창업

회사 몰래 회사 차리기

많은 직장인들이 한번쯤은 내 사업장을 갖는 것을 꿈꾸곤 합니다. 힘들고 팍팍한 직장생활에 지치거나, 스스로 기막히게 좋은 아이디어를 떠올리게 되면 내 회사를 차리는 상상을 하게 되죠. 최근에는 빼어난 스타트업들이 우리 산업경제계 곳곳에서 활약하고 그 가치를 엄청나게 높이면서, 좋은 아이템이 있으면 창업에 도전하는 스타트업 열풍이 불기도 했습니다. 그러면서 직장에 다니며 또 다른 창업을 준비하는 사람들도 나타나고 있는데요. 이를 '스텔스(Stealth) 창업'이라고 합니다. 스텔스는 다른 이들이 알지 못하도록 '비밀스럽게 행한다'는 의미죠.

대기업이나 중견기업 가운데서는 사내에 벤처동아리를 만들고 대회도 운영하면서 직원들의 창업을 지원하기도 하지만, 많은 중소기업들은 그런 여건을 조성하기 어렵습니다. 또 직원들이 직장에 다니며 창업을 준비하는 것을 달갑게 여기지 않죠. 본 업무에 지장이 있을 수 있으니까요. 그래서 직장에서의 업무경험을 바탕으로 퇴근 후나 주말에 몰래 아이템을 구상하고 사업자금을 마련하는 직장인들이 늘어나고 있습니다.

회사에 다니면서 창업을 준비한다는 것이 '로우 리스크-하이 리턴(Low Risk-High Return)'이라는 인식도 이 같은 트렌드를 이끌었습니다. 창업은 실패할 위험성을 안고 있지만, 본 직장에 다니고 있으니 그만큼 리스크를 낮출 수 있다는 거죠. 창업에 대한 열망은 있지만, 쉽게 직장을 그만둘 수 없는 사람들이 스텔스 창업을 시도하고 있습니다. 그리고 이런 사람들을 위해 정부나 지자체, 전문업체들은 창업준비 프로그램을 운영하고 있습니다.

창업 꿈꾸는 직장인 퇴근 후 가는 곳은? … '스텔스 창업' 뜬다

직장을 다니면서 창업을 준비하는 **'스텔스 창업'** 사례가 늘고 있다. 창업은 하고 싶지만 바로 회사를 그만두기에는 조심스러운 직장인들이 월급으로 생활을 유지하고, 창업 아이템이 구체화 돼 본 궤도에 오르면 갈아타는 것이다. 실제로 많은 직장인들은 창업을 꿈꾸고 있는 것으로 나타난다. '벼룩시장구인구직'이 직장인 2,013명을 대상으로 설문조사를 실시한 결과 응답자의 70.1%가 '향후 창업에 도전할 의향이 있다'고 밝혔다. 상당수 대기업 · 중견기업의 경우 '사내벤처 육성 프로그램'이 마련돼 있어 대놓고 창업을 준비할 수 있는 분위기다. 하지만 중소기업의 경우 그렇지 못하다. 직원의 업무 집중도를 떨어뜨리는 요인이라고 보기도 한다. 직장인 입장에서도 자신의 아이디어에 확신을 갖고 열정을 바쳐 창업하더라도 실패할 확률이 매우 높은 게 현실이다. 이 때문에 용기를 내지 못하고 회사와 '불편한 동거'를 이어가는 상황이 계속된다.

출처 : 머니투데이/일부인용

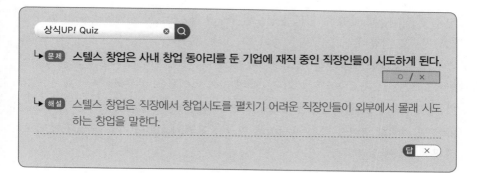

상식UP! Quiz

↳ 문제 **스텔스 창업은 사내 창업 동아리를 둔 기업에 재직 중인 직장인들이 시도하게 된다.**

○ / ×

↳ 해설 스텔스 창업은 직장에서 창업시도를 펼치기 어려운 직장인들이 외부에서 몰래 시도하는 창업을 말한다.

답 ×

기업 안팎의 다양성에 대응하다

세계의 글로벌 기업들은 경영과정에서 중대하고 수많은 의사결정을 거치는데요. 보통 기업 전반의 사항과 사업방향을 총괄해 이끄는 최고경영자(CEO ; Chief Executive Officer)가 있고요. 또 회사의 재무를 총괄하는 최고재무책임자(CFO ; Chief Financial Officer), 정보·정보기술을 담당하는 최고정보책임자(CIO ; Chief Information Officer) 등의 임원급 경영진이 존재하죠. 그리고 글로벌 기업은 자사의 경영·노동환경과 국제시황, 사회·정치적 상황에도 대응하기 위해 경영진을 개편하는 등 노력을 기울입니다. 최고다양성책임자(CDO ; Chief Diversity Officer)가 그 노력의 일환 중 하나인데요.

CDO는 기업에서 근로자들이 성별, 인종, 나이, 출신지역 등에 관계없이 자신이 가진 능력을 마음껏 펼칠 수 있도록 근무환경을 조성·관리하는 역할을 하는 회사 내 고위직책을 말합니다. 인권을 존중하고자 하는 분위기가 확산하고 다양한 특성을 가진 인재를 확보하는 것이 기업의 이익 증가에 영향을 미치게 되면서 그 중요성이 커지고 있죠. 실제로 미국정부와 실리콘밸리의 기업들을 비롯해 메타, 포드, 월트 디즈니 등의 글로벌 기업을 중심으로 CDO 직책을 설치하고 채용하고 있는데요. 2022년 미국의 경제지 '포천(Fortune)'이 선정한 세계 100대 기업 중 16개에 CDO 직책이 설치됐습니다.

그런데 지난 2023년 6월 '정치적 올바름(PC)'과 전 세계 관객의 다양성을 반영해 작품을 제작해 온 래톤드라 뉴튼 월트디즈니 CDO의 사임이 보도됐는데요. 디즈니 영화 〈인어공주〉의 글로벌 흥행 실패를 두고 문책성 인사를 단행한 것이 아니냐는 추측이 제기됐습니다. 또 디즈니 외에도 넷플릭스, 워너 브라더스 디스커버리 등에서 CDO가 사임하면서 이목을 끌었죠. 해당 글로벌 기업들이 CDO 자리를 비워두면서도, 다양성을 어떻게 포용하고 또 그 정책을 어떻게 변화시킬 것인가에 대해서 여러 전망이 오갔습니다.

페북, 원격근무 도입에 여성 · 유색인종 등 다양성 늘어

페이스북이 코로나19 팬데믹을 계기로 원격근무를 도입한 결과 여성 · 유색인종 · 장애인 등 다양한 배경의 직원들이 늘어난 것으로 나타났다. 페이스북의 맥신 윌리엄스 **최고다양성책임자(CDO)**는 근무방식을 개편한 결과 과소대표되는 그룹에 속하는 직원들을 채용하고 이들의 고용을 유지하는 데 도움이 되는 예상치 못한 이점이 생겼다고 밝혔다. 페이스북의 연례 다양성 보고서에 따르면 미국에서 원격근무방식의 일자리는 유색인종, 장애인, 퇴역 군인 등이 차지할 가능성이 더 컸다. 또한 전 세계적으로는 여성일수록 원격근무 일자리를 더 수락한 경향이 있었다. 기존직원 중에선 이런 과소대표되는 그룹의 직원들이 원격근무를 선택한 경우가 많았다. 윌리엄스 CDO는 과소대표 그룹의 직원들이 원격근무를 선호하는 이유를 연구 중이지만 좀 더 편안한 곳에서 일하고 싶어하기 때문은 아닐까 추측한다고 말했다. 그러면서 "실리콘밸리는 흑인이 우세한 지역은 결코 아니다"며 "그래서 이런 사람들은 애틀랜타, 뉴욕과 같은 곳을 선택한다"고 설명했다.

출처 : 연합뉴스/일부인용

상식UP! Quiz

↳ **문제** 임원급 중 하나인 최고다양성책임자를 뜻하는 영문약자는 CFO다. ○ / ×

↳ **해설** 최고다양성책임자의 영문약자는 CDO(Chief Diversity Officer)다. CFO(Chief Financial Officer)는 최고재무책임자를 의미한다.

답 ×

마케팅의 기본!

마케팅에서 4P는 마케팅의 대명사라고 해도 과언이 아닐 정도입니다. 4P가 뭘까요? 4P는 효과적인 마케팅을 위한 네 가지 핵심 요소 Product, Price, Place, Promotion을 말합니다. 네 가지 핵심 요소를 어떻게 잘 혼합하느냐에 따라 마케팅 효과를 극대화할 수 있기 때문인데요. 1960년대에 제롬 메카시 교수가 제안했다고 합니다.

그럼 구체적으로 살펴볼까요? 우선 고객에게 전달하는 Product는 상품 · 서비스 · 포장 · 디자인 · 브랜드 · 품질 등의 요소를 포함합니다. 결국 Product는 제품의 차별화를 기할 것인가, 서비스의 차별화를 기할 것인가, 아니면 둘 다 기할 것인가를 따져 보는 겁니다.

다음으로 Price는 제품 가격입니다. 통상 가격은 고객이 느끼는 가치에 비해 낮게, 생산비용보다는 높게 매겨야 한다는 게 마케팅의 기본이죠. 가치와 비용의 중간 정도로 가격을 책정하라는 겁니다. 그런데 기업은 이윤 및 판매 극대화, 경쟁자 진입 규제 등 시장 전략에 따라서 가격을 달리 책정하기도 합니다.

Place는 기업이 제품을 판매하거나 유통시키는 장소를 가리킵니다. 그 장소가 기존에는 백화점 매장 등 물리적 공간이었으나, 모바일이 활성화되면서 온라인상으로까지 확대되었습니다.

끝으로 Promotion은 광고, PR, 다이렉트 마케팅 등 고객과의 소통을 말합니다. 고객과 이뤄지는 다양한 소통의 방식을 가리키며, 기업은 다양한 기법으로 고객에게 제품을 각인시키기 위해 늘 새로운 Promotion을 준비하지요.

창업자가 고민해야 할 육하원칙

창업을 준비하면서 반드시 점검해야 할 사항들이 있는데, 언론의 기사를 작성할 때에 담겨야 할 여섯 가지 기본요소라고 할 수 있는 육하원칙(六何原則, Five W's and One H)이 바로 그것이다.

첫째는 창업자가 누구이냐는 것이다. 즉, 창업자가 어떤 자질과 능력을 갖추고 있는가 하는 것이 매우 중요하다. 둘째는 창업의 시기 혹은 타이밍이다. 창업아이템에도 창업의 시기가 있으며, 시장진입이 너무 빨라도 혹은 너무 늦어도 낭패를 볼 수 있다. 셋째는 창업의 장소(입지)라고 할 수 있는데, 온라인(On—line)과 오프라인(Off—line)으로 나누어서 생각할 수 있을 것이다. 넷째는 무엇을 만들고 판매할 것인가 하는 문제를 말한다. 이것은 창업아이템과 직결된 것으로서, 관련 분야에서 경험을 쌓은 후에 창업을 하는 것이 필요하다. 다섯째는 창업의 여러 요소를 어떻게 결합시켜서 경영하는가 하는 문제를 말한다. 기술개발, 자금조달, 홍보 및 마케팅, 시장개척, 인사관리 등의 여러 문제를 어떻게 관리하고 운영할지 계획해야 한다. 예를 들어, 흔히 마케팅전략으로서 **마케팅 4P**가 중요하듯이, 프랜차이즈 시스템에서는 4S(Speed, Spread, Strength, Satisfaction) 전략이 매우 중요하다. 여섯째 무엇 때문에 창업을 하는가이다. 창업의 목표를 분명하게 해야 한다는 것이다.

출처 : 제일창업경제신문/일부인용

상식UP! Quiz

↳ **문제** 효과적인 마케팅을 위한 네 가지 핵심 요소 4P 중 '통상 고객이 느끼는 가치에 비해서는 낮게, 생산비용보다는 높게 매겨야 한다'는 제언과 관련된 것은?

① Product   ② Price
③ Place   ④ Promotion

↳ **해설** ① Product는 상품 · 서비스 · 포장 · 디자인 · 브랜드 · 품질 등의 요소
③ Place는 기업이 제품을 판매하거나 유통시키는 장소
④ Promotion은 광고, PR, 다이렉트 마케팅 등 고객과의 소통

답 ②

 **035** SWOT

나를 알고 적을 알면 백전백승!

SWOT 분석은 경영학을 공부한 사람이라면 누구나 한 번쯤은 배우게 되는 분석 툴 중 하나죠. 기업의 환경분석을 통해 강점(Strength)과 약점(Weakness), 기회 (Opportunity)와 위협(Threat) 요인을 찾아 이를 기반으로 마케팅 전략을 수립합니다. SWOT은 이 네 가지 요소의 앞 글자를 따온 겁니다.

어떤 기업의 내부환경을 분석하여 강점과 약점을 발견하고, 외부환경을 분석하여 기회와 위협을 찾아내어 이를 토대로 강점은 살리고 약점은 죽이고, 기회는 활용하고 위협은 억제하는 마케팅 전략을 수립할 수 있습니다.

	긍정(Good)	부정(Bad)
내부(Internal)	강점(Strength)	약점(Weakness)
외부(External)	기회(Opportunity)	위협(Threat)

이때 사용되는 네 요소를 강점 · 약점 · 기회 · 위협(SWOT)이라고 하는데, 강점은 경쟁기업과 비교하여 소비자로부터 강점으로 인식되는 것은 무엇인지, 약점은 경쟁기업과 비교하여 소비자로부터 약점으로 인식되는 것은 무엇인지, 기회는 외부 환경에서 유리한 기회요인은 무엇인지, 위협은 외부환경에서 불리한 위협요인은 무엇인지를 찾아냅니다. 그리고 이를 바탕으로 다음과 같은 전략을 세웁니다.

> • SO전략(강점 – 기회전략) : 시장의 기회를 활용하기 위해 강점을 사용하는 전략을 선택
> • ST전략(강점 – 위협전략) : 시장의 위협을 회피하기 위해 강점을 사용하는 전략을 선택
> • WO전략(약점 – 기회전략) : 약점을 극복함으로써 시장의 기회를 활용하는 전략을 선택
> • WT전략(약점 – 위협전략) : 시장의 위협을 회피하고 약점을 최소화하는 전략을 선택

넷플릭스의 SWOT

넷플릭스의 성공요인은 무엇일까? 넷플릭스의 **SWOT**를 분석해보자.

넷플릭스의 '강점(Strength)'은 독점 콘텐츠이다. 이런 넷플릭스의 오리지널 콘텐츠는 이 회사를 상징하는 키워드 중 하나다. 사용자 기반 알고리즘을 분석해 콘텐츠를 추천하는 기능 역시 넷플릭스의 인기 비결 중 하나다. 한 시즌의 모든 에피소드가 하루에 전부 공개되는 것도 마찬가지다.

'약점(Weakness)'은 20~40대로 한정되는 특정 세대만 열광하고 있다는 점이다. 프로필 추가를 통해 '키즈용'을 활성화할 수 있는 옵션이 생기긴 했지만, 이 서비스의 인기 콘텐츠 대부분은 '청소년관람불가' 등급이다.

넷플릭스는 아이러니하게도 자신들의 '기회(Opportunity)'로 후발주자들의 성장을 점찍는다. 시장의 파이가 커질수록, 점유율을 선점한 넷플릭스의 서비스가 더 돋보일 거란 계산이다. 오리지널 콘텐츠 확보는 물론, 끊김 없이 고화질 콘텐츠를 전송하는 기술적인 역량만큼은 쉽게 추격하기 어려울 것이라는 자신감이기도 하다.

'위협(Threat)'은 시장 트렌드의 변화 가능성이다. 디즈니플러스의 유럽 진출 현황을 보자. 디즈니는 영국의 '스카이', 이탈리아의 'TIM', 스페인 '텔레포니카' 등과 유통 및 콘텐츠 제휴를 체결했다. 디즈니는 'OTT–방송 · 통신 서비스'의 결합이란 새로운 시장 진출 전략을 제시하겠다는 공식을 제시하고 있다.

출처 : 시사CAST/일부인용

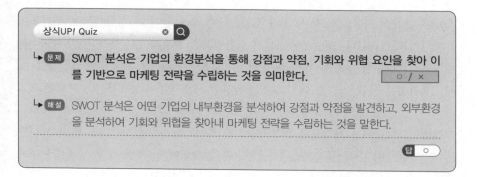

한국형 산업 녹색분류체계

K-택소노미(K-Taxonomy)는 어떤 경제활동이 친환경적이고 탄소중립에 이바지하는지 규정한 한국형 녹색분류체계입니다. 환경개선을 위한 재화·서비스를 생산하는 산업에 투자하는 녹색금융의 '투자기준'으로서 역할을 하는데요. 환경에 악영향을 끼치면서도 '친환경인 척'하는 위장행위를 막는 데 도움이 됩니다.

2021년 12월 30일 환경부가 발표한 지침에 따르면, 한국형 녹색분류체계에는 모두 69개 경제활동이 포함됐습니다. 이 중 '녹색부문'이 64개, '전환부문'이 5개인데요. 녹색분류체계에 포함됐다는 것은 온실가스 감축, 기후변화 적응, 물의 지속가능한 보전, 자원순환, 오염방지 및 관리, 생물다양성 보전 등 '6대 환경목표'에 기여하는 경제활동이라는 의미입니다. 또 녹색부문이 '탄소중립과 환경개선에 기여하는 진정한 녹색경제활동'이라면 전환부문은 '진정한 녹색경제활동은 아니지만 탄소중립을 달성하기 위해 과도기적으로 필요한 경제활동'을 뜻합니다.

분야별로 보면 관심을 끈 발전분야에선 태양광과 태양열 등 재생에너지 생산활동과 관련된 기반시설 구축활동 등이 녹색부문에 들어갔습니다. 'LNG(액화천연가스)·혼합가스 기반 에너지 생산'과 'LNG 기반 수소 생산'이 전환부문에 조건부로 들어가기도 했습니다. 산업분야에선 수소환원제철(철광석에서 산소를 분리하는 환원제로 석탄 대신 수소를 사용)과 비탄산염시멘트를 생산하거나 불소화합물을 대체·제거하는 등 '탄소중립 핵심기술'을 활용한 제조활동이 녹색부문에 포함됐죠.

그런데 정부가 애초 제외됐던 원자력발전을 K-택소노미에 포함키로 하면서 원전에 대한 논쟁이 다시 불거졌습니다. 원전은 현시점에서 '가장 싸고 탄소배출량이 제일 적은 발전원'으로 평가되지만, '안전'과 '폐기물'이라는 큰 문제를 가진 발전원입니다. '탈원전'을 추진하는 정권에서 '친원전' 정권으로 교체되자 환경부가 사회적 합의 없이 녹색분류체계에 원전을 포함했다는 비판이 나왔습니다.

'K-택소노미' 채택된 원전, 생태계 회복 · 수출 탄력 받을 듯

정부가 '친환경 경제활동' 기준인 **K-택소노미**에 원자력발전을 포함키로 하면서 국내 원전 산업의 생태계 회복에 한층 탄력이 붙을 전망이다. 또 해외에서 원전에 대한 신뢰성 재고로 수출에 우호적인 환경이 조성될 것으로 보인다. 그러나 고준위 방사성폐기물 처분시설 확보 등 안전에 대한 우려도 더욱 고조될 것으로 예상된다. 원전 집중에 따른 신재생에너지 축소를 우려하는 목소리도 있다. 환경부는 이날 원전을 포함하는 녹색분류체계 개정안을 공개했다. 원전이 '친환경' 에너지라는 점을 정부가 공식화한 것이다. 정부가 원전 확대에 속도를 내면서 환경단체들은 방사능 유출 우려와 핵연료 보관 및 핵폐기물 처리 문제 등을 우려하고 있다.

출처 : 연합뉴스/일부인용

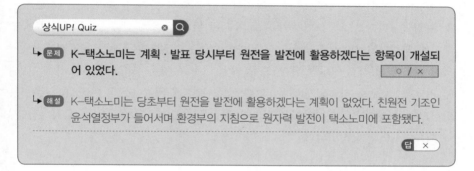

상식UP! Quiz

↳ 문제 K-택소노미는 계획 · 발표 당시부터 원전을 발전에 활용하겠다는 항목이 개설되어 있었다.

○ / ×

↳ 해설 K-택소노미는 당초부터 원전을 발전에 활용하겠다는 계획이 없었다. 친원전 기조인 윤석열정부가 들어서며 환경부의 지침으로 원자력 발전이 택소노미에 포함됐다.

답 ×

경영에 사회적 책임을 담다

ESG는 'Environmental', 'Social', 'Governance'의 앞 글자를 딴 용어로 기업의 비재무적인 요소인 환경과 사회적 책무, 지배구조를 뜻합니다. '지속가능한 경영방식'이라고도 하는데요. 기업을 운영하면서 사회에 미칠 영향을 먼저 생각하는 것을 말합니다. 사회적 책임감을 갖고 윤리적인 경영을 펼치는 것이죠. 우리나라에도 이 ESG경영으로의 전환을 발표한 기업들이 많습니다. 시대의 흐름에 따르는 ESG는 세계 경제계의 화두라고 할 수 있죠.

과거에는 기업들이 가시적인 성과를 얻는 데만 골몰하여, 그로 인해 지역사회를 등한시하거나 편법이나 비리 같은 불합리하고 건전하지 못한 경영방식을 택하는 경우가 있었습니다. 그러나 현재 맞닥뜨리게 된 위기 요소로 인해 ESG로의 전환을 꾀하게 되었다고 하는데요. 최근 더욱 가속화되는 기후변화나 코로나19 팬데믹 등의 인류를 덮쳤던 전 지구적 위기, 또는 기업 내 비리 같은 불확실한 요소가 커지면서 기업을 더 오래 지속되게 하는 경영방식을 택하게 되었다는 것이죠. ESG는 지역사회와 공존하고 기후변화에 대처하며 지배구조의 윤리적 개선을 통해 지속적인 성과를 얻으려는 방식입니다.

기업들은 자사의 상품을 개발하며 재활용 재료 등 친환경적 요소를 배합하거나, 환경 캠페인을 벌이는 식으로 기후변화 대처에 일조하려 합니다. 또한 이사회에서 대표이사와 이사회 의장을 분리하여 서로 견제하도록 해 지배구조 개선에 힘쓰기도 하죠. 아울러 직원들의 복지를 강화하고, 지역사회에 보탬이 되는 봉사활동을 기획하는 등 사회와의 따뜻한 동행에도 노력하고 있습니다.

증권사 ESG 경영 성과 저조? … "나 억울해"

최근 증권사들의 **ESG** 진정성에 대한 비판여론이 일어나고 있다. 특히 ESG 평가부문 중 환경부문에서 평가대상 증권사 중 3분의 1이 최하 등급을 받았기 때문이다. 이에 증권사들은 환경부문에 대해서도 개선의지는 있지만 구조적 환경으로 인해 타 업종보다 평가가 제한적일 수밖에 없다고 억울함을 토로한다. 실제로 증권사들이 ESG 경영 중 환경부문 개선을 위해 내세운 전략은 페이퍼리스(종이절감) 문화를 전면적으로 추진하거나 친환경 금융투자상품 비중을 늘리는 것에 불과했다. 증권사는 업종 특성상 환경부문에 대한 평가가 상대적으로 박할 수밖에 없는 구조다. 증권사와 달리 환경부문에서 개선시킬 요소가 많은 제조업은 상대적으로 평가를 받을 때 유리할 수 있다.

출처 : 아주경제/일부인용

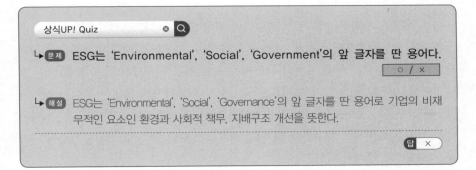

상식UP! Quiz

↳ **문제** ESG는 'Environmental', 'Social', 'Government'의 앞 글자를 딴 용어다.

○ / ×

↳ **해설** ESG는 'Environmental', 'Social', 'Governance'의 앞 글자를 딴 용어로 기업의 비재무적인 요소인 환경과 사회적 책무, 지배구조 개선을 뜻한다.

답 ×

제품에도 사람처럼 수명이 있죠

제품수명주기론이란 하나의 제품이 시장에 도입되어 폐기되기까지 여러 과정을 겪는다는 것을 말합니다. 우리가 생산해서 쓰는 상품들도 생물처럼 수명이 있다는 이론인데, 이에 따르면 상품은 도입(Introduction), 성장(Growth), 성숙(Maturity), 그리고 쇠퇴(Decline)의 과정을 겪습니다. 어찌 보면 인간의 일생과 유사하지요?

제품주기 가운데 특히 기업이 노력을 전개해야 할 부분은 도입기와 성장기입니다. 기업은 성장을 위해서 언제나 성장기에 있을 만한 제품을 라인에 끼워 두고 신제품 개발이나 경영의 다각화를 시도해야 정체 또는 도태되지 않습니다.

하나의 제품은 사회적 수요와 기술 수준에 따라 아이디어가 탄생하고 상품으로 구체화되는 도입단계부터 시작해, 시장이 반응해 수요가 늘면 매출이 오르는 성장의 단계로 접어듭니다. 이후 기업의 생산과 이윤이 점차 커지겠지요. 그렇게 되면 경쟁사에서 가만히 있을 리가 없지요? 시장에 하나 둘씩 참여하면서 파이는 작아지고, 결국 매출이 줄어드는 단계로 진입하지요. 이를 성숙단계라고 합니다. 이 단계에서 기업은 대비책을 강구하게 되지요. 여기에서 대비를 하지 못하면 제품이 사라지는 쇠퇴기를 맞게 됩니다.

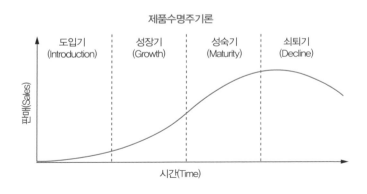

무생물인 제품에도 '제품수명주기'가 있어요

제품수명주기는 기업의 제품이 생산되고 시장에 출시되었다가 폐기되기까지의 과정을 말한다. 제품수명주기는 도입기, 성장기, 성숙기, 쇠퇴기로 나눌 수 있고 사람마다 수명이 다르듯 각 제품의 특성마다 '제품수명주기'의 짧고 길고는 차이가 있다. 참고로 제품수명주기가 긴 상품을 두고 우리는 '롱런한다'라고 표현하기도 한다. 이러한 제품수명주기는 기업에서 하나의 제품 개발과 출시, 폐기에 있어 고려된다. 그리고 제품수명주기를 예측 · 분석해 제품의 폐기와 신제품 출시 일정을 잡기도 하는데, 보통 기업들은 한창 주가를 올리고 있는 성장기 제품을 라인업에 끼워 넣는 전략을 구축하며 성장을 꾀한다. 이렇듯 기업들은 제품수명주기론을 연구하며 제품의 생산과 마케팅 전략을 마련한다. 특히 제품수명주기와 관련한 전문 팀을 운영하면서 제품에 대한 개념 설계, 상세 설계, 생산, 사후서비스에 이르는 전체수명주기와 정보를 고객과 협력사에 제공하면서 사업을 이끌어 나간다.

출처 : 시선뉴스/일부인용

 상식UP! Quiz

↳ **문제** 제품수명주기론은 우리가 생산해서 쓰는 상품들도 생물처럼 수명이 있다는 이론으로, 상품은 도입(Introduction), 성장(Growth), 그리고 쇠퇴(Decline)의 3단계 과정을 겪는다.

○ / ×

↳ **해설** 상품은 도입(Introduction), 성장(Growth), 성숙(Maturity), 그리고 쇠퇴(Decline)하는 4단계 과정을 겪는다.

답 ×

정부의 예산삭감, 발등에 불 떨어진 이공계

R&D(Research and Development)는 흔히 '연구개발'이라고 불리는데요. 세계경제개발기구(OECD)에 따르면 R&D는 '인간·문화·사회를 망라하는 지식의 축적분을 늘리고 그것을 새롭게 응용함으로써 활용성을 높이기 위해 체계적으로 이뤄지는 창조적인 모든 활동'이라 정의합니다. 한편 우리 한국산업기술진흥협회에서는 R&D를 기초연구, 응용연구, 개발연구로 구분하는데요. 기초연구는 (과학)지식의 진보를 목적으로 지식을 특정하게 응용하지 않는 연구이고요. 응용연구는 지식을 실제로 응용하기 위함이나, 특정한 상업적 목적을 갖고 행하게 되죠. 끝으로 개발연구는 연구된 기존지식을 활용해 신소재와 신제품, 새로운 공정 등을 도입·개량하기 위해 이뤄집니다. 다시 말해 기술의 진보를 노려 경제발전의 원동력으로 삼고자 하는 것이죠. R&D는 정부와 기업, 대학, 연구기관 등 각계에서 다양하게 이뤄지는데, 대체로 그 과정은 지식연구와 이를 통한 기술·경제개발로 귀결됩니다.

각계의 R&D 성과는 각계를 서로 순환하면서 더욱 발전합니다. 기업은 자체적으로 R&D를 실행해 신기술을 개발하기도 하고, 대학과 연구기관에서 거둔 성과를 채용하여 신제품에 반영해 내놓습니다. 신기술개발이 세계경제의 패권을 거머쥘 경쟁력으로 올라서 있는 만큼 정부에서도 R&D와 그 성과에 큰 관심을 갖죠. 그래서 R&D를 지원할 예산을 따로 편성해 대학과 연구기관에 지급하는데요.

그런데 2023년 9월 정부가 2024년도 R&D 관련 예산안을 2023년도 대비 16.6%나 삭감한 25조 9,000억원으로 편성하면서 논란이 됐습니다. 정부는 R&D 예산이 그간 꾸준히 늘어왔지만 가시적인 성과는 이루지 못했다고 지적했는데요. 예산이 연구개발능력이 없는 중소기업에까지 나눠먹는 식으로 지원돼 새 연구개발에 온전히 쓰이지 않고, 효율성이 떨어졌다고 주장했습니다. 그러면서 정말 지원을 해야 할 R&D 과제와 분야에 투자를 집중할 필요가 있다고 말했죠. 그러나 야권에서는 정부가 이공계와의 면밀한 대화 없이 삭감했다 비판했는데요. 예상치 못한 예산삭감에 대학 이공계의 발등에는 불이 떨어졌습니다. 일단 지원을 받을 석·박사 대상 인원수가 줄었고, 계속과제를 중단하라는 통보를 받는 학생들이 나타났습니다. 또 이공계 미취업자를 위한 일자리 예산도 덩달아 타격을 입었죠. 이공계 학생들은 예산삭감이 자신의 진로에도 악영향을 미칠 수 있다며 불안해했고, 학생사회는 공동행동을 예고하며 반발했습니다.

정치 · 경제 · 사회 · 국제 · 문화 · 미디어 · **과학** · IT · 스포츠

과기정통부 "정부 R&D 예산삭감, 피할 수 없는 시대적 과제"

이종호 과학기술정보통신부 장관은 국회 국정감사에서 "R&D 예산이 양적으로 성장한 것에 비해 질적 성장은 부족했다는 지적에 대해 각계가 동의하고 있다"며 "R&D 나눠먹기, 소액 · 단기과제 뿌려주기 등 예산이 비효율적으로 사용되는 경우가 많았던 것이 사실"이라고 밝혔다. 이어 "낡은 관행과 비효율을 걷어내고, R&D 다운 R&D를 할 수 있게 생태계를 조성해야 할 시기가 됐다"고 강조했다. 과학기술정보통신부는 과학기술이 경제와 산업을 넘어 외교와 안보, 국가의 존망을 좌우하는 기술패권 경쟁시대를 맞아 R&D 제도혁신은 피할 수 없는 과제라는 점을 거듭 강조했다. 정부 R&D 사업 중 주요 R&D는 이공계 대학과 출연연구기관, 국공립연구소 등이 하는 기술개발 사업(기초 · 응용 · 개발연구) 등을 말한다. 일반 R&D는 주로 대학지원금으로 구성된다. 2024년 R&D 예산은 25.9조원으로 감축 편성됐으며 감축분 5.2조원 가운데 주요 R&D는 3.4조원, 일반 R&D는 1.8조원 감축됐다.

출처 : 한국경제/일부인용

상식UP! Quiz

 한국산업기술진흥협회는 R&D를 기초연구, 응용연구, 개발연구로 구분한다.

○ / ×

해설 우리나라 한국산업기술진흥협회에서는 R&D를 기초연구, 응용연구, 개발연구로 구분하고 있다.

답 ○

유망 벤처기업만 골라 골라!

열정과 훌륭하고 기발한 사업 아이템을 겸비했다고 해도 필요한 자금이 없다면 맨손으로 사업을 꾸리기는 쉽지 않습니다. 분야에 따라 차이는 있지만 아이템을 개발하고 홍보하는데 만도 보통 많은 돈이 들죠. 벤처캐피탈(Venture Capital)은 그런 벤처기업을 위한 곳입니다. 비록 성공에 대한 위험성은 크지만 뛰어난 아이디어로 무장한 벤처기업에게 자금을 지원하는 회사죠. 이들은 유망한 벤처기업을 골라 그 가능성을 따져보고 투자합니다. 단순한 자금뿐 아니라 아이템 개발에 필요한 기술이나 장비를 제공하기도 합니다.

벤처캐피탈은 보통 해당 벤처의 사업 초기 때 담보 없이 자본을 투자하여 마음껏 성장할 수 있도록 돕습니다. 그리고 그 벤처기업이 무럭무럭 자라 기업공개(IPO)를 통해 상장하거나 성과를 내었을 때 자금을 회수하여 수익을 올리는데요. 물론 워낙 위험성이 크다보니 수익은커녕 손실을 보는 경우도 있습니다. 보통 벤처캐피탈의 투자는 소수의 투자자들을 매집하여 많은 벤처기업에 투자하는 일종의 사모펀드 형식으로 이루어집니다. 그러한 방식으로 리스크를 최소화하려는 것이죠.

카카오부터 배달의민족, 당근마켓 등 스타트업 성공사례가 이어지고, 창업에 대한 열풍이 일어나면서, 정부에서도 청년 창업에 대한 지원 정책을 끊임없이 구상하고 있죠. 고객의 니즈를 탐구하고 틈새시장을 찾는 창업가들의 노력도 계속되고 있습니다. 이러한 상황에서 벤처캐피탈의 투자는 창업가들에게는 사막의 단비라고도 할 수 있겠네요. 한편 해외에서는 벤처캐피탈의 투자를 받은 스타트업의 경영진이 그렇지 못한 경영진보다 더 뛰어난 사업역량을 보였다는 연구결과도 있었습니다.

'캐치테이블' 잡아라 ··· 벤처캐피탈 러브콜 쇄도

레스토랑 실시간 예약 1위 서비스인 '캐치테이블'에 국내 **벤처캐피탈**들의 투자 러브콜이 쏟아지고 있다. 1년 만에 추가 투자 유치에 나선 캐치테이블은 단숨에 300억원대 현금을 동원할 투자자들을 모집한 것으로 알려졌다. 회사측은 확보한 자금을 수익성 강화와 사업 확대에 투입할 계획이다. 벤처투자 업계에 따르면, 캐치테이블은 이르면 내달 중약 320억원의 시리즈C 투자 유치를 마무리한다. 배달의민족과 직방, 크래프톤 등에 투자해 유니콘 기업으로 성장을 도운 알토스벤처스가 신규 투자자로 참여해 캐치테이블의 성장세에 불을 붙이고 있다. 투자업계의 한 관계자는 "캐치테이블은 국내 식당 예약 분야 1위 사업자로 올라선 만큼 수익모델만 잘 자리 잡으면 큰 폭의 매출 성장을 기록할 수 있을 것"이라며 "앞으로 외식업 전반으로 사업 확장도 가능할 것"이라고 기대했다.

출처 : 서울신문/일부인용

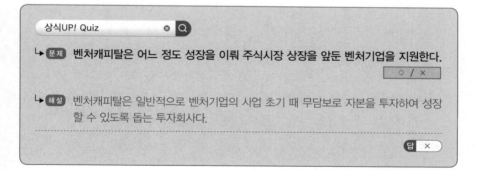

상식UP! Quiz

↳ **문제** 벤처캐피탈은 어느 정도 성장을 이뤄 주식시장 상장을 앞둔 벤처기업을 지원한다.

O / X

↳ **해설** 벤처캐피탈은 일반적으로 벤처기업의 사업 초기 때 무담보로 자본을 투자하여 성장할 수 있도록 돕는 투자회사다.

답 X

여기서 이런 것도 되네?

최근 출시되는 의류, 특히 속옷을 보면 봉제선 없이 매끈하게 가위로 자른 듯 만들어진 상품이 있죠. 소비자는 이런 속옷을 입으며 내 몸에 딱 맞는 것 같은 편안함을 느낍니다. 이렇게 출시되는 속옷을 '심리스(Seamless)'라고 부르는데요. 그런데 편안함을 의미하는 이 심리스가 최근 경영계에 새로운 키워드로 부상하고 있습니다. 심리스의 사전적 의미는 '끊어짐이 없이 매끄럽다'는 것으로, 코로나19 전후로 정보통신과 모바일을 통해 비대면으로 소비하는 경향이 크게 확대되면서 부각되기 시작했는데요. 소비자가 모바일 환경 하나만으로도 다방면의 서비스를 누릴 수 있게 되면서, 기업들도 이런 소비자를 만족시킬 경영전략을 구사하고 있습니다.

가령 온라인 쇼핑 플랫폼에서는 쇼핑몰과 고객과의 소통채널, 또 고객들 간의 커뮤니티를 통합해 운영하면서 고객들이 상품정보를 실시간으로 공유할 수 있고 플랫폼은 고객들과 한층 가까워질 수 있습니다. 또 고객에게 다양한 경험을 선사하기 위해 상품을 가상으로 착용해보는 증강현실을 도입하기도 하고, 고객의 구매성향을 분석해 상품을 추천하는 메일을 발송하기도 합니다. 고객은 직접 오프라인 매장에 방문하지 않고도 상품에 대한 다채로운 정보를 휴대폰 하나만으로 얻을 수 있는 것이죠.

특히 금융에서 심리스의 흐름이 도드라지는데요. 소비자의 개인정보를 양도받아 활용하는 '마이데이터(MyData)'의 등장과 모바일뱅킹의 강세로 심리스는 금융업계에서 이미 필수적인 요소로 자리 잡았습니다. 종래에는 절차가 많고 다소 까다로웠던 계좌개설부터 송금, 카드결제, 증권서비스와의 연계까지를 모바일환경에서 막힘없이 한 번에 이뤄지도록 하는 것인데요. 이전에는 은행, 증권, 카드 등 갖가지 금융앱이 따로 존재했지만, 이것을 하나로 통합해 고객이 일일이 다른 앱을 구동시켜야 하는 불편함을 없앤 것이 심리스의 대표적 사례죠. 심리스는 비금융기업이 금융서비스를 제공하는 '임베디드 금융'과도 맥을 같이 합니다. 임베디드 금융에 대해선 뒤 금융편에서 더 자세히 살펴보겠습니다.

정치 · **경제** · 사회 · 국제 · 문화 · 미디어 · 과학 · **IT** · 스포츠

"주문 1시간 내 배송" … 네이버 손잡은 GS더프레시

GS더프레시는 네이버와의 제휴를 통해 국내 대표 퀵커머스 플랫폼으로 거듭난다는 계획을 밝혔다. GS더프레시는 네이버쇼핑 입점 이후 매출이 현 수준 대비 50% 이상 늘어날 것으로 기대하고 있다. 빠른 시간과 자사앱 · 네이버로의 주문플랫폼 이원화로 신규 고객을 크게 늘릴 수 있다고 판단한 것이다. O4O 전략도 강화해나간다. 전국 350여 개 매장 활성화를 위해 네이버쇼핑 플랫폼을 활용하기 때문이다. 특히 GS더프레시는 네이버쇼핑 장보기 채널의 경우 빠른 배송 순으로 정렬한다는 점에서 자사제품이 우선 노출될 것이라는 점도 노린 것으로 알려졌다. 전진혁 GS리테일 사업전략팀장은 "GS더프레시가 네이버와 손잡고 본격적인 O4O를 실현하고자 한다"며 "네이버채널 내 다양한 행사를 통해 온 · 오프가 하나로 연결되는 **심리스**한 고객구매여정을 그려나갈 수 있도록 할 것"이라고 말했다.

출처 : 한국경제/일부인용

상식UP! Quiz   ⊗ 🔍

↳ **문제** 심리스는 주로 유통 · 금융영역에서 다양한 서비스를 한 번에 소비자에게 제공할 수 있는 환경을 추구하는 것이다.   ○ / ×

↳ **해설** 고객서비스에서 심리스는 소비자가 여러 채널이 통합된 소비환경에서 다방면의 서비스를 누릴 수 있도록 한다.

답 ○

상품개발부터 판매까지, 천하무적 소비자

프로슈머(Prosumer)는 기업의 생산자(Producer)와 소비자(Consumer)의 합성어입니다. 1980년 엘빈 토플러가 〈제3의 물결〉에서 처음 사용한 용어로 생산자적 기능을 수행하는 소비자를 말하는데요. 프로슈머 마케팅은 소비자들이 자신들의 욕구에 따라 직접 상품의 개발을 요구하고 심지어 유통에까지 관여하는 마케팅을 말합니다. 프로슈머 마케팅의 성공 사례를 어렵지 않게 찾아볼 수 있는데요. 스타벅스는 고객이 직접 샌드위치 개발에 참여하는 'YES or NO, 샌드위치'와 음료 개발에 참여하는 'PICK YOUR DRINK' 이벤트를 진행해 화제를 모았습니다. 또 최근에는 밀키트 업체들이 신상품 테스트를 위한 소비자 패널을 모집하거나, SNS로 레시피를 공모하는 마케팅을 펼치기도 했죠.

심바이오틱(Symbiotic) 마케팅은 둘 이상의 기업 자원의 결합 또는 연구개발을 통한 효율적인 마케팅 활동으로 '공생 마케팅'이라고도 합니다. 두 회사의 시너지 효과를 노리는 마케팅 방법으로 과다한 경쟁과 비효율적인 자원의 사용을 피할 수 있다는 장점이 있습니다. 한편 노이즈(Noise) 마케팅은 상품의 품질에 상관없이 오로지 상품을 판매할 목적으로 각종 이슈를 요란스럽게 치장해 구설수에 오르도록 하거나 화젯거리로 소비자들을 현혹시키는 것입니다.

그 외 다양한 마케팅

명칭	설명
세그먼트 마케팅 (Segment Marketing)	고객층의 성향에 맞게 제품이나 서비스, 판매방법 등을 다양화·세분화하는 마케팅 기법
디마케팅 (Demarketing)	기업들이 자사 상품에 대한 고객의 구매를 의도적으로 줄임으로써 적절한 수요를 창출하는 마케팅 기법
스텔스 마케팅 (Stealth Marketing)	소비자가 상술이라는 것을 전혀 인식하지 못하게 전개하는 브랜드 커뮤니케이션 전략으로 언더커버 마케팅(Undercover Marketing)이라고도 불림

삼성 – LG전자, '프로슈머 마케팅'으로 가전시장 달군다

삼성전자와 LG전자가 **프로슈머 마케팅**을 통해 국내 가전시장 공략에 나섰다. 삼성전자
는 '비스포크 홈'을 출시하고 소비자들이 이를 통해 최적의 생활환경을 조성하고 제품
을 사용하는 동안 필요한 서비스를 맞춤형으로 제공 받을 수 있도록 '홈 솔루션'을 선보
였다. 단순히 가전제품을 만들고 공급하는 제조업체가 아닌, 제품을 사용하는 소비자를
연구하고 새로운 라이프스타일에 맞춘 가전을 만들어나가는 '소비자 중심의 라이프스타
일 브랜드'로 마케팅을 펼치고 있다. LG전자는 최근 공간 인테리어 가전 '오브제컬렉션'
에 주력하고 있다. LG 오브제컬렉션은 특정 공간이 아니라 집안 전체 공간과 조화를 이
루는 일체감 있는 디자인을 통해 다양한 소재와 컬러로 조화를 이루는 것을 뜻한다. 이
를 위해 LG전자는 MZ세대, X세대, 베이비부머 세대 등 다양한 세대가 선택할 수 있는
색상과 재질을 적용했다. 제조업체는 프로슈머 마케팅을 통해 소비자의 최근 추세를 파
악할 수 있고 이를 제품 제작에 반영해 매출 증가로 이어지는 '일석이조'효과를 거둘 수
있다고 밝혔다.

출처 : 글로벌이코노믹/일부인용

 상식UP! Quiz

↳ **문제** 다음 중 소비자를 활용하는 마케팅 기법에 속하는 것은 무엇인가?
　① 프로슈머 마케팅
　② 앰부시 마케팅
　③ 심바이오틱 마케팅
　④ 노이즈 마케팅

↳ **해설** 프로슈머 마케팅은 소비자들이 상품 개발 및 유통에까지 관여하는 마케팅이다.

 답 ①

환경을 지키겠다는 기업들의 자발적 약속

지난 제20대 대선후보 토론회에서 화제가 되었던 용어가 있습니다. 바로 RE100인데요. RE100은 재생에너지 전기 100%(Renewable Electricity 100%)의 약자로서 기업들이 경영활동에 필요한 전력을 100% 재생에너지로 충당한다는 뜻입니다. 물론 기한은 지금 당장이 아닌 2050년까지 100%를 달성한다는 것이죠. 이 2050년이라는 기한 연도는 최소 가입 요건이며 그 목표는 기업마다 다르게 설정하여 더 앞당길 수도 있습니다. RE100에서 말하는 재생에너지는 우리가 흔히 알고 있는 태양광이나 풍력이 있습니다.

RE100은 2014년에 영국의 비영리단체인 기후그룹과 탄소공개프로젝트가 처음 제시했습니다. 막대한 전력을 사용하는 기업들이 기후위기에 자발적이고 선도적으로 대응하자는 취지에서 만들어진 캠페인이죠. RE100에 참여를 선언한 기업은 빠르게 늘어나고 있습니다. 2023년 10월까지 RE100에 가입한 글로벌 기업은 모두 421개입니다. 우리나라의 경우에는 제조업의 에너지 사용량 중 전력에 대한 의존도가 48%나 돼 기업이 부담해야 할 비용이 막대하다는 이유로 2020년 초까지만 해도 RE100 참여 기업이 전무했습니다. 그러나 RE100이 세계적으로 확산함에 따라 2020년 말부터 LG화학, SK하이닉스, SK텔레콤, 한화큐셀 등이 잇따라 참여를 선언했습니다.

우리 정부는 2021년 한국형 RE100인 K-RE100 제도를 도입했는데요. 전력을 사용하는 기업이 한국에너지공단의 K-RE100 관리 시스템을 통해 재생에너지를 사용한 실적을 바탕으로 재생에너지 사용 확인서를 발급받게 됩니다. 이 확인서로 재생에너지로 생산한 전력을 구매할 수도 있고, RE100 캠페인 운영에도 활용할 수 있습니다.

재생에너지 빠진 K반도체 패권 한계

한국기업의 메모리반도체 시장점유율은 57%로 세계 1위다. 하지만 그 위상은 RE100이란 변수로 인해 머지않아 위협받을지도 모를 일이다. RE100은 온실가스배출 감축을 위해 기업활동에 필요한 전력을 재생에너지를 이용해 생산된 전기로 사용하겠다는 자발적인 글로벌 캠페인이다. 이제 재생에너지로 생산하지 않은 반도체는 외면당하는 시대가 다가오고 있다. 그러나 삼성전자의 지난해 재생에너지 사용비율은 20.5%, SK하이닉스는 4.1%에 그쳤다. RE100 회원사 일부는 자신에게 물건을 납품하는 업체에도 재생에너지 전기를 사용하도록 요구하고 있다. 대표적 회사인 애플은 부품을 공급하는 협력업체에 2030년까지 재생에너지 100% 사용을 요구했다. 애플의 주요 공급처인 삼성전자와 SK하이닉스의 RE100 목표 연도는 2050년이다. 고객사의 재생에너지 전력사용요구에 대응하지 못하면 국내 반도체기업의 경쟁력은 떨어질 수밖에 없다.

출처 : 주간경향/일부인용

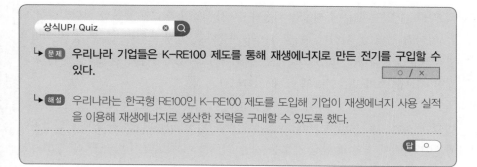

상식UP! Quiz

↳ 문제 **우리나라 기업들은 K-RE100 제도를 통해 재생에너지로 만든 전기를 구입할 수 있다.**

○ / ×

↳ 해설 우리나라는 한국형 RE100인 K-RE100 제도를 도입해 기업이 재생에너지 사용 실적을 이용해 재생에너지로 생산한 전력을 구매할 수 있도록 했다.

답 ○

044 트윈슈머

자나 깨나 꼼꼼하게 비교하고 구매하자

트윈슈머(Twinsumer)는 쌍둥이라는 뜻의 '트윈(Twin)'과 소비자를 뜻하는 '컨슈머(Consumer)'의 합성어로, 생각·취미·취향·소비성향 등이 쌍둥이처럼 유사한 소비자를 말합니다. 물건을 구매할 때 다른 사람들의 구매 후기, 경험 등을 참조해 상품을 구입하죠. 주로 댓글이나 SNS 등에서 타인의 사용후기를 본 뒤에 구매하는 사람들로, 판매자의 신뢰도를 평가해주는 '별점'과 구매평을 꼼꼼히 따져 만족도를 높이고자 합니다.

과거에는 온라인 쇼핑몰에 일방적인 홍보와 광고가 주를 이뤘다면 요즘에는 상품에 대한 다양한 의견을 나누는 '쇼핑 공동체'로 자리 잡아가고 있습니다. 인터넷으로 상품을 구매할 때는 구입하고자 하는 제품을 직접 만져볼 수 없고, 실제 이미지와 다를 수 있기 때문에 제품을 사용해 본 사람들의 후기가 중요한 판단기준이 되는 것이죠. 인터넷 확산에 따른 정보의 대중화로 인해 트윈슈머들은 점점 위력을 발휘하고 있습니다. 인터넷으로 상품을 구매하고 SNS 활용이 활발해짐에 따라 등장한 새로운 소비 흐름이라고 할 수 있습니다.

비슷한 개념으로 트라이슈머(Trysumer)라는 말도 있는데요. 관습이나 일방적인 광고에 얽매이지 않고 항상 새로운 것을 시도하는 '체험적 소비자'를 의미합니다. 즉, 사전 정보를 수집한 후에 새로운 서비스와 맛, 제품, 장소 등의 경험을 즐기는 소비자들인데요. '트윈슈머', '얼리 어답터(Early Adapter)'와 유사한 개념입니다.

"상품 리뷰, 알고보니 마케팅"

트윈슈머들은 협찬을 받지 않고 직접 구매한 사람의 리뷰를 찾아 헤매지만 이마저도 쉽지 않다. SNS에 게시된 리뷰는 협찬 받은 리뷰들이 대부분이다. 서울에 사는 임승혜 씨는 원고료를 받았다는 후기가 믿을만한 후기인지 의심이 돼 직접 구매한 후기를 찾으려 애쓴다. 임 씨는 "직접 구매한 후기를 찾는 것도 쉽지 않다"며 "특히 화장품이 그런 것 같다"고 말했다. 페이스북도 기업의 리뷰 마케팅의 일종으로 이용되고 있다. 개인 리뷰를 가장한 댓글이 소비자들의 심리를 자극한다. 박수빈 씨는 페이스북에서 사고 싶은 화장품을 구매한 사람의 댓글을 살펴봤다. 처음에는 좋은 댓글만 가득했지만, 시간이 지나자 게시물의 댓글에는 "댓글들 다 광고인 듯", "전혀 이렇지 않아요" 등의 부정적인 글들이 달렸다. 박 씨는 "댓글의 반응을 보고 난 뒤 살 마음을 접었다"며 "장점만 적은 리뷰를 보면 '이것도 광고는 아닐까?'하고 의심하게 된다"고 말했다. 전문가들은 광고성 리뷰가 늘어나 리뷰의 신뢰도가 많이 떨어졌다고 지적한다.

출처 : 시빅뉴스/일부인용

상식UP! Quiz

↳ 문제 **인터넷 사용후기를 참조해 물건을 구매하는 소비자를 무엇이라 하는가?**

① 넥소블리안　　　　　　　② 트윈슈머
③ 크리슈머　　　　　　　　④ 트레저 헌터

↳ 해설 트윈슈머는 물건을 구매할 때 다른 사람들의 구매후기, 경험 등을 참조해 상품을 구입하는 사람들이다.

답 ②

045 BCG매트릭스

현금젖소 사업보다 스타 사업!

BCG매트릭스는 기업의 제품개발과 시장전략을 위한 분석도구로 세로축에는 사업성장률, 가로축에는 시장점유율을 표시한 4개의 분면으로 이뤄진 도표입니다. 보스턴컨설팅그룹이 개발했죠. 그래서 BCG매트릭스 이름의 유래도 이 그룹의 앞 글자를 땄다고 합니다. 경영학 원론책에는 필수로 등장하는 분석도구입니다.

BCG매트릭스는 두 가지 기준을 축으로 사업을 평가하고, 이를 바탕으로 자원을 효과적으로 분배할 수 있게 해서 기업이 전략을 수립하게 합니다. 이때 각 도표의 4분면은 사업의 가치를 의미하며 분석 대상이 되는 기업의 사업 혹은 제품을 성장률과 시장점유율에 따라 배치합니다. 시장점유율은 시장의 가장 큰 경쟁자에 대한 상대적 시장점유율을, 성장률은 전년대비 얼마나 더 많은 수익을 올렸는지를 의미하죠.

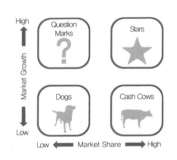

- 스타(Star) 사업(고성장, 고점유율 사업) : 성장률과 시장점유율이 높아서 계속 투자를 하게 되는 유망한 사업이다.
- 현금젖소(Cash Cow) 사업(저성장, 고점유율 사업) : 점유율이 높아서 이윤이나 현금흐름은 양호하지만 앞으로 성장하기 어려운 사업이다.
- 물음표(Question Mark) 사업(고성장, 저점유율 사업) : 신규사업. 상대적으로 낮은 시장점유율과 높은 성장률을 가진 사업으로 기업의 행동에 따라서는 차후 스타(Star) 사업이 되거나, 도그(Dog) 사업으로 전락할 수 있는 위치에 있다.
- 도그(Dog) 사업(저성장, 저점유율 사업) : 더 이상 성장하기 어렵고 이윤과 현금흐름이 좋지 못한 안 좋은 사업이다.

캐시카우를 넘어 마스터피스로

'캐시카우(Cash Cow)'는 잘 키워놓기만 하면 평생 우유를 생산하는 젖소를 은유적으로 표현한 경제용어다. 별 다른 위험성이 없는데도 꾸준한 이익을 가져다주는 효자상품을 말한다. 쉽게 말해 돈줄 혹은 현금창출원이다. 현대경영학에서 캐시카우는 이보다 다소 넓은 관점에서 투자자본을 거의 들이지 않고도 다른 분야에 투자할 만한 현금을 창출해 주는 품목이나 사업분야를 지칭한다. 기업이 캐시카우를 보유하게 되면 안정적인 수익이 발생해 신규사업 진출에 수월하다. 확실한 캐시카우를 가진 기업주가는 고정배당이나 낮은 위험성으로 항상 고평가되기 마련이다. 마냥 좋아 보이는 캐시카우지만, 한계도 분명하다. 1968년 이 개념을 처음 제시한 보스턴컨설팅그룹(BCG)은 고유한 전략평가기법 **BCG매트릭스**에서 캐시카우보다 좋은 사업모델로 스타(Star) 사업을 꼽았다. 스타 사업은 성장률과 시장점유율이 높아 계속 투자를 해야만 하는 유망사업이다. 반면 BCG는 캐시카우가 '기업 입장에서 안정적으로 돈은 벌어다 주는 효자상품이지만, 앞으로 발전할 가능성은 낮은 사업'이라고 꼬집었다. '현금흐름은 양호하지만, 성장하기 어려운 사업이기 때문에 한계가 분명하다'는 평가다. 그러니 성장을 도모하려면 캐시카우가 벌어 온 돈을 밑천 삼아 스타 사업을 과감히 키워야 한다고 덧붙였다.

출처 : 조선비즈/일부인용

상식UP! Quiz　

↳ 문제　BCG매트릭스에서 현금젖소(Cash Cow) 사업은 성장률과 시장점유율이 높아서 계속 투자를 하게 되는 유망한 사업을 의미한다.　　　ｏ / ×

↳ 해설　현금젖소(Cash Cow) 사업은 점유율이 높아서 이윤이나 현금흐름은 양호하지만 앞으로 성장하기 어려운 사업을 나타낸다.

답　×

046 M&A

기업의 가치를 사고판다

M&A(Merger and Acquisition), 인수합병은 기업 경영을 이해하는 데 있어 가장 중요한 개념 중 하나입니다. 간단하게 보자면 한 회사가 다른 회사의 경영권을 습득하여 하나가 되는 것을 모두 M&A라고 볼 수 있습니다. 다른 회사의 경영권을 보유한 회사가 해당 회사를 해체시켜 기술, 인원, 자본, 경영자원 등을 자기 회사에 편입시킨다면 이를 '합병(Merger)'이라고 합니다. 하지만 해체하지 않고 경영권만 보유한 채 자회사의 개념으로 밑에 둔다면 이는 '인수(Acquisition)'라고 합니다.

M&A에는 우호적 M&A와 적대적 M&A가 있습니다. 우호적 M&A는 이미 기업 저력을 잃은 회사나, 시장 상황에 따라 인수합병이 좋겠다고 생각한 회사를 경영자 간의 상호 합의 하에 인수하는 것입니다. 적대적 M&A는 인수합병하려는 기업의 경영자의 의사에 반하여 기업정관에 따른 경영권을 뺏어올 만한 지분을 확보한 뒤 경영권을 뺏고 회사를 인수합병하는 것입니다. 이 과정에서 경영자는 적대적 M&A 활동을 감지하고 경영권을 방어하고자 다양한 방어 전략을 펼치기도 합니다.

 경영권 방어 전략

- 포이즌 필 : 경영자가 저가에 신주를 발행하여 적대적 M&A 세력의 의욕을 낮추려는 전략
- 백기사 : 적대적 M&A 세력의 주식 매입에 반하여, 경영자가 경영권 방어를 위해 끌어들이는 우호적인 자본
- 상어퇴치법 : 주주총회의 의결정족수를 늘리는 식으로 기업정관을 수정해 M&A 허들을 높이는 방법
- 왕관의 보석 : M&A의 목적이 된 회사의 핵심역량을, 별도 법인을 설립해 넘김으로써 적대적 M&A 세력의 의욕을 낮추는 방법

해외 헤지펀드들의 차익만을 노린 적대적 M&A로 인해 기업이 공중분해되는 사례도 적지 않습니다. 하지만 잘 된 M&A의 긍정적 효과는 아주 많습니다. 이들은 기술 개발과 경영비용 등의 낭비를 줄여주고 인수합병된 회사들의 경쟁력을 높여주기도 하죠. 경쟁 회사 간 인수합병의 경우 독과점 발생으로 인해 소비자들이 피해를 볼 수

있다는 우려도 있지만 세계시장 진출, 기술융합으로 인한 새로운 재화 창출 등 다양한 잠재력을 기대할 수 있어 국가와 소비자의 입장에서도 수혜가 많습니다.

정치 · **경제** · 사회 · 국제 · 문화 · 미디어 · 과학 · IT · 스포츠 | ,가

삼성 M&A 올해도 개장휴업? "빅딜은 어렵다"

삼성전자의 **M&A**(인수합병) '개점휴업'이 장기화하고 있다. 삼성전자는 지난 실적 발표 컨퍼런스콜에서 "3년 이내에 의미 있는 규모의 M&A를 단행해 기존산업과 신규산업에서 주도적 입지를 확고히 하겠다"고 밝힌 바 있으나 아직 성과물을 내놓지는 못했다. 재계와 시장에서는 삼성이 연내 시장판도를 뒤집어 놓을만한 '빅딜'을 단행할 가능성은 낮다고 보는 시각이 많다. 불과 2년 사이에 반도체 등 핵심산업에 대한 M&A 환경이 판이하게 달라져서다. 삼성전자의 한 임원은 "글로벌 규제와 회사 현금흐름, 금리, 환율 등 모든 측면에서 해외유력기업을 사오는 식의 대형 딜은 이뤄지기 어려운 상황이라고 보는 게 맞다"고 설명했다.

출처 : 서울경제/일부인용

 상식UP! Quiz   ⊗ 🔍

↳ **문제** 다음 경영권 방어전략 중 기업 인수 목적이 되는 핵심역량을 별도 법인으로 빼내어 적대적 M&A 세력의 의욕을 떨어뜨리는 전략을 무엇이라 하는가?
    ① 백기사   ② 포이즌 필
    ③ 상어퇴치법   ④ 왕관의 보석

↳ **해설** 왕관의 보석은 적대적 M&A의 목적이 된 회사의 핵심역량을, 별도 법인을 설립해 넘김으로써 적대적 M&A 세력의 의욕을 낮추는 방법이다.

답 ④

경쟁에서 이기면 핑크빛 미래만 있을까?

승자의 저주(Winner's Curse)는 경쟁에서는 이겼지만 승리를 이끌어내기까지 과도한 비용을 치러 오히려 위험에 빠지거나 후유증을 경험하게 되는 상황입니다. 승자에게 내려진 저주 또는 재앙이라고도 하며 말 그대로 경쟁에서 이긴 승자가 오히려 이로 인해 큰 피해를 보거나 후유증에 시달리게 되는 상황을 말합니다.

경영학에서는 M&A 또는 법원 경매 등과 같은 공개입찰 시에 치열한 경쟁에서 살아남았지만 그 과정에서 지나치게 많은 비용을 지불함으로써 위험에 빠지는 상황을 의미합니다. 2006년 금호아시아나그룹의 공격적인 M&A 과정을 예로 들 수 있습니다. 금호아시아나그룹은 당시 대한통운과 대우건설 인수를 추진했는데요. 대우건설을 매각하려 채권단에게 주가가 일정 이상 오르지 않으면 그 대가를 보전해주는 풋 옵션 계약을 체결하면서 인수에는 성공했지만 이후에 건설 경기가 부진에 빠지면서 유동성 위기를 맞았습니다.

웅진홀딩스의 법정관리 사태를 두고도 승자의 저주가 화두가 됐는데요. 2007년 웅진그룹은 STX 그룹, 대한전선, 한화건설 등 다수의 기업들과 4대 건설사 중 하나였던 '극동건설' 인수전에 뛰어들었고, 치열한 경쟁에서 6,000억원 수준의 가장 높은 가격을 써내 마침내 극동건설을 인수했습니다.

그러나 이를 통해 건설업 진출을 꿈꿨던 웅진그룹은 2008년 금융위기로 어려움을 겪었고, 수주액이 지속적으로 감소하고 유동성 위기에 시달리는 등 위기가 고조됐습니다. 다른 계열사들이 자금 지원에 나서기도 했지만 극동건설의 유동성 위기 때문에 결국 웅진코웨이 매각까지 이뤄지게 됐습니다. 이후 승자의 저주에 시달리고 있다는 말을 피하지 못했습니다.

대우 품고 톱3 건설사된 중흥그룹, '승자의 저주' 피할까

중흥그룹이 대우건설 인수 마무리에 들어갔다. 이번 인수로 중흥그룹은 업계 톱3 건설사로 발돋움하게 됐다. 하지만 자신보다 덩치가 훨씬 큰 대우건설을 품는 과정에서 '**승자의 저주**'를 피해야 한다는 숙제를 안게 됐다. 공정거래위원회 심사가 끝나면 대우건설은 10여 년 만에 새 주인을 맞게 된다. 2000년 대우그룹이 해체된 이후 대우건설은 오랫동안 '주인 없는 신세'를 면치 못했다.

2006년 금호아시아나그룹이 인수하긴 했지만 글로벌 금융위기가 찾아오면서 2010년 주채권은행인 KDB산업은행에 재매각된다. 인수 자금을 마련하는 과정에서 과다하게 외부 자금을 끌어오는 바람에 금호아시아나그룹이 유동성 위기에 빠졌기 때문이다. 금호아시아나그룹의 대우건설 인수는 대표적인 '승자의 저주'로 기록된다. 2018년엔 호반건설이 대우건설 인수 우선협상대상자로 선정됐으나 호반건설이 파악 못한 3,000억원대 해외 사업 손실이 드러나면서 무산됐다.

출처 : 이데일리/일부인용

상식UP! Quiz ⊗ Q

↳ 문제 **다음의 사례에 나타난 경제용어는?**

> 한 경매에서 그림을 200만원에 낙찰 받았다. 알고 보니 그 그림은 시가 100만원밖에 하지 않았다. 경매에서 이겼지만 실은 100만원의 손해를 입은 셈이다.

① 정크본드　　　　　　　　② 레이거노믹스
③ 승자의 저주　　　　　　　④ 오쿤의 법칙

↳ 해설 승자의 저주는 경쟁에서는 이겼지만 승리를 이끌어내기까지 과도한 비용을 치러 오히려 위험에 빠지거나 후유증을 경험하게 되는 상황이다.

답 ③

048 앰부시 마케팅

매복 실시! 보이지 않는 마케팅 전쟁

스폰서의 권리가 없는 자가 마치 자신이 스폰서인 것처럼 마케팅 활동을 하는 것을 앰부시 마케팅(Ambush Marketing)이라고 합니다. 우리말로 풀어 쓰자면 '매복마케팅'이라고도 하죠. 공식 스폰서가 아닌 다른 기업들이 마치 자신이 공식 스폰서인 것처럼 각종 이벤트와 함께 대중들을 현혹한 뒤 기대효과의 일부분을 자신들이 빼앗을 목적으로 실시합니다. 스폰서십 계약이 이뤄지는 대형 스포츠 행사들에서 주로 볼 수 있습니다. 교묘히 규제를 피해가는 마케팅 기법이며 공식 스폰서 기업이 아닌데 공식 스폰서처럼 보이게 하는 효과를 말하기도 합니다.

본격적으로 기업들이 이 전략을 구사하기 시작한 것은 1984 LA 올림픽 때부터입니다. 스폰서십 제도를 도입한 이후에 이 전략도 함께 활성화된 것이죠. 이후 올림픽, 월드컵 같은 세계적인 스포츠 대회는 물론 이보다 규모가 작은 대회도 각 위원회가 계약을 통해 스폰서십 계약을 맺습니다. 해당 위원회는 스폰서십을 맺은 기업으로부터 상표권 사용에 대한 대가를 받아 수익금을 챙기고, 기업은 그 행사의 명칭, 마크, 로고 등 상표권을 합법적으로 독점사용하게 되는 거죠. 허락도 없이 다른 기업이 사용하다간 법적으로 낭패를 보게 되지요. 계약을 못한 기업은 상표권을 이용할 수 없어 홍보에 큰 애로사항이 있으므로 그 대회의 명칭, 로고, 엠블럼 등을 사용하지 못하고 우회적으로 홍보를 합니다. 그래서 광고를 보다보면 가끔 월드컵, 올림픽 명칭 자체를 드러내지 않는 것을 볼 수 있는데 바로 이런 이유 때문입니다.

앰부시 마케팅의 사례
- 경기 중계방송 전후에 자사 광고를 내보내는 방법
- 복권이나 경품 행사 등을 통해 경기 주체와 개최 장소를 알리는 방법
- 대회에 참가하는 팀이나 선수 등 보다 작은 단위의 참가자와 스폰서 계약을 맺는 방법
- 경기장 주변에 광고하는 방법

올림픽 활용 마케팅 시 유의할 점

대형 스포츠 이벤트는 그 자체로 높은 화제성을 불러일으킬 수 있기에, 많은 기업들이 이벤트와 관련된 키워드, 이미지를 자사 브랜드 및 제품의 홍보 콘텐츠에서 활용하고자 한다. 하지만, 섣불리 이러한 키워드, 이미지를 활용하였다가는 법률상 문제될 여지가 있어 면밀한 검토가 필요하다. '**앰부시 마케팅**'이란, 교묘히 규제를 피해 가는 마케팅 기법을 뜻하며, 주로 대형 스포츠 이벤트의 공식 라이선시(licensee)나 공식 후원사 (sponsor)가 아닌 기업이 마치 공식 라이선시 혹은 공식 후원사인 것과 같은 인상을 형성하여 자사의 마케팅 홍보 효과를 극대화하고자 하는 마케팅 기법을 의미한다. 모든 앰부시 마케팅이 반드시 위법하다고 단정할 수는 없지만, 구체적인 행위의 태양이 상표법, 부정경쟁방지 및 영업비밀보호에 관한 법률 등 법률에 저촉될 경우에 해당 법률의 규제를 받게 될 수 있어 살펴볼 필요가 있다.

출처 : 디지털데일리/일부인용

 상식UP! Quiz

↳ 문제 **다음은 어떤 마케팅의 사례인가?**

- 경기 중계방송 전후에 자사 광고를 내보내는 방법
- 경품 행사 등을 통해 경기 주체와 개최 장소를 알리는 방법
- 개회에 참가하는 팀이나 선수 등 보다 작은 단위의 참가자에게 스폰서 계약을 맺는 방법

① 프로슈머 마케팅   ② 앰부시 마케팅
③ 리치 마케팅   ④ 바이럴 마케팅

↳ 해설 스폰서의 권리가 없는 자가 마치 자신이 스폰서인 것처럼 마케팅 활동을 하는 것을 '앰부시 마케팅'이라고 한다. '매복 마케팅'도 같은 의미로 쓰인다.

답 ②

적대적 M&A를 막을 영웅 '황금낙하산'

일반적으로 '회사에 낙하산이 내려왔다'라고 하면 고위층의 인맥으로 공채 등의 공식 절차없이 바로 공식 직함을 받고 출근하는 것을 의미합니다. 부정적인 이미지가 강하죠. 그렇다면 낙하산에 황금이 붙은 '황금낙하산'이라면 얼마나 대단한 사람이겠습니까? 낙하산이 회사 경영진의 인맥이라고 하면 '황금낙하산'은 소위 '신의 아들' 레벨 정도 될까요? 하지만 황금낙하산(Golden Parachute)은 우리가 생각하는 낙하산과는 큰 거리가 있습니다. 사전적인 의미를 살펴봅시다. '황금낙하산이란 임기가 종료되지 않은 경영진들에게 거액의 퇴직금을 지급하거나 스톡옵션을 제공하는 것'을 의미합니다. 어찌 보면 파격적인 대우를 한다는 점에서 일반인들이 보기에는 낙하산과 마찬가지로 부정적인 이미지가 있을 수도 있겠네요. 하지만 그 이면을 잘 들여다 봐야합니다.

황금낙하산은 본래 1980년대에 기업다각화 전략의 일환으로 활발하게 전개된 M&A와 관련하여 미국 월가(街)에서 유래한 말로, 비싼 낙하산이라는 뜻에서 생긴 용어입니다. 이는 경영자의 신분을 보장하고 기업의 입장에서는 M&A 코스트를 높이는 효과가 있으므로 적대적 M&A를 방어하는 전략으로 활용하는 거죠. 황금낙하산으로 적대적 M&A를 어떻게 막느냐고요? 인수 대상 기업의 CEO가 인수로 인해 임기 전에 사임하게 될 경우를 대비해 거액의 퇴직금과 저가의 주식매입권(스톡옵션), 일정기간 동안의 보수와 보너스 등을 받을 권리를 사전에 고용계약에 기재해 일단 경영을 안정적으로 유지합니다. 그렇게 되면 그 CEO의 몸값이 높아지므로 해당 기업의 인수 비용도 높아지는 식입니다. 비용이 만만치 않으니 적대적 M&A를 하려던 기업도 난관에 부딪히게 되겠죠. 그러나 이 방법은 적대적 M&A의 위험이 없는 평상시에는 경영자를 해임하기가 어려우므로 무능한 경영진에게 과도한 혜택을 부여하는 비효율성을 초래할 수 있는 단점이 있습니다. 이러한 황금낙하산은 몇 년 전까지만 해도 국내에서는 생소한 제도였지만 최근에는 많은 상장 기업이 시행하고 있습니다.

소액주주 권리 침해하는 '황금낙하산' 주의보

최대주주의 지분율이 낮아 경영권 분쟁조짐을 보이는 일부 상장사들이 경영권 방어를 위한 **황금낙하산** 조항을 도입하고 있다. 황금낙하산이란 적대적 인수합병(M&A)으로 회사의 경영진이 퇴임할 때, 기존 경영진에게 거액의 퇴직 위로금을 지급해 비용을 높이는 방법을 말한다. 기존 경영진의 경영권 방어에는 효과적이지만, 기업의 가치를 떨어뜨리고 소액주주의 권리를 침해할 수 있어 투자에 주의할 필요가 있다. 황금낙하산 조항의 도입은 결과적으로 기업가치를 훼손하고 주가에 부정적으로 작용할 수 있다는 지적이 나온다. 기존 경영진에게 과도한 퇴직금을 제공해 경영 정상화가 힘들어질 수 있다는 것이다. 올해 황금낙하산 조항을 도입하는 기업들 역시 적대적 M&A에 따른 경영진 교체 시 통상수준의 수십배에 달하는 퇴직금을 책정했다.

출처 : 뉴스토마토/일부인용

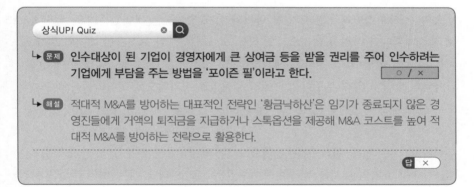

상식UP! Quiz

↳ 문제 인수대상이 된 기업이 경영자에게 큰 상여금 등을 받을 권리를 주어 인수하려는 기업에게 부담을 주는 방법을 '포이즌 필'이라고 한다. ○ / ✕

↳ 해설 적대적 M&A를 방어하는 대표적인 전략인 '황금낙하산'은 임기가 종료되지 않은 경영진들에게 거액의 퇴직금을 지급하거나 스톡옵션을 제공해 M&A 코스트를 높여 적대적 M&A를 방어하는 전략으로 활용한다.

답 ✕

050 메기효과

가만있으면 잡아먹힐라
다 같이 발전하자!

메기효과는 치열한 경쟁 환경이 오히려 개인과 조직 전체의 발전에 도움이 되는 것을 말합니다. 말 자체는 정어리들이 가득 찬 물속에 천적 메기가 나타나면 분주히 움직이기 시작하는 것을 가리켜 말하는 건데요. 그 유래는 노르웨이의 어부가 정어리 수족관에 메기를 집어넣는 데서 왔다고 합니다.

노르웨이가 인접한 북해 바다에는 정어리가 많이 잡히는데 대부분의 경우 바다에서 잡은 정어리들은 항구에 도착하기 전에 모두 죽어버렸다고 합니다. 하지만 한 어부가 메기를 모두 살려서 해안에 데려올 수 있는 방법을 개발했으니 바로 그것은 뱃속의 수조에 정어리들을 메기 한 마리와 함께 넣어놓는 것이었는데요. 일반적으로 생각해본다면 살려서 데려오기도 힘든 정어리를 상위 포식자인 메기와 함께 넣어놓는다는 게 말이 안 된다고 생각하시죠? 하지만 반대로 정어리들은 메기에게 잡아먹히지 않기 위해 분주히 물속에서 움직였고 결과적으로 정어리들이 항구까지 모두 살아서 오는 결과를 낳았다고 합니다.

우리나라의 두 번째 인터넷전문은행으로 한국 금융업계에 등장한 '카카오뱅크'는 이러한 메기효과의 예시를 톡톡히 보여주었는데요. 인터넷전문은행의 특성을 살려 이자는 높게, 대출 이자는 비교적 낮게 책정하고 대출 신청 과정과 가입 절차까지 모든 걸 웹 상에서 신속하게 처리할 수 있는 플랫폼을 제공해 많은 이용객들이 쏠리기 시작했습니다. 이런 변화현상을 목격하고서야 제1금융권의 많은 은행들이 발에 불이 떨어진 듯 서비스를 개발하고 금리를 고객에게 유리하게 변동했습니다.

디지털 유통 '메기' 쿠팡의 목표는?

쿠팡 등장 이후 유통의 많은 것이 변화했다. 쿠팡이 유통업계에 '**메기효과**'를 일으켰다 평가를 받는 이유다. 2010년대 초중반까지 유통업계는 온라인 진영(이베이 옥션 · 지마 켓, 11번가)과 오프라인 진영(롯데, 신세계)으로 나뉘어 있었다. 통상 온라인 주력 이용자 는 다양한 상품과 저렴한 가격을 위해 온라인을, 오프라인 주력 이용자는 직접 상품을 보고 살 수 있어 오프라인을 이용했다.

온라인쇼핑몰 이용자가 느끼는 불편함 중 하나는 2~3일씩 걸리는 배송이었다. 쿠팡은 이 불편을 파고들어 획기적인 배송서비스를 내놓았다. 2014년 출시된 익일배송 서비스 '로켓배송'이다. 상품을 직매입해 쿠팡 물류센터에 보관하고 배송기사를 직접 고용해 신 속성을 높였다. 쿠팡의 전략은 주효했다. 쿠팡 이용 고객의 58%가 배송 때문에 이용하 고 있었다.

고객들을 빼긴 기존 오프라인 유통사들도 변화를 꾀했다. 4~5년 전만 해도 대형마트들 은 오프라인 매출이 줄까 봐 온라인 사업에 크게 집중하지 않았다. 그러나 대형마트 실 적이 나빠지고 쇼핑 트렌드가 온라인으로 변하면서 이커머스 분야 진출과 확장을 시작 했다.

출처 : 미디어SR/일부인용

상식UP! Quiz

[문제] 강한 사업자의 등장으로 기존 시장에서 태만하게 지내던 사업자들 또한 덩달아 경쟁력을 키워 시장의 전반적인 수준이 높아지는 것을 무엇이라 하는가?

① 메기효과　　　　　　　　　② 베블런효과
③ 스놉효과　　　　　　　　　④ 더블딥

[해설] ② 가격이 비쌀수록 허영심 때문에 갖고 싶어 소비를 늘리는 효과
③ 어떤 재화의 소비가 늘어나면 특정계층에서는 오히려 그 재화에 대한 소비를 피하기 시작하는 효과
④ 경제위기가 두 번 텀을 두고 닥쳐 약소기업이 대출금까지 긴 위기를 겪는 상황

답 ①

신문으로 공부하는
말랑말랑 시사상식
경제·경영

CHAPTER 03

조세

내기 싫은, But 내보고 싶은 세금

종합부동산세(종부세)는 다주택 보유자인지, 투기과열지역 주택 보유자인지를 고려하여, 개인이 소유한 부동산의 총 가치가 일정 액수 이상일 경우 부과되는 세금입니다. 고액의 부동산 보유자에게 세금을 부과하여 부동산 보유에 대한 조세부담의 형평성을 개선하기 위해 2004년 조세 법안이 제정되었습니다.

현 규정에 따르면 2주택 이상 보유자는 소유한 부동산 가격의 합이 9억원을 초과할 경우, 1세대 1주택자는 12억원을 초과할 경우 종합부동산세를 부과받습니다. 기준액을 초과할수록 세율이 누진되어 매우 많은 세금을 납부하게 되죠. 여기에 앞서 말한 3주택 이상 보유자인지 여부와 투기과열지역 · 조정대상지역 주택 보유자인지 여부를 판단하여 추가 세율이 산정됩니다. 부동산 소유자가 5년 이상의 장기보유자이거나 고령일 경우에는 납부액이 공제되기도 합니다. 또한 2023년부터는 부부 공동명의 1주택자의 경우, 부부 합산 기본공제 기준을 12억원에서 18억원으로 올렸습니다.

같은 '보유세'로 분류되지만 '종합부동산세'와 '재산세'는 별개의 세금입니다. 보유한 부동산과 선박 · 항공기로 재산을 측정하여 부과하는 재산세와 달리 종합부동산세는 보유한 부동산 가치만 평가하여 부과합니다. 무엇보다 재산세의 경우 '지방세'이지만 종합부동산세는 '국세'로 구분됩니다. 따라서 종합부동산세는 중앙정부가 부동산 가격 폭등 방지를 위해 정책적으로 활용하는 세금이 되기도 합니다.

그렇다면 종합부동산세 과세의 기준이 되는 '부동산 가격'은 무엇을 기준으로 책정할까요? 한국의 국토교통부는 법적으로 1년에 한 번씩 전국 부동산의 조사 · 감정을 의뢰해 공동주택가격을 공시해야 합니다. 이를 바탕으로 보유세를 부과합니다.

"재산세 · 종부세 소득재분배 효과 제로" … 소득세 '효과적'

현행 재산과세의 소득재분배 효과가 미미하다는 분석이 나왔다. 재산세 건축물분 또는 일부 초고가 주택에 대해서는 제한적인 범위에서 소득재분배 효과가 있더라도, 재산과세 전체적으로는 정반대로 불평등을 키울 수도 있다는 것이다. 재산보다는 소득과세를 강화하는 게 재분배엔 효과적인 것으로도 분석됐다. 성명재 홍익대 경제학부 교수는 '재산과세의 분포 특성과 재분배 효과' 보고서에서 이같이 분석했다. 성 교수는 "관료와 정치인들은 재산과세를 통해 '플러스'의 재분배 효과를 실현할 수 있다고 믿는 경향이 있고, 일반인들도 대부분 그렇게 믿고 있다"면서 "그렇지만 재산세 또는 재산세와 **종합부동산세**를 합산한 재산과세 전체적으로는 소득재분배 효과가 마이너스의 방향성을 갖는 것으로 추정된다"고 평가했다. 대체로 고액연봉 또는 금융소득이 많은 고소득층과 달리, 저소득층일수록 소득에 비해 자산(재산세) 비중이 높기 때문에 재산세 부담이 상대적으로 크다는 뜻으로 해석된다.

출처 : 연합뉴스/일부인용

 상식UP! Quiz

↳ 문제 1세대 1주택자가 보유한 주택에 종합부동산세가 부과될 경우 해당 주택 가격의 기준은 얼마인가?

↳ 해설 1세대 1주택자의 경우 주택 가격이 12억원을 초과할 경우 종합부동산세가 부과되며, 초과 금액이 커질수록 세율이 누진된다. 2주택 이상 보유자의 경우 주택 가격 총 합계가 9억원을 초과할 경우 종합부동산세가 부과된다.

답 12억원 초과

⚖️ 052 증세

분배냐 성장이냐…

증세는 간단히 말하면 세금을 늘리는 것입니다. 단순히 세금의 액수를 늘릴 수도 있고, 또는 세율을 높이는 방법이 있죠. 여기 월 소득 200만원의 흥부와 월 소득 1,000만원의 놀부가 있다고 생각해봅시다. 만약 나라에서 일괄적으로 "100만원의 세금을 내시오!"라고 한다면 어떨까요? 흥부 입장에서는 월 소득의 절반을 세금으로 내는 꼴이 될 것입니다. 이때 놀부는 900만원으로 생활할 것이기 때문에 세금의 부담이 그리 크지 않을 것입니다. 하지만 나라에서 "월 소득에서 30%의 세금을 내시오!"라고 한다면? 이번에는 놀부의 세금부담액이 커질 것입니다.

이처럼 동일한 기준이라도 소득수준에 따라 세액이 미치는 부담 정도가 다르기 때문에 세금은 신중하게 결정될 수밖에 없습니다. 실제로 대부분의 국가에서는 일정액이 아닌 일정률, 즉 표준과세율(세금을 부과함에 있어 그 기준율)을 정하여 세금을 받고 있습니다. 여기서의 증세란 세율, 즉 표준과세율의 기준소득을 낮추거나 또는 기준세율을 높임으로써 세수를 확보하는 것을 말합니다.

우리나라도 2018년부터 연소득 5억원 돌파 시 40%의 소득세를 매기는 개정안을 통과시킨 뒤 이를 다시 2021년에 10억원 초과 시 45%를 매기는 것으로 구간을 신설했습니다. 이른바 2011년 미국에서 '투자의 귀재'로 불리는 워런 버핏이 부유층에 대한 세금 증세를 주장한 방안으로 알려진 '버핏세'가 전 세계적으로 확산되면서 우리나라도 편승한 것이라고 볼 수 있습니다.

물론 증세가 경제의 만병통치약이 될 수는 없습니다. 국가가 아무리 많은 돈을 모으더라도 이를 통해 정부가 펼치는 경제정책이 항상 유효하지는 않으며, 복지를 통한 소득재분배는 한계가 있기 때문입니다. 무엇보다 과도한 증세는 기업의 투자 의욕과 중(重)부담 근로자층의 근로 의욕을 저하시킵니다. 과도한 증세는 경제성장의 둔화로 이어져, 납세자의 부담만 증가시키고 세수는 늘지 않는 악순환이 벌어질 수 있습니다.

우리나라 소득세 과세표준

2023년 기준

과세표준액	세율
1,400만원 이하	6%
1,400만원 초과 5,000만원 이하	15%
5,000만원 초과 8,800만원 이하	24%
8,800만원 초과 1억 5,000만원 이하	35%
1억 5,000만원 초과 3억원 이하	38%
3억원 초과 5억원 이하	40%
5억원 초과	42%
10억원 초과	45%

정치 · **경제** · 사회 · **국제** · 문화 · 미디어 · 과학 · IT · 스포츠 　　　

미국은 부자증세 추진 … 한국 재계는 인하 요구

미국 워싱턴포스트 보도에 따르면 백악관은 1억달러(1,224억원) 이상 최상위 자산가들의 소득에 최소 20%의 세율을 부과하는 '부자**증세**'를 포함한 예산안을 의회에 제출했다. 반면 국내 분위기는 다르다. 한국경영자총협회는 같은 날 상속세 · 법인세 · 소득세 등을 인하하는 '기업정책 제안서'를 대통령 인수위원회에 전달했다. 이번 제안에는 노동개혁 · 노사관계 선진화와 중대재해처벌법 보완 등도 제시됐다.

출처 : 서울와이어/일부인용

상식UP! Quiz　　　　　　　⊗

↳ **문제** **2011년 8월 뉴욕타임스에 기고한 미국의 유명 투자자 이름에서 유래해 일명 '부자세'로 불리는 세금은?**

　① 피구세　　　　② 토빈세　　　　③ 버핏세　　　　④ 로빈후드세

↳ **해설** 워런 버핏이 2011년 8월 14일 뉴욕타임스 기고에서 부유층에 대한 세금 증세를 주장한 방안으로, 연간 100만달러 이상의 고소득자들이 일반 미국 시민보다 낮은 세율로 세금을 내고 있다며, 이들에 대한 증세를 주장한 데서 나왔다.

답 ③

나라살림을 판단하는 지표

정부의 수입(세입)과 지출(세출) 등의 살림살이를 재정이라고 하는데, 재정수지는 한 해 동안 세입과 세출의 차이를 말합니다. 세입이 세출보다 많으면 재정흑자, 그 반대면 재정적자라고 하는데요. 세입과 세출이 같다면 재정균형이라고 합니다. 이 재정수지는 통합재정수지와 관리재정수지로 나뉘기도 합니다. 통합재정수지는 앞서 이야기한 재정수지와 같은 의미이고요. 관리재정수지는 통합재정수지에서 국민연금, 고용보험 등 4대 사회보장성 기금을 뺀 것인데 통상 우리나라에서만 사용합니다.

재정수지는 앞서 본 GDP처럼 나라살림이 어떠한지 알아보는 지표인데요. 언뜻 생각하기에 재정이 흑자면 좋고 적자면 나쁘다고 느껴지지만 마냥 그렇지는 않습니다. 재정수지를 결정짓는 요인은 복잡다단합니다. 정부는 나라경제를 안정화하고 계획된 방향으로 이끌기 위해 크게 흑자재정과 적자재정의 두 가지 재정정책을 폅니다. 경기가 호황일 때는 흑자, 불황일 때는 적자재정을 수립하죠. 정부는 세입과 세출을 미리 예상해 예산안을 세웁니다. 경기가 호황일 때 정부는 세입을 늘리고 세출을 줄여, 유동성을 낮추고 과열된 경기를 식힙니다. 재정흑자를 노리는 것인데 세입이 늘어나는 만큼 국민의 세 부담도 늘어나게 되죠. 반면 적자재정은 세입은 줄이고 세출을 늘려 민간시장에 유동성을 부여해, 고용을 창출하고 나라경제에 활력을 불어넣습니다. 그러나 재정적자는 자연히 나라 빚을 늘릴 수밖에 없습니다. 국가운영을 위해 국채를 발행하고 민간에 돈을 빌리게 되면서 재정건전성이 악화되죠.

우리나라의 2023년 7월 말 재정수지는 37조 9,000억원 적자를 기록했습니다. 코로나19 타개를 위해 그간 추가로 예산을 편성하기도 했지만, 아울러 나라 빚도 많이 늘렸기 때문이죠. 그만큼 나라가 쓴 돈이 많았다는 의미인데요. 쓸 곳은 많은데 쓸 돈이 없자 정부는 2023년 한국은행으로부터 10월까지 무려 113조원이나 되는 대정부 일시대출을 받은 것으로도 알려졌습니다. 종합부동산세와 법인세 개편으로 세입이 줄어든 상황에서 윤석열정부와 여당은 국채를 발행하고 세금을 최대한 효율적으로 사용해 세수펑크에 대처한다고 했는데요. 야권에서는 추가경정예산이 불가피하다고 주장했지만 정부·여당은 일단 지켜본다는 입장을 고수했습니다.

정치·경제·사회·국제·문화·미디어·과학·IT·스포츠

재정수지 15조 개선에도 세수펑크에 헉헉대는 나라살림

나라살림을 보여주는 관리**재정수지**가 한 달 만에 15조원 개선돼 67조 9,000억원을 기록했다. 올해 연 58조원 적자를 이미 훌쩍 넘긴 정부로서는 한숨 돌린 듯 하지만 커지는 세수펑크에 적자규모 100조원을 넘을 수 있다는 우려가 계속되고 있다. 반도체와 중국수출 부진으로 전체수출이 11개월 넘게 감소하고 있고 부동산 및 자산시장 역시 침체기를 이어가고 있어 소득세, 법인세 등 국세수입이 정부 목표대로 걷힐 지 의심스러운 상황이다. 이에 정부는 곧 세수재추계를 발표할 예정이지만, 부족한 세수를 채우기 위한 후속대책을 내놓을지는 미지수다. 부족한 재정은 빚으로 메우고 있다. 2023년 7월 말 기준 중앙정부 채무는 1,097조 8,000억원을 기록했다. 한 달 전보다 14조 5,000억원 늘었고, 이전 해 결산채무 때보다 빚이 64조 4,000억원 불어났다. 지방정부 채무까지 더하면 국가채무는 1,132조원이다.

출처 : 서울경제/일부인용

상식UP! Quiz

↳ 문제 **일반적으로 정부는 경기가 호황일 때 적자재정, 불황일 때는 흑자재정 정책을 수립한다.**

○ / ×

↳ 해설 정부는 경기가 호황일 때는 흑자, 불황일 때는 적자재정을 수립해 국가예산을 책정한다.

답 ×

주택가격 상승 억제의 끝판왕

여러분은 분양가상한제에 대해 들어보신 적 있나요? 분양가상한제는 가장 강력한 주택 가격상승 억제책 중 하나입니다. 건설사가 아파트를 짓고 최초 분양하는 데에 정부가 나서서 매매가를 일정 이상 넘지 못하도록 제한하는 제도이죠. 공공주택의 경우 이미 시행됐지만 우리 정부에서 이것을 민간 건설 사업자의 신규 택지 분양가 에까지 적용하도록 관련규정을 변경했습니다. 상한선은 '감정평가된 아파트 부지 의 금액 + 정부가 정해놓은 기본형 건축비 + 가산비용'으로 결정됩니다.

여기서 말하는 '감정평가'란 『감정평가 및 감정평가사에 관한 법률』의 규정에 따라, 국가·금융기관·보험회사·신탁회사 또는 그 밖에 대통령령으로 정하는 기관이 요청하면 한국감정평가사협회가 추천한 감정평가업자가 사업 대상이 된 토지를 각 종 조건과 시장상황을 고려하여 가격을 산정하는 작업입니다. 공공사업이기 때문 에 시장가격을 정확히 반영하지는 못하며 시장가에 비해 살짝 떨어지게 정해지는 경우가 많죠. '기본형 건축비'란 국토교통부가 건축 추세에 따라 지상·지하층 층수 기준, 면적, 기본 시설 등을 고려하여, 규모에 따라 정해놓은 아파트 건축의 표준 가격입니다. 종전까지는 공공주택의 가격 산정에 사용됐죠. '가산비용'이란 해당 아파트 건물의 시설에 추가됐으나 기본형 건축비로 규정하지 못한 부분에 대해서 평가하는 것입니다. 각종 복리시설 건립과 인텔리전트 설비, 분양보증 수수료 등에 들어간 비용을 산정하는 것이지요. 마찬가지로 이 부분 또한 건설사 재량으로 산정 할 수는 없습니다.

분양가상한제 도입으로 인한 논의는 분분합니다. 아파트 분양가를 낮추어 자금이 없는 주택 실수요자들이 아파트를 분양받을 수 있게 된다는 주장도 있지만, 건설사 들이 아파트를 건설한 뒤 분양가가 턱없이 낮은 가격으로 결정되어 손해를 볼지 모 른다는 불확실성 때문에, 신규 건설 사업을 하지 않아 오히려 아파트 가격이 오를 것이라는 주장도 있죠.

규제 풀리자 분양가 '껑충'

부동산R114가 청약홈에 공개된 아파트 청약단지의 분양가를 분석한 결과, 올해 들어 전국 아파트 평균 분양가는 3.3㎡당 1,699만원으로 집계됐다. 이는 지난해 평균 1,521만원 대비 11.7%, 2017년의 1,161만원 대비 46.3% 오른 것이다. 아파트 분양가는 최근 자재비, 인건비 등 공사비 상승과 고금리 여파로 가파른 상승세를 보이고 있다. 특히 연초 규제지역 해제로 **분양가상한제** 적용지역이 강남 · 서초 · 송파 · 용산구 등 4곳으로 대폭 축소되면서 고분양가 단지가 속출하고 있다. 주택도시보증공사(HUG)가 사실상 분양가를 통제하던 '고분양가 관리지역'도 연초 대규모 규제지역 해제에 따라 강남 3구와 용산구로 축소돼 이들 4곳을 제외하고는 사실상 분양가 책정에 제약이 없는 상태다.

출처 : 연합뉴스/일부인용

상식UP! Quiz

↳ 문제) 감정평가업자를 알선해주는 일을 전담하는 기관은 어디인가?

↳ 해설) 『감정평가 및 감정평가사에 관한 법률』에 따르면 국가 · 금융기관 · 보험회사 · 신탁회사 또는 그 밖에 대통령령으로 정하는 기관이 감정평가를 요청하면 한국감정평가사협회에서 추천한 감정평가업자가 감정평가를 진행하게 되어 있다.

답) 한국감정평가사협회

우리 건강보험의 근간

우리나라에서는 의료보험법에 따라 국민건강보험이 보장하는 의료서비스에 대해서는 국가가 서비스의 가격을 정하는 '의료수가' 제도를 적용합니다. 의료수가는 건강보험심사평가원에서 결정하는데, 환자가 의료서비스에 대해 지불하는 본인부담금과 건강보험공단에서 의료기관에 지급하는 금액을 합친 것입니다. 기본적으로 치료에 들어가는 원가와 의료 인건비, 의료기관 운영비 등을 고려해 결정합니다. 또 의료서비스의 정도와 서비스 제공자의 소득, 물가상승률 같은 지표를 함께 감안하죠. 의사는 서비스마다 정해진 의료수가 이상의 이득을 취할 수 없습니다. 이는 국민들이 의료서비스를 저렴하게 제공받을 수 있는 국민건강보험의 기반인데요.

그러나 모든 의료서비스에 의료수가가 적용되는 것은 아닙니다. 우리가 병원에서 진료를 받을 때 급여 혹은 비급여항목이라는 말을 흔히 듣습니다. 비급여항목인 의료서비스는 건강보험 적용이 안 되고, 수가가 아닌 시가(시장가격)로 책정됩니다. 의사가 시장상황을 보고 서비스가격을 정하는 건데요. 보통 비급여항목은 성형외과, 안과, 피부과 등에 적용되고, 흔히 '필수의료'라 부르는 외과, 소아청소년과, 산부인과 등에는 급여항목이 적용됩니다. 생명과 직결되는 분과에 급여를 적용해 국민이 큰 부담 없이 진료를 받도록 했죠.

그런데 이런 적용방식 때문에 의사들이 필수의료과를 기피하는 현상이 나타났는데요. '의료서비스의 원가를 의료수가가 얼마나 보전하느냐' 하는 원가보전율이 의사들 입장에선 중요하죠. 2023년 기준으로 기본진료의 원가보전율은 86.7%, 수술 68.8%, 처치는 72.9%입니다. 결국 원가가 다 충당이 안 되니 병원은 적자를 보게 되고, 의사들은 의료서비스 가격을 스스로 정할 수 있는 성형외과 등에 몰리는데요. 그러다보니 최근 필수의료에 인력난이 가중되면서, 종합병원에 소아청소년과가 폐과되는 등 위기에 처했습니다.

의사들은 건강보험 진료만으로도 병원이 적자가 안 나도록 의료수가를 인상해야 한다고 주장합니다. 사실 의료수가는 매년 꾸준히 인상되고 있습니다. 최근 몇 년 간 평균인상률을 보면 2021년에 1.99%, 2022년 2.09%, 2023년과 2024년에도 각각 1.98%로 결정됐죠. 하지만 1~2% 수준의 인상에도 조 단위의 예산이 들어가기 때문에, 정부도 의사들이 만족할 만큼 수가를 단번에 올리기 어렵습니다. 그만큼 국민이 내는 보험료도 오르죠. 한편 의사인력이 부족한 것이 필수의료 붕괴의 근본 원인이라며, 일단 의대정원을 늘려 의사를 더 양성해야 한다는 의료계 안팎의 목소리도 강합니다. 또 더 나아가 지방에 공공의대를 세워 지방병원에 의무적으로 근무하도록 해 열악한 지방 의료 인프라를 보완해야 한다고 합니다.

정치 · 경제 · 사회 · 국제 · 문화 · 미디어 · 과학 · IT · 스포츠

의대정원 늘리는 정부, 필수의료 수가 인상도 추진

의과대학 입학정원을 2025학년도부터 대폭 늘리려는 정부가 지역 공공의료를 강화하는 차원에서 국립대학교병원의 각종 규제를 해제하는 방안을 검토 중인 것으로 확인됐다. 또한 의료계의 반발을 달래기 위한 필수의료 분야 **의료수가** 인상과 신설 등의 대책도 함께 검토 중인 것으로 전해졌다. 구체적으로 '공공정책수가'와 손실에 대한 사후 보상 제도 확대를 고민 중이다. 공공정책수가는 필수의료 분야에 대한 수요 · 공급을 반영해 가산 보상을 하는 체계다. 지역별 인프라를 유지하기 위해 지역 균형발전 수가 도입도 추진 중이다. 반면 공공의대 설립 같은 '의대 설립' 추진안이나 지역의사제 도입 등 야당이나 시민단체에서 요구한 정책은 담기지 않을 것으로 보인다.

출처 : 뉴스1/일부인용

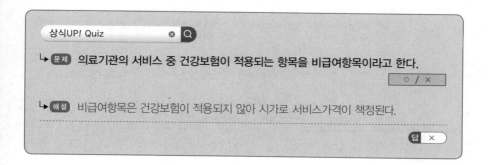

상식UP! Quiz

↳ 문제 의료기관의 서비스 중 건강보험이 적용되는 항목을 비급여항목이라고 한다.

O / X

↳ 해설 비급여항목은 건강보험이 적용되지 않아 시가로 서비스가격이 책정된다.

답 X

세금의 징수는 법률에 의해서만

국가나 지방자치단체가 필요한 경비를 충당하기 위해 강제적으로 모든 국민에게 징수하는 세금을 조세라고 합니다. 세금은 크게 국세와 지방세 이렇게 두 가지로 나뉩니다. 국세는 특별한 대가 없이 강제적으로 징수되고 국세의 종목과 세율, 징수, 감면과 관련된 사항들은 모두 법률로 정해져 있습니다. 이를 조세법률주의라고 합니다. 지방세는 각 지방자치단체가 재정수요를 충당하기 위한 목적으로 부과하는 세금을 말합니다. 국가에 의해 부과징수되며 국가의 재정수요 충당에 활용되는 국세와는 다릅니다.

우리나라 조세는 16개의 국세와 11개의 지방세로 이뤄집니다. 간혹 세금을 낼 때 각각의 세금이 국세인지, 지방세인지 헷갈려서 과거 세금을 내려갔다가도 헛걸음을 치는 경우가 있다고 하소연하는 분들이 많았지요. 국세는 세무서에, 지방세는 해당 시군 구청에 가서 신고해야 합니다. 국세는 나라 전체의 운영에 쓰이는 세금을 말하고 지방세는 각 지방자치단체의 운영에 쓰이는 세금입니다. 또 예산안을 추인하는 곳도 국세는 국회, 지방세는 지방의회입니다.

세금의 종류

세금	국세	직접세	법인세, 소득세, 상속세, 증여세, 종합부동산세
		간접세	부가가치세, 인지세, 개별소비세, 증권거래세, 주세
		목적세	교육세, 교통 · 에너지 · 환경세(목적세이면서 간접세), 농어촌특별세
		관세	수입세, 수출세, 통과세
	지방세	보통세	취득세, 등록면허세, 레저세, 주민세, 재산세, 자동차세, 지방소득세, 지방소비세
		목적세	지역자원시설세, 지방교육세, 담배소비세

산불 피해 주민 대상 지방세 지원 추진

강원도는 강릉 · 동해 · 삼척 산불 피해 주민에 대한 세제 지원방안 마련에 나섰다. 도와 강릉시, 동해시, 삼척시의 세정부서는 회의를 열어 **지방세** 지원기준을 검토했다. 현행 지방세특례제한법에서는 천재지변에 따라 파손된 건축물, 자동차, 기계장비 등을 2년 이내 취득하는 경우 취득세, 건축물은 등록면허세를 감면하도록 규정하고 있다. 추가 지방세 감면이 필요하다고 인정되는 경우 지방의회 의결을 거쳐 지원할 수 있다. 배영주 강원도 세정과장은 "회의 결과를 토대로 산불 피해자에 대한 지방세 추가 지원 대책을 마련, 도의회 의결을 거쳐 시행할 예정"이라고 밝혔다.

출처 : 강원일보/일부인용

상식UP! Quiz

↳ **문제** 다음 중 국세에 해당하지 않는 것은?

① 소득세 ② 농어촌특별세
③ 재산세 ④ 교육세

↳ **해설** 재산세는 지방세에 해당한다.

답 ③

늘었다 줄었다 고무줄 관세

외국에서 우리나라로 들어오는 상품들에는 각각 세금이 붙게 됩니다. 이를 '관세'라고 부르는데요. 이는 국내 산업을 보호하기 위해 부과됩니다. 이러한 관세에는 여러 종류가 있습니다. 먼저, 탄력관세란 상황에 따라 부가 관세율을 인상하거나 인하할 수 있는 권한을 갖도록 한 관세입니다. 즉, 관세에 탄력성을 부여했다고 볼 수 있습니다. 본래, 국가가 수입품에 대해 관세를 부과하는 경우에는 국회에서 제정된 법정관세율에 따라야 하지만 급격히 변동하는 국내외적 여건 변동에 민첩하게 대응할 수 있도록 권한의 일부를 정부에 위임하여 법률이 정하는 범위 내에서 행정부가 실행관세율을 변경하도록 한 것입니다.

이러한 탄력관세에는 반덤핑관세, 보복관세, 조정관세, 상계관세, 긴급관세, 할당관세 등이 있습니다. 먼저 반덤핑관세는 외국의 물품이 정상가격 이하로 수입되어 국내산업이 실질적인 피해를 받거나 받을 우려가 있을 때에 그 물품과 수출자 또는 수출국을 지정해 당해 물품에 대하여 관세 외에 정상가격과 덤핑가격과의 차액(덤핑차액)에 상당하는 관세(덤핑방지관세)를 추가하여 부과하는 것을 말합니다.

조정관세는 값싼 외국제품이 수입되어 국내생산자들이 큰 피해를 입을 경우 이를 보호하기 위해 관세율을 일정 기간 동안 상향 조정하는 제도입니다. 즉, 일시적으로 세율을 조정하여 부과하는 관세입니다. 한편, 할당관세는 수입품의 일정한 수량을 기준으로 부과하는 관세이고, 긴급관세는 중요 국내산업의 긴급한 보호, 특정 물품 수입의 긴급한 억제 등의 필요가 있을 때 특정 물품의 관세율을 높여서 부과하는 관세입니다.

정부, 탄력관세 적용 품목 확대 … 물가안정 · 산업경쟁력 제고

기획재정부가 내년도 **탄력관세**(할당 · 조정 · 특별긴급관세) 세부 운용계획을 담은 탄력관세 운용계획을 확정해 발표했다. 주요 내용을 보면, 할당관세는 신산업 및 소재 · 부품 · 장비 부문 등의 경쟁력 강화와 물가 · 수급안정 등을 위해 101개 품목을 지원한다. 물가불안 대응 및 산업경쟁력 강화에 필요한 품목에 대한 상시지원을 확대한다. 조정관세는 국내시장 교란 방지, 산업기반 보호 등의 취지상 대상품목이 농수산물에 집중되며 품목변동 여지가 크지 않은 편으로, 올해와 동일한 14개 품목(농수산물 13개+나프타)에 대해 적용하되, 현재 조정관세를 한시적으로 폐지 중인 명태와 나프타는 추후 적용될 예정이다.

출처 : 헤럴드경제/일부인용

 상식UP! Quiz

▶ 문제 물가불안, 통상협상 등 긴급하고 특별한 상황이 빚어져 관세율을 인상 또는 인하할 필요가 있을 경우, 그때그때 국회에서 법을 개정하는 것이 어렵기 때문에 제한된 범위 내에서 행정부가 조정할 수 있게 한 세율은?

① 조정관세
② 할당관세
③ 긴급관세
④ 탄력관세

▶ 해설 탄력관세란 국내산업을 보호하기 위해 일정한 범위 내에서 정부가 관세율을 인상 또는 인하할 수 있는 권한을 갖도록 한 관세제도이다.

 답 ④

실업급여가 아닌 시럽급여?!

실업급여는 고용보험에 가입한 근로자가 실직하고 재취업활동을 하는 동안 생계안정과 취업 의지를 고양하기 위해 국가가 지급하는 지원금입니다. 보통 실업급여라고 칭하는 구직급여와 취직촉진수당으로 나눕니다. 실업급여는 실직한 날을 기준으로 18개월 중 180일 이상 근무하다가, 직장이 문을 닫거나 구조조정(해고) 등 자의와는 상관없이 실직한 사람에게 지급됩니다.

그런데 2023년 들어 이 실업급여 지급에 문제가 있다는 말이 정부·여당에서 나왔는데요. 실업급여의 관대한 수급조건을 악용해 직장에서 기준일수를 채우고 퇴사한 뒤 반복해서 실업급여를 받거나, 받은 이후에도 재취업 노력을 제대로 하지 않는 사례가 있다고 지적했죠. 실업급여를 받은 후 재취업률도 낮은 편이고, 실업급여의 궁극적 목적인 근로의지를 북돋는 측면에서 미흡하다고 했습니다. 게다가 현행 실업급여는 이전 직장급여의 60%, 이것이 최저임금에 미달할 경우 최저임금의 80%를 지급하고 있는데요. 취업 후 최저임금 급여에서 세금을 빼다보면, 실업급여보다 적은 현상이 발생하기도 했죠. 그래서 "힘들게 일하며 최저임금 받는 것보다 쉬면서 실업급여 타는 것이 더 이득"이라는 말까지 나왔습니다. 여당은 이를 두고 실업급여가 아닌 '시럽급여'라는 말로 표현해 논란이 됐는데요.

정부는 실업급여 지급을 위해 설립된 고용보험기금의 적자까지 거론하며, 수급조건을 강화하고 수급액도 깎겠다는 계획을 내놨습니다. 그러나 우려하는 목소리도 있죠. 물론 근로기간 등 수급조건을 악용하는 사람도 있겠지만, 불안정한 임시·단기근로자가 많은 노동실태를 고려하면 악용은 일부 사례라는 겁니다. 또 현재 같은 불황에 실업급여가 늘고 고용보험이 적자가 나는 것은 자연스러운 현상이라는 의견도 있죠. 또 노동계에서는 정부·여당이 적자의 이유를 정확히 분석하지도 않고, 취약계층에 대한 이해 없이 재정부족을 충당하기 위해 무작정 실업급여를 깎는다고 비판했습니다.

바닥 보이는 실업급여, 갈수록 더 빠듯

실업급여 예산이 조기소진 될 가능성이 높아졌다. 실제 예산이 바닥난다면 고용노동부
는 또 공공자금관리기금에 손을 벌려야 할 수 있다. 문제는 구직급여 예산부족이 향후
반복될 수 있다는 점이다. 고용부가 내년도 실업급여 예산을 올해보다 3,000억원가량
줄였기 때문이다. 이 탓에 실업급여에 최저임금 연동구조를 없애는 등의 대대적인 개편
이 없다면 고용보험기금 재정건전성 확보가 어려울 것이란 우려가 나왔다. 이성희 고용
부 차관은 "윤석열정부 노동개혁의 핵심은 경제활성화와 일자리 창출"이라며 "취약계
층의 사회안전망을 강화하는 것도 중요하지만 더 많은 일자리가 근본적인 대책"이라고
설명했다. 이어 "최저임금에 연동한 하한액, 손쉬운 수급요건으로 실업급여 반복수급
등이 근로의욕 저하의 핵심 원인"이라며 실업급여 제도개편 의지를 재확인했다.

출처 : 헤럴드경제/일부인용

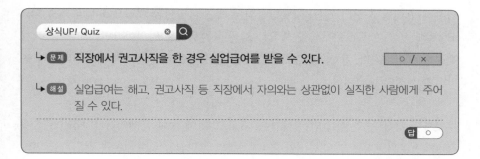

상식UP! Quiz

↳ **문제** 직장에서 권고사직을 한 경우 실업급여를 받을 수 있다. ○ / ×

↳ **해설** 실업급여는 해고, 권고사직 등 직장에서 자의와는 상관없이 실직한 사람에게 주어
질 수 있다.

답 ○

059 국민연금

국민연금은 또 하나의 세금?

몇 년 전 국민연금공단이 공단의 관리 운영을 위해 30년 가까이 연금에서 떼어 사용한 금액이 5조원에 달한다는 소식이 들렸습니다. 이에 "국민연금공단의 관리 운영비용은 국고에서 나가야지 국민연금 기금에서 나가선 안 된다"는 주장이 일기도 했는데요. 기금을 관리하는 인원의 임금을 기금에서 끌어써서는 안 되는 것일까요? 무엇이 옳다고 하기는 어렵지만 국민연금의 기금 운용은 그만큼 '민감하다'고 말할 수 있을 것 같습니다. 온 국민의 관심사이기 때문이겠죠.

4.5%, 2023년 기준 직장가입자가 국민연금에 가입할 경우 월 소득액에서 국민연금 납부액이 차지하는 비율입니다. 근로자가 4.5%를 납부하고 고용자가 4.5%를 납부해서 매월 자신의 월급의 9%만큼의 금액을 국민연금 기금으로 납부하게 되지요. 일부 단기 아르바이트직을 빼고는 소득이 발생하는 인원이라면 국민연금은 강제적으로 징수되며, 또 연금의 운용은 전부 운영기관과 국가에서 책임지다보니 못마땅한 시선이 많습니다.

무엇보다 가장 큰 논란이 되는 사안은 '기금 고갈'에 대한 문제입니다. 국민연금 재정추계전문위원회는 2023년 3월 향후 70년의 국민연금 급여지출과 적립기금 변화 추이 등을 산출한 '제5차 국민연금 재정추계 최종결과'를 발표했습니다. 위원회는 앞서 1월 국민연금이 현행대로 유지된다면 2041년부터 적자가 발생해 2055년 기금이 바닥난다는 시험계산결과를 내놨는데요. 합계출산율이 2023년 0.88명에서 상승해 2050년 이후엔 1.40명에 달할 것이라 예상해보면 소진시점은 2056년으로 1년 늘어났고, 0.98명에 그칠 것이라는 전망 하에서는 그대로 2055년이었습니다. 또한 기금투자 수익률을 1%포인트 높은 연 5.5%로 잡으면 소진시점은 2060년으로 5년 늘어났죠.

이러한 고갈 전망 때문에 정부는 연금개혁안을 짜는 데 골몰하고 있는데요. 우리나라는 국민연금이 만들어진 1988년 이래 두 차례 연금개혁을 이뤄냈습니다. 그러나 출산율이 바닥을 치닫고 불황으로 대내외 투자환경도 악화된 현재로서는, 획기적인 제도개혁 없이는 국민연금을 개선하기 어렵다는 게 중론입니다.

 **국민연금 월 수령액 계산방법**

1.2 × ([전체 가입자 3년간 평균소득] + [전체 가입기간 중 수령자 본인의 평균소득]) × (1 + 0.05 × [20년 이상 초과하여 가입한 연차]) ÷ 12

정치 · **경제** · **사회** · 국제 · 문화 · 미디어 · 과학 · IT · 스포츠

국민연금 보험료율 1%포인트 당장 올려도 된다

국민연금 개혁에 대한 국민의 인식을 구체적으로 알 수 있는 조사가 나와 눈길을 끈다. 한국보건사회연구원은 국민연금 가입자 34명을 임금노동자(정규직과 비정규직)와 자영업자 및 나이(만 30대와 50대)를 기준으로 5개 그룹으로 구분해 초점집단면접(FGI) 방식의 조사를 벌였다. 연금개혁의 핵심쟁점 중 하나는 보험료율 인상이다. 다수 전문가나 시민들도 인상 자체엔 대체로 동의한다. 논점은 얼마를 올릴 것인가이다. 대다수 참가자의 의견을 요약하면, 1~2%의 보험료율 인상은 당장에라도 받아들일 수 있으나, 지금보다 6%포인트 즉 보험료율 15%까지의 인상은 받아들이긴 어렵다고 조사됐다.

출처 : 한겨레/일부인용

상식UP! Quiz   ⊗ 🔍

↳ **문제** **국민연금에 비경제활동인원은 가입할 수 없다.**   `O / X`

↳ **해설** 국민연금의 가입자 유형에는 직장인 가입자뿐만 아니라 임의 가입자가 있어. 경제활동을 하지 않지만 18세 이상 60세 미만의 인원이라면 소득 평균의 9%에 해당하는 금액을 매달 납부하고 가입할 수 있다.

답 ✕

나라의 곳간이 부족해졌다

국가가 국민을 위해 일을 하기 위해서는 돈이 필요합니다. 그래서 돈을 어떻게 마련하고 어떻게 쓸 것인지에 대한 계획을 잘 세워야 합니다. 이 계획이 바로 예산인데요. 예산은 국회의 승인을 얻어 결정됩니다. 예산은 국민의 세금과 직결되는 문제이므로 국민의 대표인 국회의 동의가 있어야만 결정되는 것이죠. 그런데 이렇게 고심 끝에 결정된 예산도 때에 따라 추가로 마련하거나 변경해야 할 경우가 있습니다. 국가적으로 큰 재난이나 사건이 발생했을 때 이를 해결하기 위해 더 돈이 필요하다면 추가로 예산을 편성해야 하죠. 이것이 바로 추가경정예산입니다. 2020년부터 우리는 언론에서 이 단어를 종종 들어왔는데요. 바로 전 세계를 뒤집어 놓은 코로나19 때문입니다.

추가경정예산의 편성횟수에 대해서는 규정이 없습니다. 보통은 1차와 2차로 끝나지만 3차 이상 편성되는 경우는 거의 없는데요. 2020년에 4차로 추가경정예산을 편성한 바 있고, 2021년에는 2차, 2022년 10월까지도 2차 추경이 진행됐습니다. 2020년 이후 추경의 주목적은 대체로 민생안정과 코로나19 확산으로 인한 경기침체 타개였습니다.

사실 정부와 국회는 이 추경안을 두고 종종 갈등을 빚기 마련입니다. 특히 지난 2021년 1차 추경은 4차 국민 재난지원금 지급을 위해 편성되었는데요. 이 과정에서도 여당과 정부가 정면충돌했습니다. 여당에서는 추경 편성에서 '맞춤형 지원'과 '전 국민 지원'을 정부와 함께 논의하겠다고 했지만, 당시 정부는 둘을 한꺼번에 지원하겠다는 것은 받아들이기 어렵다고 했습니다. 또한 여당이 제시한 시기에는 추경 편성을 논의하기 힘들다고 했는데요. 이에 여당은 불편한 심기를 드러냈습니다. 국민의 대표인 당은 국민에게 어찌됐든 서둘러 도움을 주어야 하고, 이를 집행하는 정부는 비용을 마련하기 어렵고 또 나라 빚도 생각해야 하니 갈등을 빚게 되는 것이죠.

세금 119조 더 걷었지만 129조 더 써

최근 2년간 국세수입이 예상보다 119조원이나 더 들어왔지만 정부는 이보다 더 많은 돈을 추가 지출한 것으로 조사됐다. 예상치를 크게 상회하는 세수 이상을 써버린 정부는 올해 세수 '펑크' 상황에서 하반기 **추가경정예산** 편성은 사실상 물 건너간 셈이고 내년 예산안 편성에도 영향을 받는 상황이 된 것이다. 정부 당국에 따르면 지난 2년간 정부의 세입 예산 대비 실제 결산액의 차이가 118조 6,000억원에 달했다. 쉽게 말해 최근 2년 동안 정부가 예상한 것보다 세금이 118조 6,000억원 더 들어왔다는 의미다. 정부는 매년 9월 초에 다음 연도 예산안을 국회에 제출할 때 세수를 먼저 예측하고 이에 맞춰 지출 규모를 결정한다. 들어올 돈의 규모를 먼저 예상하고 쓸 돈의 규모를 나중에 결정하는 방식이다. 그러나 나랏빚이 빠른 속도로 늘어나는 가운데 들어온 초과세수를 빚 갚기에 쓰기보다 초과세수 이상을 추가 지출했다. 세수는 더 들어왔지만 2년간 정부가 채무를 상환하는 데 쓴 돈은 엄밀한 의미에서 2조 6,000억원에 불과하다.

출처 : 헤럴드경제/일부인용

상식UP! Quiz

▶ 문제 **다음 중 예산에 대한 설명으로 타당하지 않은 것은?**

① 수정예산 – 예산 성립 전에 본 예산을 수정하기 위하여 제출되는 예산

② 추가경정예산 – 예산 성립 후에 생긴 사유로 변경을 가할 필요가 있을 때 편성 · 제출되는 예산

③ 순계예산 – 필요경비를 공제한 순세입 · 순세출만을 계산한 예산

④ 잠정예산 – 신회계연도 개시일까지 예산이 국회를 통과하지 못한 경우 지출이 허용되는 예산

▶ 해설 잠정예산은 회계연도 개시 전까지 입법부에서 본예산이 의결되지 않을 경우 잠정적으로 사용할 수 있는 예산의 한 종류이다.

답 ④

⚖️ **061** 역진세

가난한 사람이 부자보다 더 많은 세금을 낸다?

역진세(逆進稅)는 누진세(累進稅)와 정반대가 되는 세금 계산 방식입니다. 한 납세자에 대해서 과세 대상의 양이 많으면 많을수록 할당되는 세금의 비율이 줄어듭니다. 물건의 양에 따라 세금을 배분하는 방법에는 비례세율, 누진세율, 역진세율까지 3가지 계산방법이 있습니다.

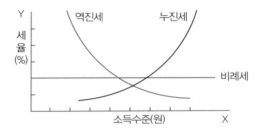

비례세의 경우 구입 양이나 소득 수준에 상관없이 소비하는 재화의 양에 일정하게 유지되게 매겨지는 세금을 말합니다. 누진세의 경우 일반적으로 소득수준이 늘어남에 따라 세율이 올라가는 곡선을 보입니다. 반면 역진세의 경우 소득 수준이 낮을수록 부담 세율이 올라가는 양상을 보입니다.

현행 제도 중 직접적으로 역진세를 명시한 법안은 없습니다. 다만, 직접적인 제도는 아니더라도 조세액과 시장의 관계에서 볼 때 역진적인 관계가 성립하는 조세가 있습니다. 바로 생활필수품에 매겨지는 소비세인데요. 생활필수품은 부유층이 약간 더 풍요롭게 사용하긴 하지만, 일반적으로 부유층이나 빈곤층이나 지출의 차이가 크게 나지 않는 소비 영역입니다. 생활필수품에 가해지는 소비세가 오를 경우 두 계층에서 추가적으로 지불해야 할 금액에 차이가 별로 나지 않겠죠. 그렇게 되면 부유층이 부담하는 금액 대비 매겨지는 소비세(부담)는 빈곤층이 부담하는 소비세(부담)에 비해 낮아집니다. 따라서 생필품에 대한 소비세는 사실상 역진세적 성격을 가지게 된다고 볼 수 있습니다.

"소득대비 복권구입, 저소득층이 더 많다"

저소득층일수록 소득 중 복권 구입비 비중이 높아 복권도 담배와 마찬가지로 소득이 적을수록 많이 내는 '**역진세(逆進稅)**' 성격이 있다는 연구 결과가 나왔다. 최필선 건국대 국제무역학과 교수와 민인식 경희대 경제학과 교수는 이런 내용을 담은 '재정패널조사를 이용한 우리나라 복권 지출의 역진성 분석' 논문을 최근 재정패널 학술대회에서 발표했다.

논문에 따르면, 전체 가구 중 한 번이라도 복권을 산 경험이 있는 가구는 14.6%에 이른다. 이 가구들의 평균 복권 구입액은 연간 22만 4,000원으로 매월 평균 2만원 정도를 지출하는 것으로 나타났다. 이 중 소득 1분위(소득 최하위 20%)는 월평균 1만 1,000원, 소득 3분위는 4만 1,000원을 복권 구입에 쓴다. 복권 구입액 자체는 소득과 비례하는 경향을 보이는 셈이다.

출처 : 조선비즈/일부인용

상식UP! Quiz

↳ 문제 다음 중 소비세의 과세비율 계산 방식에 대한 설명으로 옳지 않은 것은?

① 역진세로 세금을 매길 경우 재화를 많이 소비하는 사람이 손해를 본다.
② 누진세로 세금을 매길 경우 사람들은 소득보다 더 적은 양을 소비하는 경향이 있다.
③ 비례세율로 계산 시 재화 소비량에 상관 없이 같은 비율의 세금을 낸다.
④ 역진세 정책은 경제성장률을 떨어뜨린다.

↳ 해설 과세 방식은 모두 그때그때 상황에 따라 다르게 쓰일 수 있는 가치중립적인 제도다. 때로는 역진세를 통해 소비를 장려하여 국민 경제를 성장시킬 수도 있다.

답 ④

신문으로 공부하는
말랑말랑 시사상식
경제·경영

CHAPTER 04

금융

📈 **062 투기**

투자와는 무엇이 다를까?

지난 2021년 한국주택토지공사(LH) 직원들의 부동산 투기 사태가 터지면서 온 나라가 분노에 들끓었습니다. 누구보다 조심해야 할 공사 직원들이 내부 미공개 정보를 활용해 부당 이익을 보려 한 것이죠. 당시 직원들은 자신들의 행위를 '투자'였다고 항변했는데요. 그러면 흔히 말하는 투자와 투기는 무엇이 다른 걸까요?

대개 우리는 투자는 좋은 것, 투기는 나쁜 것이라 생각하지만 둘을 명확히 구별하기는 쉽지 않습니다. 둘 모두 자본을 매입해 수익을 내는 행위이기 때문이죠. 투자와 투기의 구별에 대해서는 다양한 시각과 의견이 있습니다. 그중 투자의 귀재인 '벤저민 그레이엄'은 자신의 저서에서 '투자란 투자할 대상에 대한 철저한 분석을 거치고, 투자 후 원금의 보전과 적절한 수익을 보장하는 것'이라고 말했습니다. 즉 투자는 투자하는 대상의 진정한 가치에 주목하는 것이라는 말이죠. 반면 투기는 가치보다는 당장의 수익성을 생각하는 것이라고 합니다. 대상의 철저한 가치 분석 없이 위험성을 떠안고 시세차익을 얻기 위해 원금을 투입하는 것이죠.

그렇다면 LH 직원들의 부동산 매매는 어떻게 바라볼 수 있을까요? 직원들은 당시 직접 사용할 토지가 아닌 농지를 구입했습니다. 통상 농지를 매입하기 위해서는 그 땅에서 농사를 지을 것이라는 '영농계획서'를 제출해야 합니다. 즉 농사를 지을 것이라는 계획이 확실히 소명되어야 하는 것이죠. 그러나 직장에 다니는 사람들이 직업적 규모의 농사를 병행하기란 쉽지 않습니다. 결국 그들이 농지를 구입한 데에는 개발로 인한 시세차익과 대토보상만을 노린 목적이 있는 것이죠. 위의 논리로 본다면 직원들의 행위는 투기로 판단할 수 있는 것입니다. 더욱이 직원들의 행위는 '농지법 위반'과 '시장교란행위' 등 엄연한 불법에도 해당됩니다. 아울러 주택 같은 부동산을 매입하는 경우, 현재 살고 있는 집이 있음에도 실수요가 아닌 향후 가격상승과 그에 따른 시세차익만을 노렸다면 투기로 볼 수 있습니다. '보금자리'라는 진정한 집의 가치를 무시한 채 이를 수익창출의 수단으로만 다루었기 때문입니다.

내부 정보 이용 부동산 투기 혐의,
농어촌공사 직원 항소심도 징역형

내부정보를 이용해 부동산 **투기**를 한 혐의로 구속 기소된 한국농어촌공사 직원이 항소심에서도 징역형을 선고 받았다. 대구지방법원 제3-2형사부는 업무상 배임 혐의로 구속기소된 A(53)씨에 대한 항소심 선고 공판에서 검사와 피고인의 항소를 모두 기각하고 원심과 마찬가지로 징역 10개월을 선고했다. A씨는 영천시로부터 위탁받은 '자호천 권역단위 종합정비사업' 업무를 수행하면서 자신 명의로 토지를 매입하고, 주민 요청인 것처럼 설계 변경을 건의함으로써 자신의 토지 앞으로 도로 확장 공사를 이끌어내 이익을 취득한 혐의로 재판에 넘겨졌다. 항소심 재판부는 "도로 확장 공사가 이뤄진 과정 등을 종합적으로 살펴본 결과 본인 소유의 토지를 위해 공사를 한 것이지 마을 주민을 위한 공사가 아니었다"고 판시했다.

출처 : 노컷뉴스/일부인용

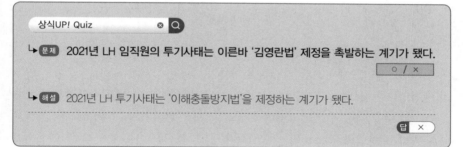

상식UP! Quiz

문제 2021년 LH 임직원의 투기사태는 이른바 '김영란법' 제정을 촉발하는 계기가 됐다.
○ / ×

해설 2021년 LH 투기사태는 '이해충돌방지법'을 제정하는 계기가 됐다.

답 ×

싸게 빌려서 비싸게 불린다!

캐리트레이드(Carry Trade)는 저금리 국가에서 자금을 빌려 고금리 국가 자산에 투자하는 것을 말합니다. 금리가 지속하여 낮을 것으로 예상되는 국가는 대부분 경제가 안정적인 선진국입니다. 그에 반해 고금리 정책을 펼치는 국가는 상대적으로 신흥국들이죠. 고금리 국가의 은행에 자금을 예치하여 수익을 얻을 수 있으며, 주식이나 부동산에 투자하기도 합니다.

이를 시행하기 위해 고려해야 할 변수는 여러 가지가 있습니다. 투자 도중에 돈을 빌린 저금리 국가가 갑자기 기준금리를 높이거나, 투자한 국가의 기준금리나 여러 경제 변수로 인해 수익률이 떨어질 경우 손실을 입을 수 있겠죠. 이외에도 양국의 인플레이션율, 경제성장률을 고려해봐야 합니다. 마찬가지로 돈을 빌린 국가의 통화가치가 올라가거나 돈을 투자한 국가의 통화가치가 떨어진다면 손해를 입기 쉽겠죠.

이런 캐리트레이드에서 오랜 기간 투자자들의 애용을 받아온 것은 다름 아닌 일본의 엔화입니다. 달러의 경우 2008년 이전까진 비교적 고금리 정책을 펼쳤던 반면 일본은 30년 가까이 연 1% 수준의 저금리 정책을 펼치고 있기 때문이죠. 그래서 나온 말이 '와타나베 부인'이라는 말입니다. 금리가 낮은 자국에서 돈을 빌려 여러 신흥국에 투자한 일본 투자자의 규모가 전 세계적으로 엄청났기에 투자처들이 이들을 유치하고자 하는 과정에서 생겨난 말이죠.

물론 이런 캐리트레이드는 선진국 국적의 투자자들만 하는 것은 아닙니다. 신흥국의 투자자들도 금리가 낮은 선진국에서 돈을 빌려 자국에 투자하는 방식으로 많은 투자를 유치했죠. 그러나 한편으로 2008년 미국에서 저금리 정책을 시작할 때 돈을 빌린 아르헨티나, 멕시코, 중국, 터키, 동유럽 국가 등의 신흥국들은 채권의 만기가 다가오자 돈을 갚지 못할 디폴트 위기에 처했었습니다.

캐리트레이드, 남미서 쏠쏠

별 볼일 없었던 **캐리트레이드**가 올해 초 남미를 중심으로 높은 수익률을 제공하며 투자자들의 시선을 사로잡고 있다. 저금리로 자금을 조달해 브라질 헤알화에 투자한 캐리트레이드의 경우 2월 수익률이 8%에 달한 것으로 나타났다. 달러 강세 베팅에도 균열이 생긴 가운데, 전문가들은 이러한 캐리트레이드 전략이 당분간은 유효할 것으로 내다봤다. 캐리트레이드는 금리가 낮은 국가에서 자금을 차입하여 이를 환전한 후 상대적으로 금리가 높은 국가의 자산에 투자하여 수익을 올리는 방법이다. 칠레부터 브라질, 멕시코에 이르기까지 남미에서 인플레를 잡기 위해 공격적인 금리 인상 정책이 이뤄진 반면 선진국의 금리는 여전히 제로 부근이다. 따라서 금리가 낮은 선진국에서 자금을 빌려 상대적으로 금리가 높은 신흥국, 특히 남미에 투자하는 캐리트레이드가 활발하다.

출처 : 뉴스핌/일부인용

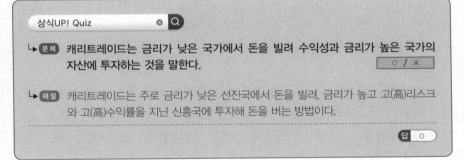

상식UP! Quiz

문제 캐리트레이드는 금리가 낮은 국가에서 돈을 빌려 수익성과 금리가 높은 국가의 자산에 투자하는 것을 말한다. ○ / ×

해설 캐리트레이드는 주로 금리가 낮은 선진국에서 돈을 빌려, 금리가 높고 고(高)리스크와 고(高)수익률을 지닌 신흥국에 투자해 돈을 버는 방법이다.

답 ○

투자 없이도 날개 단 듯!

여러분은 시장을 선도하고 있는 기업을 보면 어떤 생각이 드시나요? 만약 자신이 취준생이라면 그 기업에 취업하고 싶어할 것이고, 주식투자자라면 해당 기업에 투자하고 싶어하겠죠. 사업가라면 해당 기업이 개척한 분야에서 돈이 될 만한 것은 없는지 모색할지도 모릅니다. 마치 유니콘(Unicorn)을 타고 함께 날아오르기 위해 몰려드는 사람들처럼 말이죠.

이처럼 유니콘 기업은 '혜성처럼 나타난 기업'을 말합니다. 2013년 카우보이 벤처스를 창업한 에일린 리가 처음 사용한 용어이죠. 구체적으로는 ▲생겨난 지 10년이 되지 않고 ▲주식을 상장시키지 않았지만 ▲기업가치가 10억달러(1조원)를 넘는 기업을 가리킵니다. 이 때문에 주식투자자들은 이들 유니콘 기업이 상장될 날만 손꼽아 기다리고 있다고 합니다. 참고로 10조원 이상의 가치를 가진 기업은 '데카콘(Decacorn) 기업'이라고 합니다.

2023년 기준 우리나라의 유니콘 기업에는 쿠차와 피키캐스트 등을 운영하는 '옐로모바일', 마스크팩 메디힐을 히트시킨 '엘엔피코스메틱', 금융앱 토스로 성공한 '비바리퍼블리카', 전자상거래 업체 '위메프', 숙박 중개 어플 '야놀자', 꿀광마스크 등으로 유명해진 화장품 회사 '지피클럽' 등이 있습니다. 이 외에 '당근마켓', '여기어때컴퍼니', '빗썸코리아', '직방', '두나무', '버킷플레이스', '리디' 등이 유니콘 기업으로 올라섰습니다.

전 세계 유니콘 기업의 70% 이상은 미국과 중국에 있고 우리나라는 영국, 인도, 독일 등에 이어 열 번째로 유니콘 기업을 많이 보유했죠. 유니콘 기업은 다른 말로 '젊고 유망한 기업'이라 볼 수 있습니다. 때문에 유니콘 기업을 많이 보유한 나라는 그 자체로 미래 시장을 선도할 기업이 많은, 미래가 밝은 나라라 할 수 있습니다.

당정 "벤처 · 스타트업, 데카콘으로" … 대책 신속 추진

박대출 국민의힘 정책위의장은 국회에서 열린 신성장 동력 확충을 위한 벤처 · 스타트업 지원 대책 민 · 당 · 정 협의회에서 "벤처 · 스타트업은 혁신경제 성장과 미래 먹거리 산업의 보고로 경기침체로 인한 업계의 어려움을 엄중히 받아들이고 있다"며 "업계가 원하고 경제 전반에 도움이 되는 벤처 · 스타트업 대책을 신속히 발표하고 추진하겠다"고 말했다. 최근 국내 벤처 · 스타트업 업계는 투자위축으로 어려움을 겪고 있다. 중소벤처기업부에 따르면 국내 1분기 벤처투자액은 8,815억원으로 전년 동기 대비 60.3% 감소했다. 지난해 3분기와 4분기에도 전년 동기보다 각각 38.2%, 43.9% 줄어든 데 이어 감소세가 이어지고 있다. 이와 관련 그는 "복합위기에 대응하기 위해 추가금융지원과 규제개혁을 중심으로 벤처 신화의 실질적 기반을 다지는 벤처—**유니콘**(기업가치 1조원 이상의 비상장 스타트업)—데카콘(기업가치 10조원 이상의 비상장 스타트업), 선순환 시스템을 구축하겠다"고 부연했다.

출처 : 이데일리/일부인용

상식UP! Quiz

▶ **문제** 기업가치가 1조원을 돌파했지만 아직 주식시장에 상장하지는 않은 신생기업을 ○○○ 기업이라 한다. ○○○에 들어갈 것은 무엇인가?

① 그리폰
② 드래곤
③ 유니콘
④ 크라켄

▶ **해설** 유니콘 기업은 생겨난 지 10년이 되지 않고 주식을 상장시키지 않았지만 기업가치가 10억달러(1조원)를 넘는 전도유망한 기업을 가리킨다.

답 ③

065 ELS · DLS

위험을 사고판다? 자본주의의 상상력

'사생활의 외주화'라는 단어를 들어보신 적 있으신가요? 현대사회가 발전함에 따라 기상천외한 서비스들이 나오기 시작하더니, 과거에는 돈으로는 살 수 없는 영역이라 믿었던 가족과 우정까지 서비스로 제공되기 시작하면서 생겨난 말이죠. 이와 비슷하게 무엇이든 사고팔 수 있다는 생각을, 자본시장에서도 한 사람들이 있었습니다. 각종 사업과 투자를 하다보면 실패할 위험이 도사리기 마련이죠? 우리는 그런 실패 위험도를 낮추려고 갖은 방법을 씁니다. 하지만 상상력 넘치는 어떤 이들은 이런 생각을 했습니다. "그럼 위험을 팔아버리면 되잖아?"하고 말이죠.

ELS(Equity Linked Securities)와 DLS(Derivatives Linked Securities)는 위험을 사고판다는 개념으로 생겨난 '기초자산 결합' 주식상품입니다. ELS는 주식, 주가지수의 가치가 하락할 경우 발생하는 위험을 파는 것, DLS는 파생상품의 가치가 하락할 경우 발생하는 위험을 파는 것이라는 점에서만 다르죠. 이들의 가치가 계약기간 동안 일정 수준 아래로 내려가지 않았을 경우 일정 이율을 보상으로 받는 방식입니다. DLS의 경우 파생상품의 가치 하락 위험을 판다고 했는데, 여기서 말하는 파생상품은 산업 원자재, 원자재 지수, 원유, 금, 금리, 환율, 채권 등이 있습니다. 기업의 신용등급 변동, 파산 여부, 날씨, 부동산, 탄소배출권 등 기상천외한 요소들도 포함되죠.

이런 기초자산 결합상품들은 매우 위험한 편입니다. 투자한 기초자산지수가 예측한 내에서만 움직인다면 대략적으로 투자금의 연 5% 정도의 수익을 얻을 수 있지만, 해당 지수가 예측 범위 아래로 하락하기 시작하면 0.1% 하락할 때마다 투자자의 원금은 20%씩 손실이 발생하는 등 리스크가 아주 크죠. 따라서 은행들은 이러한 상품을 판매할 때 원금 보장형 상품으로 판매하기도 합니다. 이럴 경우 투자액의 80%를 국공채 등의 우량채에 투자하고 20%만 기초자산에 배분하여 기초자산에 투자한 금액이 날아가더라도 우량채에 투자한 금액의 수익으로 손실 부분을 메우는 것이죠. 하지만 원금 미보장형 상품을 샀다면 큰 손실을 볼지도 모를 일입니다.

DLS, 꼭 팔았어야만 속이 후련했냐!

말 많고 탈 많은 해외 금리 연계형 파생결합증권(**DLS**) 사태가 판매사와 투자자들 간 책임 공방으로 번지고 있다. 최근 기초자산 가격이 크게 하락하면서 대규모 원금 손실이 불가피해지자 둘 사이의 분쟁에 불이 붙은 것이다. DLS는 기초자산 가격이 정해진 만기일까지 일정한 범위 내에서 움직이면 약정된 수익을 얻는 새로운 기법의 금융상품이다. 그러나 가격이 정해진 범위를 벗어나면 원금 전부를 날릴 수 있는 초고위험 원금 비보장 상품이다.

이 상품에 가입한 투자자의 89.1%가 일반 개인들이다. 피해자들은 판매사로부터 원금 손실 가능성에 대한 설명을 못 들었고, 독일 · 영국 금리 하락세가 뚜렷하다는 사실을 알았다면 이렇게 위험한 상품은 쳐다도 보지 않았을 것이라고 말한다. 반대로 판매사는 원금 손실 가능성을 충분히 설명했고 관련 녹취까지 가지고 있다고 반박하고 있다.

손익구조가 매우 복잡하고 원금 손실 가능성마저 있는 파생결합상품을 애당초 일반 개인들에게 파는 게 적절했는지에 대한 본격적인 논의가 필요해보인다.

출처 : 머니투데이/일부인용

상식UP! Quiz ⊗ 🔍

↳ **문제** DLS 상품에서 수익 여부의 기준이 되는 '기초자산'에 포함되지 않는 개념은 무엇인가?
　　① 주가지수
　　② 유가지수
　　③ 환율
　　④ 채권

↳ **해설** DLS(Derivatives Linked Securities)는 파생상품의 지수에 대한 기초자산 결합상품으로 여기서 말하는 파생상품에는 주식이나 주가지수는 포함되지 않는다. 주식이나 주가지수에 대한 기초자산 결합상품을 가리키는 용어는 ELS(Equity Linked Securities)가 따로 있다.

답 ①

부도 위험만 따로 떼어내 사고판다

금융위기의 원인을 찾을 때 항상 빠지지 않고 등장하는 신용부도스와프(CDS ; Credit Default Swap), 생소한가요? 신용부도스와프는 대출이나 채권의 형태로 자금을 조달한 채무자의 신용위험만을 별도로 분리해 이를 시장에서 사고파는 금융파생상품의 일종입니다. 쉽게 예를 들어볼까요? 여기 로미오와 줄리엣이 있습니다. 줄리엣이 "로미오, 당신의 친구 로빈이 1,000만원을 빌려달라던데 난 그 사람을 믿을 수 없어요"라고 말하자 로미오는 "줄리엣, 난 로빈을 잘 알아. 만약 그가 돈을 갚지 않는다면 내가 1,000만원을 대신 갚아줄게. 단 나에게 위험을 보장하는 대가로 1만원을 준다면 말이야"라고 말합니다. 이처럼 신용부도스와프는 부도에 대한 위험, 즉 신용을 담보로 거래가 이루어지는 일종의 신용파생상품이라 볼 수 있습니다. 만약 줄리엣이 봤을 때 로빈이 갚지 못할 가능성이 높아 보이면, 줄리엣은 상대적으로 로미오에게 더 많은 수수료를 지불하게 될 것입니다. 채무불이행 또는 부도의 가능성이 높을수록 수수료(CDS 프리미엄) 또한 높아지는 원리랍니다. 1990년대 중반 투자은행들이 신흥 경제국에 투자하는 데 따르는 신용위험을 다른 투자기관으로 이전하려는 목적에서 만들어졌지요. 2004년 이후 활발하게 거래되었고요. 채무자로서는 자금을 조달하기 쉽고, 채권자로서는 일종의 보험료를 지급하면서 채무불이행으로 인한 위험을 방지할 수 있는 것이 장점입니다.

그렇다면 신용부도스와프(CDS)는 왜 문제가 될까요? 경기가 호황이었을 때에는 큰 문제가 없었습니다. 평가사들 또한 부실한 기업에 높은 등급의 평가를 매기더라도 누구 하나 알 수가 없었죠. 하지만 2008년 경기가 위축되면서 기업들이 도산하자 돈은 신용부도스와프에 몰렸습니다. 기업들이 써야 할 자금시장에 돈이 없어지면서 연쇄적인 붕괴 현상을 일으켜 결국 전 세계적인 금융위기가 초래됐습니다. 지난 2008년 시작된 금융위기도 벌써 10년이 훌쩍 넘게 지났습니다. 그럼에도 세계 각국은 여전히 금융시장의 불안정성에 긴장하고 있으며, 제2의 위기를 막고자 노력하고 있습니다.

망해야 대박나는 금융상품

마이클 버리는 전설적 인물이다. 그는 글로벌 금융위기가 발생하기 3년 전인 2005년에 미국 주택시장 붕괴를 예견한 투자로 3조원가량을 벌었다. 이러한 그의 이야기는 미국 주택시장 폭락에 베팅했던 금융맨들을 다룬 영화 〈빅쇼트〉에서 다뤄진다. 당시 '사이언 캐피털'이라는 헤지펀드를 운영하고 있던 버리는 주택시장 버블이 꺼질 것이란 확신을 갖고 골드만삭스, 도이체방크, 크레디트스위스 등 투자은행을 찾아갔다.

그는 투자은행에 본인 '맞춤형' 금융상품을 판매하라고 요구한다. 그때 제안한 상품이 바로 **신용부도스와프**이다. 신용부도스와프는 망하는 것에 투자하는 상품으로 그는 미국 모기지 채권과 관련한 신용부도스와프 계약을 체결했다. 모기지(주택담보대출) 채권이 휴지조각이 되면 버리가 돈을 버는데, 이 모기지 채권이 부도나기 위해서는 주택담보대출을 받은 사람들이 대출금 상환을 하지 못하는 상황이 벌어져야 한다. 주택시장 버블로 인해 은행권이 감당하기 힘든 규모로 대출금액이 커졌다고 본 버리는 적지 않은 사람들이 대출금을 갚지 못하는 사태가 벌어질 것을 예견하고 매달 거액의 프리미엄을 내면서도 모기지채권 부도에 베팅한 것이다.

출처 : 이데일리/일부인용

 상식UP! Quiz

↳ **문제** 대출이나 채권의 형태로 자금을 조달한 채무자의 신용위험만을 별도로 분리해 이를 시장에서 사고파는 금융파생상품으로, 2008년 세계 금융위기를 증폭시킨 요인 중 하나는?

① 부채담보부증권
② 신용부도스와프
③ 대출채권담보부증권
④ 프라이머리 CBO

↳ **해설** 신용부도스와프(CDS)는 부도가 발생하여 채권이나 대출 원리금을 돌려받지 못할 위험에 대비한 신용파생상품으로 물량이 한꺼번에 쏟아져 나올 경우 자금조달 시장이 마비될 우려가 있으며, 실제로 이는 서브프라임 모기지론 사태로 촉발된 미국의 금융위기를 증폭시킨 요인으로 지적됐다.

답 ②

시장에 회사 명패를 건다

상장이란 주식 등을 매매하기 위해 거래소 등에 일정한 자격·조건을 갖추어 등록하는 일을 말합니다. 영어로 'Listing'이라고 하죠. 쉽게 시세표 명단에 올린다는 의미입니다. 그런데 상장이라는 용어를 보고는 "상장? 음, 주식매매를 위해 등록하는 절차를 가리키는 말 아닌가요? 이런 간단한 것까지 굳이 말랑말랑하게 설명해주실 건가요?" 하실지도 모르겠습니다. 상장 자체가 어려운 개념은 아니기 때문이죠. 하지만 주식거래에 있어 상장이 갖는 중요한 의미들을 모른다면, 반쪽짜리 상장만을 알게 되는 것입니다. 한번 생각해보죠. 주식의 등록이라는 것도 처음 등록이 있을 테고, 재등록이 있을 것입니다. 이런 것들을 모두 상장이라고 할 수 있을까요? 상장 또한 그 형태에 따라 나뉘는데, 주식을 최초로 상장하는 신규상장, 이미 상장한 법인이 새로운 주식을 상장하는 신주상장, 또 변경상장, 재상장 등이 있답니다.

그렇다면 상장은 왜 할까요? 상장을 하지 않고도 주식매매가 가능함에도 불구하고 까다로운 심사를 거치면서까지 굳이 상장을 하는 이유는 대체 무엇일까요? 바로 상장을 통해 얻을 수 있는 부분이 있기 때문입니다. 첫 번째, 상장을 위해서는 여러 요건이 충족되어야 하는데 이 요건 자체가 상장 대상기업의 안전성을 평가하는 지표가 됩니다. 그렇기에 상장이 된다는 것은 주식투자자들에게 '이 기업은 일정 기준 이상의 안전성을 갖췄음'을 보여주는 것이죠. 두 번째, 상장기업에게만 주어지는 여러 혜택이 있습니다. 최대 장점은 기업을 공개해 주식거래를 활성화하기에 기업이 자금조달을 쉽게 할 수 있다는 점입니다. 또 상장주식의 경우 비상장주식에 비해 낮은 증권거래세를 부여받는데, 이처럼 상장된 기업은 경영활동에 있어 비상장기업에 비해 여러 가지 우대사항이 적용된답니다. 하지만 결코 안심해서는 안 됩니다. 불안정한 시장상황 및 경영활동으로 인해 기업에 큰 손실이 발생했다거나, 또는 상장요건을 충족시키지 못하는 경우에는 상장이 취소될 수도 있습니다. 바로 상장폐지인 것이죠.

"자금 빨아들인다" … 달아오르는 IPO시장

금융투자업계에 따르면 IPO 열풍에 힘입어 신규**상장** 종목에 대한 공모 청약에서 조(兆) 단위의 증거금이 모이며 잇달아 흥행에 성공했다. 지난 달 청약에 나선 공모주 모두 세 자릿수 이상의 경쟁률을 기록했고, 공모주를 한 주라도 더 받으려는 투자자들의 눈치싸움이 벌어지는 등 공모주 투자열기가 뜨거운 상황이다. 2차전지와 초전도체 등 테마 광풍이 잠잠해지고 글로벌 긴축기조가 장기화할 것이란 우려로 증시가 위축되면서 공모시장이 갈 곳 잃은 투자자들의 피난처가 되는 모양새다. 미국의 고금리 장기화 가능성과 중동발 리스크 등 대외변수에 마땅한 투자처를 찾지 못한 채 묶여있는 증시자금이 비교적 안정된 수익을 낼 수 있는 공모주 투자로 몰리고 있다는 분석이다. 또 대어급 기업들이 청약에 나설 경우 증시 주변자금이 쪼그라드는 현상도 나타났다. 증권가에서는 대형 IPO 청약을 위한 대기자금이 늘어날 것으로 보고 있다.

출처 : 뉴시스/일부인용

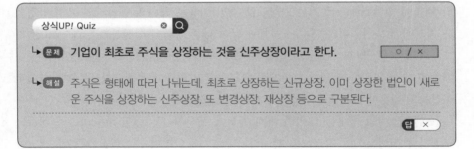

상식UP! Quiz

↳ **문제** 기업이 최초로 주식을 상장하는 것을 신주상장이라고 한다. ○ / ×

↳ **해설** 주식은 형태에 따라 나뉘는데, 최초로 상장하는 신규상장. 이미 상장한 법인이 새로운 주식을 상장하는 신주상장. 또 변경상장, 재상장 등으로 구분된다.

답 ×

068 선 물

선물거래, 왜 하는 건가요?

이 책을 비롯해 많은 경제 도서에서 '선물(先物, Futures Transactions)'이라는 용어를 자주 보셨을 텐데요. 경제용어에 익숙하지 않다면 '남에게 호의로 주는 것'을 의미하는 선물(膳物)과 혼동하기도 합니다. 선물거래는 말 그대로 물건의 인수 · 인도 이전에 거래를 한다는 뜻입니다. 주로 곡물 · 귀금속 · 원유 등의 재화를 사고 팔때에나 통화 · 채권 · 주식 등의 금융상품을 사고 팔 때에 자주 사용합니다.

선물거래는 왜 하는 것일까요? 먼저 말씀드리자면 현재를 기준으로 미래의 가격을 예측하여 거래한 선물거래는 이후에 물건의 가격이 오르게 되면 구매자는 이익을 보게 되고 물건의 가격이 내리게 되면 구매자는 손해를 보게 됩니다. 오로지 이러한 이유 때문에 차익을 벌기 위해서 레버리지 투자를 하는 경우도 많습니다. 하지만 애초에 선물거래가 생겨난 가장 기본적인 이유는 재화의 공급과 수요의 안정성을 확보하기 위함입니다. 원유 · 곡물과 같이 다른 상품을 생산하기 위해 필요한 기초재화의 경우, 가격이 조금만 변동되어도 구매자는 큰 리스크를 얻게 됩니다. 이때문에 항상 일정한 가격에 기초재화를 공급받기 위해 선물거래를 합니다. 반대로 공급자의 경우에도 마찬가지입니다. 재화를 생산하였는데 가격이 급락한다면 타격이 크겠죠? 이럴 경우를 대비해 아직 재화가 생산되지는 않았지만 미리 구매자와 구매가를 정해둔다면 리스크를 감내하지 않고 더 안정적으로 많은 재화를 생산할수 있을 것입니다. 바로 이런 이유 때문에 선물거래를 한다고 볼 수 있습니다. 주식 시장에서의 선물거래는 미래 가치를 판단하여 주식을 사고 싶으나 현재 구매 자금이 부족할 경우 혹은 여타 이유로 인해 현재 거래가 불가능할 경우 맺게 됩니다.

이런 선물거래를 위해선 당사자 간 신뢰가 가장 중요합니다. 그래서 제도화된 거래소와 품질 · 규격 등의 표준화된 기준이 필수적이죠. 거래소는 거래 표준을 정하여 사소한 분쟁이 생기는 것을 막고, 거래자는 거래 이행을 보증하기 위해 청산소에 증거금을 예치합니다.

인도네시아 석탄 금지에 중국 석탄 선물↑

인도네시아가 한 달간 발전용 석탄 수출을 금지하면서, 중국에서 거래되는 석탄 **선물** 가격이 급등하고 있다. 로이터통신 등에 따르면 중국 정저우 상품거래소에서 석탄 가격 지표인 발전용 석탄 선물의 인도분은 인도네시아의 수출 제한 발표 이후 첫 거래일 한 때 7.8%까지 오른 712.4위안(약 13만원)에 거래됐다. 세계 1위 석탄 수출국 인도네시아가 자국 내 공급부족을 이유로 한 달간 수출을 줄이자, 최대 석탄 소비국인 중국에서 먼저 반응이 나타난 것으로 보인다. 중국은 1~11월 인도네시아산 석탄 1억 7,800만톤(t)을 수입했다. 대부분 발전용으로 중국 전체 석탄 수입량의 60%가 넘는다.

출처 : 이데일리/일부인용

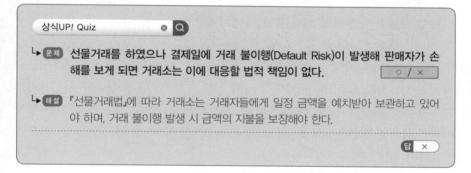

상식UP! Quiz

↳ 문제 선물거래를 하였으나 결제일에 거래 불이행(Default Risk)이 발생해 판매자가 손해를 보게 되면 거래소는 이에 대응할 법적 책임이 없다. ○ / ×

↳ 해설 『선물거래법』에 따라 거래소는 거래자들에게 일정 금액을 예치받아 보관하고 있어야 하며, 거래 불이행 발생 시 금액의 지불을 보장해야 한다.

답 ×

진정해! 일단 20분만 쉬었다가 다시 시작하자

서킷브레이커(Circuit Breaker)는 주식시장에서 주가가 급등 또는 급락하는 경우 주식매매를 일시정지하는 제도입니다. 1997년 미국에서 사상 최악의 주가 대폭락 사태인 '블랙먼데이'가 발생하자 주식시장이 붕괴되는 것을 막기 위해 도입됐습니다.

그 방법은 다음과 같습니다. 코스피나 코스닥지수가 전날 종가 대비 8%(1단계)·15%(2단계)·20%(3단계) 이상 등락한 상태가 1분간 지속하는 경우 시장 모든 종목의 매매거래를 중단하고, 20분간의 매매정지가 풀리면 10분간 동시호가로 접수해서 매매를 재개합니다. 우리나라에는 1998년 12월에 처음 도입되어 코스닥 시장에는 2001년 10월에 도입됐고, 3단계에 걸쳐 발동할 수 있습니다. 주식시장이 개장한 지 5분 후부터 장이 끝나기 40분 전인 오후 2시 50분까지 발동할 수 있습니다.

사이드카와 서킷브레이커 두 용어는 경제 공부를 하다보면 종종 혼동을 일으키는 개념입니다. 우선 사이드카(Side Car)는 선물시장이 급변할 경우 일정 기간 동안 매매를 금지하여 현물시장에 대한 영향을 최소화함으로써 현물시장을 안정적으로 운용하기 위한 관리제도입니다.

구분	사이드카	서킷브레이커
대상	주식선물시장	종합주가지수
발동요건	선물가격이 전일 종가 대비 5% 이상(코스닥의 경우 6% 이상) 상승 또는 하락하여 1분 이상 지속되는 경우	종합주가지수가 전일 종가 대비 8 · 15 · 20% 이상 등락한 상태가 1분 이상 지속되는 경우
효력	주식현물프로그램 매매 5분간 정지	모든 주식거래(현물, 선물, 옵션) 20분간 중단
해제	5분 후 자동해제	매매중단 20분 경과 후 10분간 호가 접수를 받아 단일가 매매체결 후에 접속 매매 재개 (지수가 상승하는 경우에는 발동되지 않으며 매매 중단 중 접수된 호가는 취소 가능)

尹 정부, "자본시장 제도개선 속도감 아쉬워"

지난 윤석열정부의 자본시장제도 개선 성과에 대해서는 전반적으로 '미흡'하다는 평가가 지배적이다. 윤석열 대통령은 후보 시절 "개인이 공매도를 할 때 기관과 외국인에 비해 불리하지 않게 제도를 개선해야 한다"면서 "주가하락이 과도할 경우 공매도가 자동 금지되는 '공매도 **서킷브레이커**' 도입을 적극적으로 검토하겠다"고 밝힌 바 있다. 하지만 장기간의 주가하락 국면에서 공매도가 차단되면서 공매도 담보비율 형평성 개선 등의 제도개선에 눈에 띄는 진척이 없는 상태다. 또 주식 양도세 폐지 공약도 무기한 유예됐다. 추경호 경제부총리 겸 기획재정부 장관이 "아직 투자자와 시장이 수용하기 어려운 상황인 것 같다"고 밝히는 등 시기상조라는 상황인식이 배경으로 지목된다.

출처 : 아시아경제/일부인용

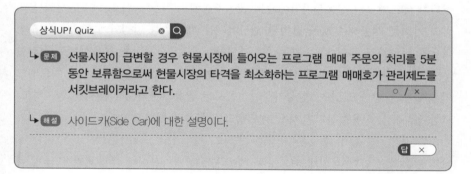

상식UP! Quiz

↳ **문제** 선물시장이 급변할 경우 현물시장에 들어오는 프로그램 매매 주문의 처리를 5분 동안 보류함으로써 현물시장의 타격을 최소화하는 프로그램 매매호가 관리제도를 서킷브레이커라고 한다.

○ / ×

↳ **해설** 사이드카(Side Car)에 대한 설명이다.

답 ×

은행의 부실채권은 나에게 맡겨라!

배드뱅크는 금융기관의 부실자산이나 채권만을 사들여 별도로 관리하면서 전문적으로 처리하는 구조조정 전문기관입니다. 은행의 방만한 운영으로 인해 은행에 부실자산이나 채권이 발생한 경우에 배드뱅크를 자회사로 설립하여 이곳에 부실채권이나 자산을 넘겨주어 그것들을 처리하게 됩니다. 배드뱅크는 은행의 부실자산을 모두 정리할 때까지만 한시적으로 운영됩니다. 부실자산의 가치를 높인 뒤 높은 가격에 되팔기도 하고, 가동이 중단된 공장을 정상화시키고, 채무자가 담보로 잡힌 부동산을 개발하는 등의 역할을 담당합니다.

이러한 배드뱅크는 신용불량자에게는 채권추심에 대한 부담을 덜어주면서 신용회복의 기회를 제공해주고, 금융기관 입장에서는 채권추심 일원화에 따라 채권추심 비용을 절약하고 채권 회수 가능성도 제고하는 등 부실채권을 효율적으로 정리할 수 있게 합니다. 우리나라에서는 정부의 출자기관인 한국자산관리공사가 배드뱅크의 역할을 담당하고 있죠. 한국자산관리공사는 금융기관의 부실채권을 인수하고, 기업구조조정, 신용회복지원 등의 배드뱅크 업무를 수행하고 있습니다.

이후 보유하고 있던 부실채권을 모두 떼어내고 건전자산이나 우량채권만 남게 될 경우, 이 금융기관을 '굿뱅크'라고 부릅니다. '굿뱅크'는 다른 우량은행과 합쳐져서 다시 태어나게 되고, 우량자산만 운용하게 됩니다.

중기연 "배드뱅크 조성해 소상공인 부채 문제 해결해야"

소상공인 부채 문제의 근본적 해결을 위해 소상공인 전용 징검다리 펀드(**배드뱅크**) 조성을 통한 부채탕감과 조정, 폐업과 재기 지원 강화 등의 정책이 필요하다는 분석이 나왔다. 배드뱅크는 부실채권을 정리하고 채무 재조정을 지원하는 역할을 하는 특별기금이나 은행(기구)을 가리킨다. 중소벤처기업연구원은 "국내 소상공인의 경영 여건이 악화돼 이자비용 감당도 힘든 실정"이라며 "소상공인 부채가 증가한 것은 차입에 의존할 수밖에 없는 구조적 문제 때문"이라고 지적했다. 국내 소상공인의 경우 창업비용의 상당 부분을 차입에 의존하고 있어 과도한 부채를 안고 폐업할 경우 신용불량자로 추락할 가능성이 크다.

출처 : 아시아경제/일부인용

 상식UP! Quiz

↳ **문제** 다음 중 금융기관의 부실자산이나 채권만을 사들여 전문적으로 처리하는 기관을 무엇이라고 하는가?

① 굿뱅크
② 배드뱅크
③ 다크뱅크
④ 캔디뱅크

↳ **해설** 배드뱅크는 금융기관의 부실채권만을 사들여 전문적으로 처리하는 기관이다.

답 ②

071 사모펀드

우리끼리 돈을 모아서!

우리는 은행에서 예금을 할 뿐 아니라 다양한 증권투자 혹은 채권투자 상품에 가입합니다. 이렇게 은행 혹은 증권사에서 공개적으로 투자자를 모집하여 운영하는 투자기금을 공모펀드(公募 Fund)라고 하죠. 반대로 비공개적으로 소수의 투자자로부터 돈을 모아 이것을 중심으로 운영되는 펀드를 '사모펀드(私募 Fund)'라 합니다. '투자신탁업법'에서는 100인 이하의 투자자, '증권투자회사법'은 49인 이하(50인 미만)의 특정한 소수로부터 자금을 모아 운용하는 펀드로 정의합니다.

 **토막상식** 주식과 채권

- 주식 : 주식회사에서 발행하는 회사의 일정한 지분을 소유하여 경영 참여 등 주식 보유자의 권리를 보장하는 사고팔 수 있는 증명서
- 채권 : 국가, 지방자치단체, 은행, 회사, 개인 등에서 자금을 빌려가고 작성한, 채무 사실과 이자 등 채권자의 권리를 보장하는 사고팔 수 있는 증명서

통상 사모펀드는 ▲절대 수익을 추구하는 전문투자형 사모펀드 ▲회사 경영에 직접 참여하거나 경영 · 재무 자문 등을 통해 기업가치를 높이는 경영참여형 사모펀드(PEF)로 나뉩니다. 전문투자형 사모펀드의 경우 단기간에 고(高)리스크, 고(高)수익을 추구하는 '헤지펀드'에 가까운 개념입니다. 경영참여형 사모펀드의 경우, 한 기업의 의결권 있는 주식을 10% 이상 보유한 사모펀드를 가리킵니다. 사모펀드는 일반적으로 공모펀드에 비해 각종 규제가 적다고 알려져 있지만, 경영참여형 사모펀드는 '대출 업무 불가능', '취득 주식 6개월 이상 보유' 등의 제한이 붙습니다.

공모펀드를 기업이 유치시키기 위한 과정에서는 '기업공개', '상장' 등 까다로운 절차가 필요한 반면 사모펀드는 비교적 자유로운 '사인(私人) 간 계약'의 형태로 진행합니다. 이 때문에 일부에서는 각종 증권 범죄의 수단으로 악용되기도 하지만, 외국에서는 자본시장에서 다양하게 발생할 수 있는 투자 사각지대를 채워주는 시스템으로 각광받고 있습니다.

2008년 이후는 사모펀드 세상

2008년 이후는 그야말로 **사모펀드**의 세상이다. 그 이유는 이렇다. 2008년 금융위기 이후 월가의 대형투자은행은 어느 정도는 감시의 대상이 된 듯 보였다. 적어도 그런 것처럼 흉내를 냈다. 그러나 월가에 기반한 사모펀드는 거기서조차도 완전히 빗겨나 있다. 그래서 설사 밑천이 별로 없어도 초저금리 거래가 가능해 얼토당토않은 사업 구상도 현실화할 수 있었다. 수익률에 걸신들린 투자자들이 냄새를 맡고 사모펀드로 마구 유입되었다. 감시와 규제가 없는 곳, 그것은 투기꾼들의 천국이다. 그것은 새로운 월가의 블랙홀이다.

사모펀드의 경영 전략은 매우 단순하다. 사모펀드가 부채를 안고 기업을 인수한 후 값을 최대한 올려 매각해서 수익을 창출하는 것이다. 그것을 투자자에게 배분한다. 수익이 난다는 소문이 나면 날수록 돈은 몰려들게 되어 있다. 이른바 차입매수(Leveraged Buyout).

사모펀드가 매수 대상의 자산과 수익을 담보로 은행에서 자금을 차입하여 매수합병을 하는 것이다. 쉽게 이야기해서 현재 가진 돈이 없어도 인수할 기업을 위해 빚을 지고 기업을 인수한다. 그러나 그 빚은 인수 대상에게 떠넘기고 나간다. 망해가거나 저렴한 기업을 인수한 뒤 분칠 살짝 해서 또 다른 구매자에게 팔아치운다.

출처 : 프레시안/일부인용

 상식UP! Quiz

↳ **문제** 사모펀드의 사모는 한자어로 '나쁜 모의'를 의미하는 '邪謀'로 불법적인 경제활동을 위해 비밀리에 모은 투자기금을 의미하는 용어이다.　　 O / X

↳ **해설** 사모펀드의 사모는 한자어로 '사적인 모임'을 의미하는 '私募'로 금융기관이 중계한 공적 모임이 아닌, 사적으로 모은 투자기금을 의미하는 용어이다.

 답　X

네가 가진 주택을 담보로 돈을 빌려줄게

주택담보대출비율(LTV)은 은행이나 보험사와 같은 금융기관이 주택을 담보로 대출을 해줄 때 담보물인 주택의 가격에 대비하여 인정해주는 최대 대출가능 금액의 한도로, 쉽게 풀어서 흔히 주택담보대출비율이라고도 합니다. 대출자의 입장에서 생각해본다면 주택 등 담보물 가격에 대비하여 최대한 빌릴 수 있는 금액의 비율이라고 할 수 있습니다. 예를 들어 주택담보대출비율이 50%라면 시가 2억원의 주택을 담보로 할 때 최대 1억원까지 대출을 받을 수 있는 것입니다.

LTV가 낮을수록 주택가격이 하락하더라도 은행에 손실이 발생하는 위험이 줄어들기 때문에 은행의 건전성을 높이는 효과가 있습니다. 예를 들어서 주택가격 1억원에 LTV가 50%인 경우에 주택가격이 7,000만원으로 하락한다면 그래도 대출금 5,000만원보다는 높은 수준이기 때문에 은행 측이 입는 손실 위험은 없습니다. 하지만 LTV가 80%로 더 높다면 대출금 8,000만원에 비해 주택가격이 더 낮아졌으므로(7,000만원) 은행에는 손실 위험이 발생하게 됩니다.

한편, RTI는 임대업이자상환비율을 말합니다. 자영업자나 대출을 해 건물을 사 세를 준 임대업자가 해당 건물을 통해서 벌어들이는 수익으로 이자를 낼 능력이 얼마나 되는지를 알아보는 지표입니다.

2023년 정부의 부동산 규제가 완화되면서 서울에서 LTV는 강남3구(강남, 서초, 송파)·용산구를 제외한 전 지역에서 70%로 높아졌습니다. 또 무주택 실수요자가 규제지역에서 주택 구매 시 가격과 무관하게 50%로 일원화됐죠. 한편 RTI의 경우, 정부는 임대사업자의 RTI가 주택은 1.25배, 비주택(상가, 오피스텔)은 1.5배가 되지 못할 경우 대출을 제한하고 있습니다. 예를 들어 연간 1억원의 이자를 내는 대출을 받고 주택을 구입해 임대업을 하려한다면, 예상 임대소득은 1억 2,500만원을 넘겨야 대출을 받을 수 있는 것입니다.

당정 "전세 피해자, LTV · DSR 대출규제 한시적으로 풀어줄 것"

정부와 국민의힘이 전세사기 피해자에게 주택경매 시 우선매수권을 부여하고, 저리 대출을 지원하는 방안을 추진하기로 했다. 또 전세사기 피해자에게 LTV(주택담보대출비율)와 DSR(총부채원리금상환비율) 등 대출규제를 한시적으로 풀어주는 방안을 검토한다. 그동안 피해자 측이 정부에 요청해온 사항을 적극 반영하는 한편, 금전적 지원도 충분히 해 더 이상의 추가 희생자를 만들지 않겠다는 의지를 보인 것이다. 다만 우선매수권 부여를 위해서는 입법이 필요하고, 피해자가 경매를 통해 주택을 낙찰 받더라도 보증금 피해를 온전히 회복하기 어렵다는 점은 한계로 지적된다. 이 외에도 당정은 조직적 전세사기에 대해 '범죄단체 조직죄'를 적용해 범죄수익을 전액 몰수하기로 했다. 박대출 국민의힘 정책위의장은 "조직적 전세사기는 범죄단체 조직죄를 적용해 공범의 재산을 추적하고 범죄수익은 전액 몰수 보전 조치하겠다"고 말했다.

출처 : 매일경제/일부인용

상식UP! Quiz   ⊗ 🔍

문제 은행에서 고객에게 주택을 담보로 하여 자금을 대출해 줄 때, 담보가격대비 최대 대출가능한 금액을 나타내는 용어는 무엇인가?

① ABS   ② LTV

③ BIS   ④ RP

해설 LTV는 담보물인 주택의 가격에 대비하여 인정해주는 최대 대출가능 금액의 한도를 의미한다.

답 ②

📊 **073** DTI · DSR

정말 그 돈 다 갚을 수 있어?

총부채상환비율이라고도 불리는 DTI(Debt To Income ratio)는 담보대출을 받을 때 평가기준이 되는 총 소득에서 부채(빚)상환액이 차지하는 비율을 의미합니다. 은행 등 금융기관이 채무자의 소득수준을 따져본 뒤 돈을 얼마나 잘 갚을 수 있는 지를 판단하여 대출한도를 정하는 데 사용하는 지표인데요. 대출상환액이 소득의 일정 비율을 넘지 않도록 제한하기 위해 실시하는 것입니다.

예를 들어 연 소득이 5,000만원이고, DTI가 40%로 설정된 경우에는 총부채의 연간 원리금 상환액이 2,000만원을 넘을 수 없도록 제한해두는 것입니다. DTI 수치가 낮을수록 부채를 갚을 능력이 높은 것으로 볼 수 있습니다. 정부는 DTI 한도를 정해 은행의 무분별한 대출 관행과 채무자의 부실 부채 상환, 과도한 부동산 투기 등을 방지할 수 있다는 점에서 DTI 규제가 필요하다고 보고 있습니다.

DSR은 총부채원리금상환비율이라고 불리며 DTI와 비슷하게 채무자의 소득 대비 기존 채무액을 참고해 대출 가능 한도를 설정하는 데 사용되는 지표입니다. 차이점이 있다면 DTI는 집을 사는 데 사용한 주택대출의 원리금 외에 기타대출의 원금은 포함시키지 않는다는 점입니다. DSR은 대출의 원리금뿐만 아니라 신용대출, 자동차 할부, 학자금 대출, 카드론 등 모든 기타대출의 원금과 이자를 모두 더한 원리금 상환액으로 대출 상환 능력을 심사하기 때문에 DTI보다 더 엄격한 지표입니다.

2023년 기준 서울에서 DTI는 강남3구(강남, 서초, 송파)·용산구 등 투기지역, 투기과열지역에는 40%를 적용하고 조정대상지역은 50%, 그 외에는 60%가 적용됩니다. 무주택 실수요자는 투기지역과 관계없이 60%로 완화됩니다. DSR은 은행의 신용도 평가에 사용되어 은행의 DSR 지수가 70%를 넘을 경우 '위험군', 90%를 넘을 경우 '고위험군'으로 분류되어 특별 관리를 받게 됩니다.

DSR에 빚도 못내 … 피 마르는 집주인

"세입자에게 돌려 줘야 하는 보증금이 2억 4,000만원인데 전세사기 여파로 6,000만원
을 낮춰서 내놔도 집이 안 나갑니다. 그래서 은행 문을 두드렸는데 대출은 최대 8,000
만원 밖에 안 나온다고 합니다. 대출액이 부족해 제2금융권과 P2P 대출까지 알아 봤는
데 연 이율이 10% 수준이어서 포기하고 친척들에게 몇 천 만원씩 꾸고 있어요. 보증금
을 제 날짜에 못 내줄까봐 하루하루 피가 마르는 심정입니다."

최근 전셋값 하락에 따른 역전세난으로 전세보증금 반환에 애를 먹는 집주인이 늘자 임
대인들 사이에서 '보증금 반환을 위한 대출 규제 완화'를 요구하는 목소리가 분출되고
있다. 특히 임대업자들 중 다른 소득이 없는 노년층이 상당수인 만큼 보증금 반환목적
의 대출에 대해서는 DSR(총부채원리금상환비율) · DTI(총부채상환비율) 등의 규제를 한
시적으로 풀어 임대인들이 임차인들에게 보증금을 돌려줄 수 있게끔 해야 한다는 주장
이 제기되고 있다.

출처 : 서울경제/일부인용

↳ **문제** 총부채상환비율이라 하는 것으로, 대출상환금이 소득의 일정 비율을 넘지 않도록
제한하기 위해 총소득에서 주택담보 부채의 연간 원리금 상환액과 기타 부채의 이
자 상환액이 차지하는 비율을 계산해 대출한도를 정하는 것을 무엇이라고 하는가?

① BSI   ② DTI

③ LTV   ④ SCM

↳ **해설** 총부채상환비율을 의미하는 DTI(Debt To Income ratio)에 대한 설명이다.

답 ②

074 역모기지론

집 한 채로 노후가 든든! 노후보장의 해결사는?

모기지론은 집을 살 때 해당 주택을 담보로 제공하고 장기주택자금을 대출받는 제도입니다. 이에 반대되는 역모기지론은 이미 집을 가지고 있는 사람에게 그 집을 담보로 제공하면 생활자금을 빌려주는 것입니다. 주택연금이라고도 하죠. 역모기지론의 가입기간은 지원받는 사람이 사망할 때까지이기 때문에 모기지론과 같이 20~30년 정도로 만기가 길어 주택연금, 혹은 장기주택저당대출이라고도 부릅니다.

집은 가지고 있지만 소득이 부족한 어르신들을 위해 집을 담보로 맡기면 평생 동안 매달 생활비를 지원받도록 하는 제도로 노년층의 노후보장을 위한 목적이며, 한 명이 만 55세 이상인 부부를 대상으로 합니다. 민간 은행들도 역모기지 상품을 내놓고 있지만 규모면에서 주택금융공사에 비해 미미해 역모기지론 시장은 사실상 공공기관인 주택금융공사가 주도하고 있다고 볼 수 있습니다. 정부는 2023년 10월부터 역모기지론 가입상한을 다주택자 포함 공시가격 9억원 이하에서 12억원 이하 주택 보유자로 상향했습니다.

정부는 역모기지론이 고령화 사회에서 일종의 복지수단으로 자리매김할 수 있을 것이라고 기대하고 있습니다. 실제로 역모기지론 가입자는 2010년 이후 매월 100가구를 넘기며 급증하고 있고, 2020년 누적 가입 8만건을 넘었습니다. 고령자들의 자산주택 편중 현상, 부모를 부양하는 자녀들의 감소, 급격한 고령화와 같은 세 가지 요인으로 인해 앞으로 이용률이 더 높아질 것으로 보입니다.

17억 집도 가능해진 주택연금, 수령액은 12억 집과 같다?

주택연금은 집을 담보로 매달 일정액의 대출을 받는 일종의 **역모기지론** 상품이다. 2023년 10월부터 시세 17억원짜리 주택도 주택연금 가입이 가능하지만, 연금액만 보면 실망할 수도 있다. 연금수령액의 한도가 시세 12억원짜리 주택에 적용되는 한도로 묶여있기 때문이다. 시세 12억원과 17억원 주택 소유자의 연금수령액에 차이가 없다는 뜻이다. 2023년 기준 연금액은 70세 기준으로 276만 3,000원이 최대다. 이런 이유로 시세가 12억원이 넘는 주택 보유자가 주택연금에 가입할 때는 보유주택을 팔아 시세가 낮은 주택으로 옮기는 '주택 다운사이징'을 고려할 만하다. 재건축 등으로 담보주택이 멸실되더라도 주택연금은 계속 받을 수 있다. 해당 재건축이 완료되면 신규주택으로 담보주택을 변경해야 한다.

출처 : 중앙일보/일부인용

 상식UP! Quiz

↳ 문제 다음 중 주택을 담보로 금융기관에서 일정기간 일정금액을 연금식으로 지급받는 대출방식을 무엇이라고 하는가?

① 모기지론
② 역모기지론
③ 퍼스널론
④ 크레디트론

↳ 해설 역모기지론은 집을 가지고 있는 사람이 집을 담보로 제공하면 은행은 생활자금을 빌려주는 것이다.

 답 ②

위험하지만 아주 매력적인 펀드!

헤지펀드(Hedge Fund)는 단기이익을 노리고 개인이나 기관투자가들로부터 모은 돈을 국제증권시장이나 국제외환시장에 투자하는 개인투자신탁입니다. 주로 소수의 투자자들을 비공개로 모집하여 자금을 빌려 높은 차익을 내는 방법이죠. 헤지펀드는 세 가지 특징을 갖습니다. 첫째, 100명 미만의 소수의 파트너십을 가진 투자자들이 자금을 조성합니다. 둘째, 도박성이 큰 파생금융상품을 통해 초단기 투기를 행합니다. 그리고 셋째, 세금이 없는 나라에 사무실을 차려서 투기자본으로 운영합니다.

한편, 벌처펀드(Vulture Fund)는 부실기업을 저가에 인수하여 경영을 정상화한 뒤 비싼 값에 되팔아 단기간에 고수익을 올리는 자금으로, 고위험·고수익이 특징입니다. 벌처(Vulture)는 '대머리 독수리'를 뜻합니다. 썩은 고기를 먹고 사는 독수리의 습성처럼 부실기업이나 정크본드를 주요 투자대상으로 한다는 점에서 이러한 이름이 붙었습니다.

인덱스펀드(Index Fund)는 주가지수에 영향력이 큰 종목들을 위주로 투자해 지수의 움직임에 맞춰 시장의 평균수익을 실현하는 것을 목적으로 하는 자금입니다. 보통은 한국 증시를 잘 반영하는 종목으로 구성되어 있는 'KOSPI 200'의 주요 종목을 지수비율에 맞게 편입하는 경우가 대부분이지요. KOSPI 200 자체가 주식시장의 상황에 가장 큰 영향을 미치는 200개 우량종목을 시가총액에 따라 가중평균해만든 주가지수의 일종이기 때문입니다. 한편 탄소펀드는 온실가스 감축사업에 투자하여 얻은 탄소배출권을 에너지 소비가 많은 기업에 다시 팔아 수익을 내는 금융상품을 의미합니다.

헤지펀드는 어디까지나 위험 최소화

헤지펀드하면 부정적인 생각부터 떠올리는 이들이 적지 않다. 조지 소로스(퀀텀펀드)의 영국 파운드화 공격(1992년), 롱텀캐피털매니지먼트(LTCM)의 몰락(1998년), 엘리엇매니지먼트의 삼성물산 · 제일모직 합병 반대(2015년) 등에서 알 수 있듯이 헤지펀드는 대체로 안 좋은 뉴스와 엮이는 경우가 많다.

'뭔가 비밀스럽게 자금을 동원해 부정한 방법으로 시세 조작을 하고 개미들의 등을 쳐서 막대한 돈을 버는 투기꾼'이라는 생각이 퍼진 이유다. 그런데 정작 헤지(Hedge)는 장벽, 울타리라는 말로 헤지펀드는 '위험을 일정 범위로 제한하는 펀드'라는 뜻이다. 레버리지를 사용해 '고위험 고수익'을 추구한다는 통념과는 사뭇 다르다.

헤지펀드 창시자로 알려진 앨프리드 존스는 "좋은 주식을 고를 수는 있지만 단기적인 시장의 방향성은 예측 불가"라고 생각했다. 그래서 저평가된 주식은 매입하고 과대평가된 주식은 공매도하면 시장 위험을 최소화(헤지)할 수 있다고 믿었다. 이른바 '롱쇼트 전략'을 구사한 것이다. 그는 이런 전략을 통해 주식 보유 리스크를 줄일 수 있었고, 적지만 꾸준한 수익을 냈다. 헤지펀드의 본래 개념은 어디까지나 위험 최소화였던 것이다.

출처 : 한국경제/일부인용

상식UP! Quiz

문제 다음 보기가 설명하고 있는 용어는 무엇인가?

- 당국의 규제를 받지 않고 고수익을 노리지만 투자위험도 높은 투기성 자본
- 조지 소로스의 퀀텀펀드, 줄리안 로버트슨의 타이거펀드가 대표적인 예

① 벌처펀드(Vulture Fund)
② 헤지펀드(Hedge Fund)
③ 인덱스펀드(Index Fund)
④ 탄소펀드(Carbon Fund)

해설 헤지펀드는 단기이익을 노리고 개인이나 기관투자가들로부터 모은 돈을 국제증권시장이나 국제외환시장에 투자하는 개인투자신탁이다.

답 ②

금융과 비금융을 넘어서다

임베디드 금융(Embedded Finance)은 쉽게 말해 금융기업이 아닌 기업이 금융상품을 제공하는 것을 말합니다. 종래처럼 비금융기업이 다른 금융기업의 금융상품을 단순히 중개하거나 재판매하는 것을 넘어 스스로 핀테크(FinTech) 기능을 갖는 것입니다. 임베디드 금융은 코로나19 팬데믹과 함께 비대면 문화가 확산되면서 덩달아 떠오르게 되었는데요. 디지털 뱅킹이 보편화되고 거의 모든 것들이 온라인으로 연결되는 현 시대에서, 굳이 비금융기업의 애플리케이션을 떠나지 않고도 바로 금융상품을 이용할 수 있는 점이 소비자에게 어필한 것입니다. 임베디드 금융은 기업이 부수적인 금융수익을 얻는 좋은 수단이 되고 있습니다. 비금융기업은 핀테크 전문 업체의 도움을 받거나 금융기업과의 제휴를 통해서 고객에게 금융서비스를 제공합니다. 비금융기업의 상품이 팔리면서 금융기업의 상품도 이용하게 되니 서로에게 이득이 된다고 할 수 있겠죠. 물론 핀테크 업체도 두 기업을 연결하며 수익을 얻을 것이고요.

임베디드 금융의 대표적인 사례는 미국의 전기차 기업 테슬라에게서 찾을 수 있는데요. 테슬라는 운전자의 운전 습관이나 운행기록 등을 분석해서 사고의 위험성을 파악합니다. 그리고 적절한 보험 상품을 제공하는데요. 이러한 자체 보험 서비스는 테슬라의 수익의 많은 부분을 차지하고 있죠. 네이버 같은 포털 사이트에서 굳이 다른 금융기업의 서비스를 이용하지 않아도 상품을 결제할 수 있는 '네이버페이' 또한 임베디드 금융이라 할 수 있습니다. 세계적 IT 기업 구글은 자사의 지도 애플리케이션으로 네비게이션을 이용하는 고객들에게 정산 서비스를 제공하기도 합니다. 임베디드 금융은 그저 낯선 용어가 아니라 이미 우리 주변에 깊숙이 들어와 있는 것이죠.

테슬라 보험? 임베디드 금융 확산에 은행들 '촉각'

언택트 문화가 대세로 자리 잡으면서 **임베디드 금융**이 확산하고 있다. 이에 대항해 국내 금융사들의 역할과 경쟁력을 높여야 한다는 조언과 함께 관련 기업을 인수하는 것도 대응 방법으로 지목됐다. 코로나19 이후 모바일 앱 사용이 확산하면서 구독 등을 기반으로 모든 것을 서비스로 제공하는 트렌드에 대한 관심이 높아졌고 비금융 기업을 통해 다양한 금융서비스를 제공하는 임베디드 금융도 부각됐다. 이에 시장도 가파르게 성장 중이다. 임베디드 금융은 2020년 225억달러를 기록했고 2025년까지 10배가 넘는 2,300억달러로 성장할 것으로 전망되고 있다. 임베디드 금융의 가장 비근한 예로는 아마존과 구글 등 빅테크를 통한 금융서비스 활용을 꼽을 수 있다. 이들 회사는 풍부한 데이터를 바탕으로 금융서비스를 함께 제공하면서 기존 서비스의 가치 재창출과 함께 고객 충성도를 높이는 효과를 보고 있다.

출처 : 비즈니스워치/일부인용

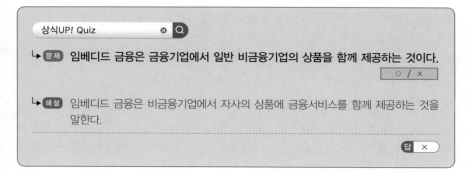

상식UP! Quiz

↳ **문제** 임베디드 금융은 금융기업에서 일반 비금융기업의 상품을 함께 제공하는 것이다.

o / x

↳ **해설** 임베디드 금융은 비금융기업에서 자사의 상품에 금융서비스를 함께 제공하는 것을 말한다.

답 x

077 디폴트

더 이상 부채를 책임질 능력이 없다

디폴트는 영어의 'Default Value'에서 유래한 것으로, 별도 설정을 하지 않은 초기 값이나 기본 설정값을 말합니다. 이것이 경제에서 은행 융자나 공사채(公社債) 등에 대해 채무자가 원리금을 갚지 못하게 되는 것을 다른 말로 '채무불이행(債務不履行)', 즉 디폴트라고 합니다. 국가가 대상인 경우에는 국가 부도를 의미합니다.

디폴트(Default)가 발생할 경우 채무자는 채무에 대해 모든 의무가 없어지지만 자신의 재산 통제력도 상실하게 됩니다. 채권자의 경우 담보가 있으면 담보를 압류해서 채무를 상쇄하고 담보가 없으면 채권액에 상응하는 채무자의 재산을 압류해서 채무를 상쇄할 수 있습니다. 단, 채무자의 재산이 채권자가 소송을 걸 수 있는 국가의 사법력이 미치는 영역에 있어야 합니다. 이 말이 급속도로 퍼지게 된 것은 2010년 국채만기로 인한 유럽연합 금융위기의 중심인 PIIGGS에 속한 그리스가 2015년 7월 1일부터 디폴트에 들어갔기 때문입니다.

채무자가 디폴트 상황에 처했을 때 다른 사람들한테 알려주는 것을 디폴트 선언이라고 하며 한 융자계약에서 디폴트 선언을 당하면 다른 채무에 대해서 채권자가 일방적으로 디폴트 선언을 할 수 있는데, 이것을 '크로스디폴트'라고 합니다. 비슷한 용어로는 모라토리엄(Moratorium)이 있습니다. 디폴트가 아예 빚을 갚을 수 없는 상황에 빠졌거나 빚을 갚을 능력이 없음을 알려주는 것이라면, 모라토리엄은 빚의 상환을 일시적으로 미루는 채무지급유예상황입니다. 디폴트보다는 낫지만 둘 다 신용도 하락 측면에서는 비슷한 것이죠.

美재무, 디폴트 경고하며 부채한도 상향 압박

조 바이든 미국 대통령과 케빈 매카시 하원의장이 부채한도 상향 문제에 대한 협상에 나설 예정인 가운데 재닛 옐런 재무부 장관이 **디폴트**(채무불이행) 가능성을 재차 경고했다. 옐런 장관은 "우리는 지금 몇 달 동안 특별조치를 취하고 있는데, 그렇게 할 수 있는 능력이 바닥나고 있다"면서 "의회가 부채한도를 올리지 않는 한 다음 달 초에는 우리가 청구서를 지불할 수 없는 날이 올 것"이라며 공화당을 거듭 압박했다. 그는 "미국 국채는 국제 금융시스템에 토대가 되는 가장 안전한 기반 채권"이라면서 "미국이 부채를 상환하지 못하면 미국 신용도에 의문이 생길 것"이라고 말했다. 이어 "(채무불이행) 날짜가 가까워지는데도 의회가 행동하지 않는다면 금융시장에서의 후과를 보게 될 것"이라면서 "부채한도를 높이지 못하면 가파르게 경기가 하강할 것"이라고 밝혔다.

출처 : 연합뉴스/일부인용

상식UP! Quiz

↳ 문제 다음 중 디폴트를 선언한 사례가 아닌 것은?

① 2001년 아르헨티나   ② 2009년 두바이
③ 2015년 그리스   ④ 2015년 푸에르토리코

↳ 해설 2009년 두바이는 최대 국영기업 두바이월드의 채무에 대해 '모라토리엄'을 선언했다. 그에 따라 두바이는 물론 인근 중동국가 채권이 세계 주요 금융시장에서 폭락했고, 국내 증시에도 불똥이 튀어 코스피지수가 7일 만에 1,600선이 무너졌다.

답 ②

078 지급준비율

시장에 유통되는 통화량을 조정하다

지급준비율은 은행이 고객으로부터 받아들인 예금 중에서 중앙은행에 의무적으로 적립해야 하는 금액의 비율을 말합니다. 우리가 은행에 예금을 하면 은행은 이 돈을 대출해주고 이자를 받습니다. 그런데 예금받은 돈을 모두 대출해줄 수는 없습니다. 예금의 일정 비율은 꼭 은행창고에 보관을 하라고 정부에서 지시를 하기 때문인데, 그 이유는 모든 돈을 다 대출해주면 고객이 예금을 찾으러 왔을 때 돈을 내줄 수 없다는 데 있습니다. 이렇게 예금 중에서 대출하지 않고 은행창고에 고이 모셔두는 돈을 지급준비금이라 부르고, 이때 지급준비금이 차지하는 비율을 지급준비율이라 합니다.

지급준비율 제도는 본래 고객에게 지급할 돈을 준비한다는 고객 보호 차원에서 도입되었으나 지금은 금융정책의 주요 수단으로 활용되고 있습니다. 중앙은행이 지급준비율을 조절함으로써 시중 자금의 수위를 조절할 수 있기 때문입니다. 즉, 지급준비율을 높이면 중앙은행에 적립해야 할 돈이 많아져 시중 자금이 줄어들고, 낮추면 그 반대 현상이 나타나는 것입니다. 따라서 공개시장조작, 재할인율 정책과 함께 주된 통화정책수단으로 활용되고 있습니다. 한편 우리나라의 지급준비율은 한국은행법에 의해 금융통화위원회가 정하고 있습니다.

 토막상식 통화량을 조절하는 3대 금융정책

- 공개시장조작 : 국 · 공채 매각으로 통화량을 조절
- 재할인율 정책 : 중앙은행이 시중은행에 빌려주는 자금에 대한 금리(재할인율)를 조정
- 지급준비율 정책 : 지급준비율의 조정으로 통화량을 조절

미국 금리인상에도 중국의 '나홀로 돈풀기' 이어질 듯

미국이 예상대로 기준금리를 인상했지만 중국은 경기 부양을 위한 '나홀로 돈풀기'를 이어갈 것으로 예상된다. 경기 위축 우려가 커지고 있는 만큼 **지급준비율**(지준율)을 낮춰 유동성을 늘리거나 보다 강력한 조치로 기준금리 격인 대출우대금리(LPR) 인하에 나설 수 있다는 전망까지 나온다. 중국 국무원 금융안전발전위원회(금안위)가 긴급회의를 열고 자본시장 안정화를 비롯한 10가지 방안을 발표했다. 회의를 주재한 류허 부총리는 이날 회의에서 "통화 정책이 적극적으로 대응하고 신규 대출이 완만한 성장을 유지하고 중소기업을 적극 지원해 실물경제의 발전을 확고히 하고 경제를 유지해야 한다"고 말했다. 회의 이후 금융권에서는 중국 금융당국의 지준율 인하 가능성을 높게 점치고 있다. 과거 금안위 회의 이후 지준율 인하 사례를 볼 때 이번에도 가능성이 높다는 분석이다. 지난 2018년, 2021년 회의 이후 3일 내에 모두 지준율이 인하됐다.

출처 : 서울경제/일부인용

상식UP! Quiz

↳ **문제** 지급준비율이 낮아지면 중앙은행에 적립해야 할 돈이 적어짐에 따라 시중 통화량이 증가한다.

○ / ×

↳ **해설** 지급준비율이 낮아지면 은행 대출에 여유가 생겨 기업에 좀 더 많은 자금이 공급될 수 있고, 지급준비율이 인상되면 의무적으로 쌓아둬야 하는 현금이 늘어나 대출에 쓸 수 있는 자금이 그만큼 줄게 된다.

 답 ○

끼리끼리 과부족 자금의 거래

금융기관끼리 남거나 모자라는 자금을 서로 주고받을 때 적용되는 금리를 콜금리 (Call Rate)라고 합니다. 금융기관들도 예금을 받고 기업에 대출을 해주는 등 영업 활동을 하다 보면 자금이 남을 수도 있고 급하게 필요한 경우도 생기게 됩니다. 이 러한 경우 금융기관 상호 간에 과부족 자금을 거래하는 시장이 바로 콜 시장입니다. 콜 시장은 금융시장 전체의 자금흐름을 비교적 민감하게 반영하는 곳이기 때문에 이곳에서 결정되는 금리(콜금리)를 통상 단기실세금리지표로 활용하고 있습니다.

콜금리가 중요한 이유는 콜금리가 오르면 우리가 은행에서 대출받을 때의 금리가 오르고, 콜금리가 하락하면 우리가 은행에서 대출받을 때의 금리가 하락하기 때문 입니다. 콜금리가 오른다는 이야기는 은행들 사이에 돈이 없다는 이야기이고, 은행 에 돈이 없다면 우리가 돈을 빌릴 때의 금리도 오를 수밖에 없는 것입니다. 금융통 화위원회가 기준금리를 결정하면 한국은행은 매주 목요일마다 7일물 RP매매를 실 시하는 공개시장조작 정책을 통하여 시중자금을 조절합니다. 즉, 시중에 유통되고 있는 통화량이 풍부하여 실제 콜금리가 기준금리를 하회하는 경우는 한국은행이 보유하고 있는 채권을 매각하여 시중의 통화를 흡수함으로써 콜금리 상승을 유도 하고, 반대의 경우에는 금융기관을 통하여 시중의 채권을 매입함으로써 시중에 유 통되는 통화량을 증가시켜 콜금리가 내려가도록 유도합니다.

그동안 은행은 은행끼리, 단자 · 증권 등 제2금융권은 제2금융권끼리 자금을 주고 받는 등 콜 시장이 이원화되어 있었으나 1991년 5월 콜 시장 통합조치 이후 점차 하나의 시장으로 통합되는 추세에 있습니다.

기준금리는 한 나라 대표금리…
경기흐름에 따라 올리고 내려

기준금리는 한 나라의 금리 체계를 대표하는 정책금리로 각종 금리의 기준이 된다. 우리나라에서는 1999년부터 **콜금리**(금융사 간 30일 이내 초단기 자금 대차에 적용되는 금리)가 기준금리 역할을 해왔으나 2008년 2월에 '콜금리 운용목표제'를 폐지하고 새로이 환매조건부채권(RP) 금리를 기준으로 한 '한은 기준금리제'를 도입해 시행하고 있다. 한국은행 소속 기관인 금융통화위원회는 1년에 8번 기준금리를 결정하는데, 통화정책의 목표인 물가 안정을 달성하기 위해 물가 동향, 경제 상황, 금융시장 등을 종합적으로 고려해 기준금리를 결정한다. 결정된 기준금리는 초단기금리인 콜금리에 영향을 주고, 장단기 시장금리, 예금 및 대출 금리 등의 변동으로 이어져 궁극적으로 실물경제에 영향을 미치게 된다. 다시 말해 금융통화위원회가 기준금리를 발표하면 시중은행을 포함한 금융사들이 이를 기준으로 각자 나름의 금리를 책정하게 된다. 따라서 금융통화위원회가 기준금리를 인상하면 시중 금리가 상승하게 되고, 반대로 기준금리를 인하하면 시중 금리가 하락하게 된다.

출처 : 매일경제/일부인용

상식UP! Quiz

↳ 문제 **콜금리가 1%인데 기준금리를 10%로 높이면 어떤 일이 일어날까?**

① 여윳돈이 있는 은행은 한국은행에 예금을 한다.
② 이웃은행에 이자를 받고 여윳돈을 빌려준다.
③ 장기적으로 콜금리가 하락한다.
④ 물가상승의 원인이 된다.

↳ 해설 콜금리보다 기준금리가 높으면 여윳돈이 있는 은행은 이웃은행에 빌려주는 대신 한국은행에 예금하여 더 많은 이자수익을 챙기려 한다.

답 ①

돈 찾으러 은행 간다
왜? 은행이 망할 것 같으니까

뱅크런은 예금자들이 예금을 인출하기 위해 은행으로 몰려드는 현상을 일컫는 말입니다. 은행을 뜻하는 'Bank'와 달린다는 의미의 'Run'이라는 두 단어가 합쳐져 만들어진 합성어로 은행에 무슨 문제가 생겨 파산할지도 모른다고 생각하는 예금자들이 서로 먼저 돈을 찾으려고 은행으로 뛰어가는 모습에서 유래되었다고 합니다. 예금자들이 돈을 찾기 위해 한꺼번에 몰려들면 은행은 파산할 수도 있습니다. 왜냐하면 갑자기 은행이 준비해놓은 자금 이상으로 예금인출 요구가 몰리면 은행은 대출을 회수하거나 주식·채권을 팔아서 이에 대응해야 하는데, 여기에는 시간이 필요하기 때문입니다. 따라서 은행은 당장 예금자에게 내줄 돈이 부족해질 경우 파산할 수 있습니다.

문제는 은행이 부실해질지도 모른다는 소문만 돌아도 실제 부실 여부와는 관계없이 은행이 파산할 수 있다는 것입니다. 또한 한 은행에서 뱅크런이 발생하면 다른 은행에 예금한 예금자들도 괜히 불안해져서 자기가 예금한 은행의 부실 여부와는 관계없이 한꺼번에 예금인출을 요구할 수 있습니다. 그렇게 되면 많은 은행들이 한꺼번에 파산하면서 결국 금융시장은 공황상태에 빠질 수 있습니다.

 토막상식 뱅크런 사태를 막는 보호장치
- 중앙은행의 최종대부자 기능
  한국은행이 시중 금융기관에 일시적으로 빌려주는 긴급자금
- 예금보험제도
  은행이 파산할 경우 예금보험기관에서 예금의 일정금액을 예금자에게 지급해 주는 제도(1인당 5,000만원 한도)

'뱅크런'이 시작됐다 …
러 중앙은행 자본통제 나서기 전 몰려든 예금자들

우크라이나 침공을 감행한 대가로 서방의 '제재 폭탄'을 맞은 러시아에서 대량 예금 인출 사태인 **뱅크런**이 시작됐다. 루블화 가치가 달러 대비 30% 가까이 폭락하자 러시아 중앙은행은 기준금리를 9.5%에서 배 이상인 20%로 전격 인상했다. 이후 루블화 폭락은 약간 누그러졌지만 모스크바 오후 10시 기준 달러당 103달러로 환율은 전날 대비 20% 올랐다. 루블화의 달러 대비 가치는 연초 대비 28% 하락한 값이다. 외신에 따르면 모스크바 도심의 은행 건물 주변에는 현금을 빼려는 예금자들이 몰려 대기 행렬이 길게 이어졌다. 국제은행간통신협회(SWIFT · 스위프트) 결제망에서 배제된 러시아 중앙은행은 1인당 해외송금액 제한 등 자본통제에 들어갔다. 러시아 경제전문가이자 외교정책연구소(FPRI)의 막시밀리안 헤스 연구위원은 미국 CNBC 방송에 "이미 본격적인 뱅크런이 진행 중"이라며 "이날 오전 4시부터 러시아 중앙은행도 자본통제에 들어갔고, 이는 상황이 더 나빠질 수밖에 없는 것을 막았다"고 말했다.

출처 : 헤럴드경제/일부인용

상식UP! Quiz

↳ 문제 부실징후가 보이는 금융회사에 예금자들이 한꺼번에 몰려 예금을 인출하는 사태를 ○○○(이)라고 한다.

↳ 해설 예금자들이 예금을 인출하기 위해 은행으로 몰려드는 현상, 즉 뱅크런에 대한 설명이다.

답 뱅크런

중앙은행의 무제한 돈 풀기

경제신문에 자주 등장하는 '양적완화'는 금리 인하를 통한 경기부양 효과가 한계에 달했을 때 중앙은행이 국채매입 등으로 시중에 통화를 공급하는 정책을 뜻합니다. 즉, 금리중시 통화정책을 시행하는 중앙은행이 정책금리가 0%에 근접하거나 혹은 다른 이유로 시장경제의 흐름을 정책금리로 제어할 수 없는 이른바 유동성 저하 상황에서 유동성을 충분히 공급함으로써 중앙은행의 거래량을 확대하려는 것인데요. 중앙은행은 채권이나 다른 자산을 사들임으로써 이율을 더 낮추지 않고도 돈의 흐름을 늘리게 됩니다.

이러한 양적완화는 시장의 구조적 위험을 감소시키고, 경기후퇴를 막음으로써 시장의 자신감을 향상시킨다는 장점이 있지만, 양적완화의 필요량 예측이 과잉될 경우에는 지나친 인플레이션과 자국 통화가치의 약세를 초래할 수 있습니다. 또한, 저금리가 계속될 경우에는 다른 나라에서 자산 거품을 초래할 수도 있다는 위험성이 있습니다.

주요국의 양적완화 정책 사례는 다음과 같습니다. 지난 2008년 9월 미국의 리먼브라더스 사태 이후 글로벌 금융 불안이 실물부분으로 빠르게 확산되면서 경기침체가 심화되자 주요국의 중앙은행은 정책금리를 대폭 인하하였으나 효과를 보지 못했습니다. 이러한 상황을 타개하기 위해 미국, 영국 중앙은행은 비전통적 통화정책 수단인 양적완화 정책을 실시하게 됐지요. 미국 연방준비이사회는 리먼브라더스 사태 이후 정책금리 수준 달성에 필요한 규모 이상으로 유동성을 공급함으로써 사실상 양적완화 정책을 시작했습니다.

이창용 "양적완화 못하는 신흥국 장기침체 시
물가목표 상향 고려"

이창용 한국은행 총재가 미국 워싱턴에서 열린 국제통화기금(IMF) 패널 토론에서 장기침체나 디플레이션이 발생할 경우 (한국 같은) 신흥국은 물가안정 목표를 상향하는 것이 대안이 될 수 있다고 밝혔다. 이 총재는 "신흥국 시장의 경우 장기침체나 디플레이션에 직면하게 될 경우 **양적완화**(QE)를 사용할 수 없는 상황에서 선택할 수 있는 것들이 많지 않다"며 "이런 상황에서 물가안정 목표를 높이는 것은 우리가 사용할 수 없는 양적완화 정책에 대한 좋은 대안이 될 수 있다"고 말했다. 그는 "장기침체가 오더라도 신흥국들이 중앙은행의 물가안정 목표를 수정할 필요는 없다고 생각한다"면서도 "다만, 물가안정 목표(2%)를 조금 더 높이는 것이 대안이 될 수는 있다고 생각한다"고 말했다.

출처 : 파이낸셜뉴스/일부인용

 상식UP! Quiz

↳ **문제** 양적완화는 경기를 부양하기 위해 금리 인하 직전 최후 수단으로 시행하는 정책이다.
                                                          ○ / ×

↳ **해설** 양적완화는 금리 인하를 통한 경기부양 효과가 한계가 도달했을 때 국채매입 등을 통해 실시하는 정책이다.

답 ×

선물 가격의 등락률이 5~6%만 돼도 곧바로 발동

사이드카(Side Car)는 주식선물시장이 급등락하는 것을 막기 위해 현물 프로그램 매매의 체결을 잠깐 늦추는 제도입니다.

프로그램 매매란 어떤 종목을 얼마에 거래할지 컴퓨터에 미리 입력해놓는 거래방식을 뜻하는데, 코스피 선물, 코스닥 선물 가격이 전날보다 각각 5%, 6% 넘게 등락한 상태가 1분 동안 지속될 경우 한국거래소는 사이드카를 발동해 프로그램 매매를 5분간 정지시킵니다.

사이드카의 어원에 대해서는 자동차가 도로를 달리다 교통 체증이 심할 경우 갓길에 잠깐 주차해놓고 쉬는 것을 비유한 표현이라는 설과 이륜차 옆에 부착해 사람을 태우거나 짐을 싣는 '측차(側車)'에서 유래했다는 설이 있습니다. 두 번째 어원이 맞는다면 사이드카의 보조 역할에 초점을 둔 것으로 보입니다.

사이드카는 발동 5분 후 자동 해제되고, 장 종료 40분 전에는 발동할 수 없으며, 하루 1번 발동이 가능하다는 제한을 두고 활용합니다.

토막상식 서킷브레이커 vs 사이드카

주식현물시장 증시가 변한 뒤에 발동되는 제도가 서킷브레이커라면 선물 주가가 현물시장에 영향을 미치기 전 차단하는 역할을 하는 것은 사이드카이다. 또한 서킷브레이커는 모든 주식 매매를 중단하는 반면 사이드카는 프로그램 매매만 정지한다.

주식, 정말 위험한걸까? 투자자를 보호해주는 '안전장치'

주식을 하다 돈을 잃어 한강에 간다는 이야기를 농담처럼 하지만, 실제로 왕왕 있는 슬픈 이야기다. 주식을 투자가 아닌 도박처럼 하게 되면 생길 수 있는 문제다. 원금의 보장이 전혀 안 되고 언제든 큰 손실을 볼 수 있는 것이 주식이지만, 우리 증시에는 급격한 손해로부터 투자자를 보호할 수 있는 기능이 있다. 안전장치가 있지만 손해를 막을 수 있는 것은 아니다. 위험한 투자는 절대 금물이다.

사이드카는 선물가격의 급변동이 현물시장 가격에 영향을 미치지 않게 서킷브레이커와 함께 생긴 제도다. 선물의 가격과 현물 가격의 차이가 코스피 기준 5%, 코스닥 기준 6% 이상 벌어지면 프로그램 매매를 차단하는 제도다. 서킷브레이커는 같은 이름의 회로차단기와 같은 의미로, 현물시장이 전일대비 10% 하락한 상태가 1분 이상 지속될 때 발생한다. 15분간 현물시장과 선물시장이 올스톱이 된다.

출처 : 리서치페이퍼/일부인용

 상식UP! Quiz

↳ **문제** 다음 중 증권거래 제도의 하나인 사이드카에 대한 설명으로 틀린 것은?

① 블랙먼데이를 계기로 선물가격의 급격한 변화가 현물시장에 과도한 영향을 주는 것을 막기 위해 도입되었다.
② 유가증권시장이나 코스닥시장에서 선물가격이 전일 종가 대비 10% 이상 상승 또는 하락해 5분 이상 지속될 경우 발동된다.
③ 프로그램 매매의 매수호가 또는 매도호가 효력을 5분간 정지시키는 제도이다.
④ 오후 2시 50분 이후에는 발동되지 않는다.

↳ **해설** 유가증권시장(코스피시장)의 코스피200지수 선물가격이 전일 종가 대비 5% 이상 (코스닥시장의 코스닥50지수 선물 가격은 6%) 상승 또는 하락한 상태가 1분 이상 지속될 때 발동된다.

답 ②

부동산거품의 씨앗?

사업을 하려면 돈이 필요합니다. 그래서 담보를 맡기고 대출을 받거나 투자자를 끌어 모으는데요. 만약 사업주가 담보로 내세울만한 부동산이 없거나 대출에 제한이 있는 경우엔 어떻게 할까요? 보통의 담보대출이라면 뾰족한 방법이 없겠지만 '프로젝트 파이낸싱(PF ; Project Financing)'은 다릅니다. 오직 사업계획이 얼마나 완벽하고 수익성이 좋을지를 따져서 대출을 받을 수 있죠. 말 그대로 사업성 하나만 보고 자금을 조달하는 방식입니다. 대출금은 사업성공 이후 벌어들인 수익으로 갚으면 되죠.

PF는 1920년대 미국에서 유전개발을 시도하던 시절에 처음 이뤄졌다고 하는데요. 유전개발이나 도로공사 같은 대규모 사회간접자본 사업은 개인이 담보로도 대출을 받아 사업자금을 끌어 모으기 어렵습니다. 그런데 이런 사업은 크게는 국가 인프라 형성부터 좁게는 지역사회발전에도 영향을 미치기 때문에 필요하긴 합니다. 그래서 금융기관이나 투자자들은 향후 지속적인 투자성과를 기대하고 사업계획의 가능성을 따져 자금을 대줍니다. 또 사업이 대개 장기적으로 진행되기 때문에 사업 중간 중간에도 투자금을 회수할 수 있죠. PF는 담보 대신 사업성을 근거로 대출이 진행돼, 사업주는 서류상 회사인 특수목적법인(SPC ; Special Purpose Company)을 설립합니다. 투자금이 이 회사로 흘러가게 되죠.

그러나 반면 PF는 '투자위험성'이라는 크나큰 단점을 안고 있습니다. 그래서 금융기관은 사업계획의 실현가능성과 수익성, 신용도, 사업주·시행사의 사업수행능력을 면밀하게 심사해 투자를 결정하는데요. 위험성이 크기 때문에 이자율도 높은 편입니다. 사실 우리나라에서 PF라고 한다면 대부분 부동산개발을 목적으로 이뤄집니다. 2010년대 들어 저금리에 부동산시장이 호황을 맞자 투자가 활발해졌고, 금융회사들도 PF관련 상품을 다량으로 내놨는데요. 그러나 2020년대 이후 기준금리가 크게 오르면서 부동산시장이 침체됐습니다. 이 때문에 원자재값 상승으로 개발비가 늘어나고, 또 미분양 사태가 속출하면서 PF 대출잔액이 치솟게 됐죠. 수익성 악화로 이윤을 내지 못하니 대출금을 제대로 갚지 못한 것입니다. 부동산시장은 침체되면 반등하기도 쉽지 않기 때문에 PF 과열에 대해 우려하는 목소리가 높습니다. 사업성을 제대로 따져보지 않고 예상수익을 낙관해 투자하는 행위가 부동산거품을 일으킨다는 지적도 있고요. 또 금융건전성을 악화시켜 경기침체에서 벗어날 원동력을 떨어뜨린다는 의견도 있습니다.

정치 · 경제 · 사회 · 국제 · 문화 · 미디어 · 과학 · IT · 스포츠　　|　(⦉) (⊟) (⊠) (ᵍ가)

새마을금고 '감독기관 이관' 목소리 커져

새마을금고에서 금융사고가 반복되는 가운데 감독기관을 행정안전부에서 금융당국으로 이관할 필요가 있다는 지적이 제기됐다. 새마을금고는 상호금융목적의 비영리법인으로 전체 금고 수 1,293개, 매출 197조원, 예수금 260조원 규모로 시중은행과 유사한 수준을 보이고 있다. 새마을금고는 수익성을 높이기 위한 방안으로 **프로젝트 파이낸싱**(PF) 등 부동산 관련 대출을 확대해 왔다. 그러나 부동산경기가 침체되면서 연체액이 10조 6,000억원으로 늘어났고 연체율도 5.41%로 상승했다. 지역금고 30곳 이상은 연체율이 10%를 넘는 것으로 알려졌다. 금융사고도 빈번하게 발생했다. 2017년부터 2023년 8월까지 새마을금고 금융사고 전수현황을 분석한 결과에 따르면 임직원에 의한 횡령 · 배임 · 사기 · 알선수재는 95건이며, 피해액은 634억 8,800만원에 이른다.

출처 : 서울경제/일부인용

상식UP! Quiz　　⊗ Q

↳ 문제　**프로젝트 파이낸싱은 금융기관이 담보 없이 사업성을 심사해 자금을 대출해주는 것을 의미한다.**

○ / ×

↳ 해설　프로젝트 파이낸싱은 사업계획과 그 수익성 등을 면밀히 심사해 금융기관이 사업자금을 대출해주는 것을 의미한다.

답 ○

계좌를 랩으로 싼다고?

랩어카운트(Wrap Account)는 'Wrap(싸다)+Account(계좌를)'의 합성어로 '종합자산관리계좌'라고도 불리며 투자자의 성향에 따라 주식, 채권, 선물, 옵션, 펀드 등을 하나의 계좌로 묶어 운영해줍니다. 랩어카운트는 투자전문가가 대신 운용해준다는 점에서 펀드와 비슷하지만, 랩은 투자자의 성향, 목적, 재무상황에 맞는 운용을 한다는 점에서 차이가 있습니다. 다시 말해 맞춤형 자산운용인 셈이죠. 랩어카운트는 크게 두 가지로 구분되는데, 투자자문사나 증권사가 자문해주고 투자자 자신이 운용하는 자문형 랩과 증권사 직원이 알아서 운용해주는 일임형 랩으로 나뉩니다. 일임형 랩은 아무리 여러 번 주문을 내더라도 연간 0.8~3.0%의 수수료로 끝납니다. 랩어카운트는 투자자의 성향에 맞춰 설계되며 일반적으로 고위험, 고수익의 형태보다는 안정적인 자산운용에 초점을 맞추고 있습니다. 그러므로 안정적인 수익을 창출하기 위해 분산투자와 장기투자를 지향하여 투자위험을 최소화하는 특징이 있지요.

우리나라에 처음 선보인 것은 2001년 초로 자문형 랩어카운트가 우선 도입됐고, 이어 2003년 10월에 일임형 랩어카운트가 시장에 나왔습니다. 도입 당시 랩어카운트는 고객이 자산을 맡기면 주식을 대신 운용해주는 일임형 랩어카운트가 주류를 이루었습니다. 가입금액도 수천만원에서 억 단위까지 가능해서 부자들만의 상품으로 인식되었습니다. 그러나 지금은 가입금액 또한 문턱이 낮아져 적립식으로도 가입이 가능하며 주식, 채권, 펀드, ETF, CMA, 파생상품(옵션) 등 투자자산도 다양해졌습니다. 직접 투자에 대한 위험부담은 크고, 그렇다고 펀드에 투자하자니 수천 개나 되는 것 중에 어떤 상품에 가입해야 할지 고민스럽습니다. 이럴 땐 직접투자와 간접투자의 중간쯤 되는 성격의 랩어카운트가 대안입니다. 최근엔 월 100만원, 1,000만원 안팎의 비교적 적은 자금으로 투자할 수 있는 상품도 나와 점차 대중화되고 있다고 합니다.

정치 · 경제 · 사회 · 국제 · 문화 · 미디어 · 과학 · IT · 스포츠

불확실성에 포트폴리오 투자 관심 … 랩어카운트 빛 보나

주식시장 불확실성이 커지면서 투자자들은 직접 투자 외에도 포트폴리오 관점에서 투자할 수 있는 수단을 찾고 있다. 증권업계에 따르면 랩 상품을 출시한 주요 증권사 4곳 기준 **랩어카운트** 잔고는 27조 2,700억원으로 작년 말 대비 약 5,000억원 증가한 것으로 나타났다. 랩어카운트는 투자자의 자산에 대해 포트폴리오를 구성, 운용, 투자 자문 등 관리하는 서비스를 말한다. 투자자가 적격 상품을 수용할 경우 약관 개정 등의 절차를 거치지 않아도 된다. 이에 자산 배분 및 포트폴리오 리밸런싱을 통해 시장 변화에 탄력적으로 운용할 수 있다는 장점이 있다. 펀드 투자의 경우 투자제안서에 기록된 대로 투자해야 하는 제한이 있어 변동성 장세에 대응하기 어렵다는 단점이 있다. 랩어카운트는 투자 및 비중 제한이 없기 때문에 상대적으로 자유롭다. 올해 들어 인플레이션 우려, 금리 인상 기조, 지정학적 충돌 등 요인들이 증시 변동성을 키우는 상황이다. 투자자들도 시장 대응에 관심을 가지면서 증권사들도 변동성에 대응할 수 있는 랩 서비스를 출시하고 있다.

출처 : 연합인포맥스/일부인용

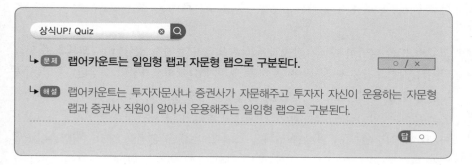

상식UP! Quiz

문제 랩어카운트는 일임형 랩과 자문형 랩으로 구분된다.

해설 랩어카운트는 투자자문사나 증권사가 자문해주고 투자자 자신이 운용하는 자문형 랩과 증권사 직원이 알아서 운용해주는 일임형 랩으로 구분된다.

답 ○

중소기업 전용 주식시장

우리나라의 주식시장은 크게 다음과 같이 구분됩니다. 바로 유가증권시장(코스피), 코스닥시장, 프리보드시장 그리고 코넥스(Korea New Exchange)시장이죠. KOSDAQ 지수 · KOPSI 지수가 올랐다느니 내렸다느니 하는 것은 바로 주식시장에 관한 것입니다. 보다 쉽게 구분지어 본다면, 유가증권시장은 우리나라 대표기업의 주식이 거래되는 시장이고 코스닥시장은 우수한 중견기업, 프리보드시장은 비교적 자유롭게 거래되는 시장, 코넥스시장은 중소기업 양성을 위한 시장 정도로 볼 수 있습니다. 이 중 프리보드시장을 제외한다면, 코넥스시장에서 잘 성장한 중소기업이 코스닥시장으로, 더 성장한 기업이 유가증권시장으로 이전상장되는 것으로 볼 수 있죠. 이전상장을 위해서는 탄탄한 재무 상태만큼이나 중요한 것이 기업의 발전가능성인데요. 실제로 '상장 1호' 기업들 대다수가 바이오 · 반도체 · 소프트웨어 등 자본이 아닌 기술력으로 승부하는 기업들이기 때문에 금융계에서는 수년 내에 우량기업으로 성장해 이전상장이 가능할 것으로 보고 있습니다.

코넥스 또한 엄연한 주식시장이기에 상장요건이 정해져 있답니다. 코넥스는 코스닥시장 상장요건을 충족시키지 못하는 벤처기업과 중소기업이 상장할 수 있는 중소기업 전용 주식시장으로 2013년 7월 1일 개장했습니다. 자기자본 5억원, 매출액 10억원, 순이익 3억원 가운데 한 가지만 충족하면 되므로 비교적 유가증권시장이나 코스닥시장에 비해 완화된 조건을 가지고 있죠. 자본전액 잠식 · 영업손실 5년 이상 발생 등과 같은 재무적 사유가 발생해도 상장폐지를 면할 수 있다는 점이 코스닥과의 차이점입니다. 특히 '지정자문인제도'가 있어 증권가가 특정 기업의 지정자문인이 돼 상장 지원, 공시업무 자문, 사업보고서 작성 지원 등의 역할을 수행하는 제도이죠.

"코넥스가 좋았지" 코스닥 가니 주가 뚝…

코넥스에서 코스닥으로 위치를 옮긴 기업들의 주가가 큰 폭으로 하락하는 것으로 나타 났다. 경기가 점차 악화되고 대외 불확실성까지 커지며 성장주 성격이 강한 코넥스 이 전 상장 종목들 주가가 크게 타격받는 모양새다. 시장 악화로 기업들의 상장 철회도 이 어지는 가운데 코스닥 투자심리가 더욱 얼어붙을 수 있다는 우려도 나온다. 코넥스는 자본시장과 기업 사이 '성장 사다리' 가운데 첫 단계로, 상장 문턱이 코스피와 코스닥에 비해 낮다. 코넥스 상장으로 기업이 투자자에게 모습을 드러내고, 성장성을 인정받으면 코스닥시장으로 이전 상장하는 형태다.

금융시장 변동성이 커진 점이 코넥스 이전 상장기업들의 주가를 흔드는 원인으로 지목 된다. 시장 불확실성이 커질수록 투자자들은 안전자산을 선호한다. 최근 안전자산으로 꼽히는 금과 채권 값이 오르는 이유다. 반면 위험자산은 투자자들에게 외면받기 쉽다. 코넥스에서 코스닥시장으로 이전 상장한 기업은 당장 실적보다는 향후 기업가치가 오 를 수 있다는 기대감으로 투자를 받는 성장주인 경우가 많다.

출처 : 매일경제/일부인용

 상식UP! Quiz

↳ **문제** 우리나라의 주식시장 중 중소기업 전용 주식시장을 고르시오.
  ① 유가증권시장
  ② 코스닥시장
  ③ 코넥스시장
  ④ 프리보드시장

↳ **해설** 코넥스시장은 코스닥시장 상장요건을 충족시키지 못하는 벤처기업과 중소기업이 상장할 수 있는 중소기업 전용 주식시장으로 2013년 7월 1일 개장했다.

답 ③

086 중립금리

높지도 낮지도 않게, 말 그대로 평범하게

중앙은행은 기준금리를 정합니다. 기준금리를 현 상태로 유지하여 경제 정책을 유지할지 아니면 기준금리를 낮추어 자금을 공급해 경기를 부양시킬지, 아니면 금리를 높여서 경기과열을 완화시킬지를 결정하죠. 중앙은행이 이런 방향을 정하기 전에 해야 할 일이 한 가지 있습니다. 바로 기준금리로 지정했을 때 경기가 부양되지도 긴축되지도 않는 지점을 예측하는 것입니다. 이런 기준이 마련되어야 정책에 적정한 기준금리를 결정할 수 있겠죠?

중립금리란 경제가 인플레이션이나 디플레이션의 압력 없이 기준금리 결정의 영점이 되는 정책 결정상의 금리입니다. 가정상 이러한 중립금리를 기준금리로 삼을 경우 경기부양도 경기축소도 오지 않게 되죠. 기준금리의 결정이 정답이 없는 정치의 영역이라면 중립금리의 결정은 정답이 있는 학문의 영역입니다. 정확한 지표를 예측할수록 도움이 되는 것이죠. 하지만 현재로서는 어떻게 계산할지에 대한 학계의 합의도 안 되어 있는 상태입니다. 중앙은행은 여러모로 체계적 분석을 한다지만 어느 정도는 감에 의지하고 있는 형편입니다.

중립금리는 2008년 금융위기 이후부터 사용되었습니다. 그 이전에는 기준금리를 결정하기 위해서 '테일러 준칙'이라는 계산식을 사용했지요. 중립금리와 달리 테일러 준칙은 '2.07 + 1.28 × 인플레이션율 − 1.95 × 실업갭'이라는 수식으로 기준금리 값을 정했죠. 하지만 2008년 금융위기 이후 이런 테일러 준칙은 마이너스대로 들어가는 등 한계를 드러내게 되어 이후 '중립금리'가 쓰이기 시작했습니다.

기준금리 3.5%로 또 동결 …
경기 · 금융불안에 인상 마무리된 듯

한국은행이 기준금리를 다시 3.50%로 묶었다. 한은의 제1관리 대상인 소비자물가 상승률이 1년 만에 가장 낮은 4%대 초반까지 떨어진 만큼, 무리하게 금리를 더 올려 가뜩이나 수출 부진과 실리콘밸리은행(SVB) 사태 등으로 얼어붙은 경기와 금융에 부담을 줄 이유가 없다고 판단한 것으로 해석된다. 이날 연속 동결로 시장에서는 '한은 금리인상 종결론'이 더 늘어날 것으로 예상된다. 박정우 노무라증권 이코노미스트는 "이번 동결 이후 당분간 금리는 동결기조를 유지할 것"이라며 "현재 기준금리가 이미 **중립금리** 수준을 웃도는 가운데, 인플레이션 압력은 완화되고 경기가 둔화 내지 침체양상을 보이는 만큼 금리인상 기조는 끝난 것으로 판단된다"고 밝혔다.

출처 : 연합뉴스/일부인용

 상식UP! Quiz

↳ 문제 　미국의 중립금리는 연방준비제도에서 결정한다. 　　　　　　 o / x

↳ 해설 　중립금리는 경기부양이나 경기축소가 되지 않을 것이라고 예상되는 금리로, 중앙은행이 기준금리를 삼는 과정에서 결정하는 학술적 수치이다. 미국의 중앙은행은 연방준비제도이다.

답 o

차이를 이용해서 돈을 벌자!

2016년 전후로 서울을 포함한 수도권과 지방 대도시를 중심으로 갭 투자가 유행처럼 번지기 시작했습니다. 이전까지 갭 투자는 무주택자가 내 집을 마련하는 효과적인 수단으로 여겨졌으나 어느 순간부터 투자보다는 시세차익을 노린 '투기'라는 인식이 퍼졌습니다. 정부도 갭 투자가 정상적인 부동산 거래가 아닌 투기라고 보고 지속적으로 규제를 강화했습니다. 갭 투자가 도대체 무엇이기에 부정적 이미지와 함께 규제 대상으로 떠올랐을까요?

갭 투자란 주택의 매매가격과 전세가격의 차이(갭 : Gap)가 작을 때 전세를 끼고 주택을 매입해 수익을 내는 방식입니다. 즉 매매가격과 전세가격의 차이만큼의 돈을 갖고 주택을 매입한 후 전세계약이 종료되면 전세금을 올리거나 주택 매매가격이 오른 만큼의 차익을 얻을 수 있는 형태이죠.

비교적 소액으로 괜찮은 수익을 낼 수 있는 구조이긴 합니다. 하지만 실상은 좀 다를 수 있습니다. 역으로 매매나 전세 수요가 줄어 매매가격이나 전세가격이 떨어지면 문제가 생길 수 있습니다. 부동산경기가 위축돼 주택 매매가격이 떨어지면 투자자(집주인)는 수익을 내지 못하게 되고 그 결과 전세 세입자가 집주인에게 전세보증금을 돌려받지 못하는, 뒤에서 살펴볼 이른바 '깡통전세'가 속출할 수 있습니다. 이러한 위험성 때문에 전문가들도 갭 투자에 주의가 필요하다고 말합니다. 정부도 갭 투자를 투기 수요로 보고 대출 규제 등에 적극 나서고 있습니다.

"아직도 갭 투자 불씨가" … 수도권 외곽 무슨 일?

주택가격 하락으로 역전세 우려가 심화되고 있는 가운데 수도권 외곽을 중심으로 아파트 **갭 투자**가 확산하고 있는 분위기다. 갭 투자는 전세를 끼고 주택을 매매하는 거래형태다. 적은 자본으로도 주택을 매입할 수 있어 한창 주택가격이 상승기일 때 갭 투자가 크게 성행했으나 최근 들어 전세사기와 역전세 원인으로 지적되고 있다. 다만 일부 지역에서 매매와 전세가격이 바닥이라는 인식이 확산되면서 다시금 갭 투자 수요가 고개를 들고 있다. 특히 가격대가 상대적으로 낮고 매매와 전세가격 차이가 크지 않은 아파트 위주로 갭 투자가 이뤄지고 있는 것으로 파악된다. 화성시의 한 공인중개사는 "갭 투자가 활발한 분위기는 아니지만 최근 용인 반도체 클러스터 조성 등 이슈로 동탄에 매수문의가 늘어났다"며 "예전만큼은 아니지만 아파트 가격이 많이 내려간 상황에서 전세를 끼고 계약을 하려는 수요가 나오는 분위기"라고 설명했다.

출처 : 데일리안/일부인용

상식UP! Quiz

↳ 문제 갭 투자를 위해 주택을 매입한 후 부동산경기가 위축되면 수익이 날 가능성이 커진다.

○ / ×

↳ 해설 시세 차익을 거두기 위한 목적으로 주택을 매입한 후에 부동산경기가 위축되면 주택의 가격이 하락하여 손실을 입게 된다.

답 ×

집이 아니라 빚 폭탄

전세란 세입자가 부동산 주인에게 전세(보증)금이라는 거액의 목돈을 무이자로 빌려주면, 주인은 월세를 받지 않는 대신 계약기간 동안 부동산을 이용하게 해줌으로써 목돈을 마련하는 제도입니다. 집을 구입하기 어려운 서민들이 상대적으로 저렴한 금액으로 보금자리를 구할 수 있는 우리나라 특유의 부동산 계약방식이죠.

그러나 역시 내 집이 아닌 만큼 전세계약에도 여러 위험이 도사리고 있습니다. 특히 앞서 이야기한 깡통전세가 최근 많은 문제를 일으켰죠. 깡통전세란 주택의 실제 가치(집값, 다시 말해 주택매매가)가 전세보증금보다 싼 경우를 말하는데요. 보통 보증금이 집값의 80%를 넘으면 깡통전세라고 합니다. 이 때 세입자는 고스란히 전세보증금을 떼일 위험이 있습니다. 전세계약기간이 끝나면 집주인은 빌린 목돈(전세보증금)을 돌려줘야 하는데, 만약 부동산침체로 집값이 떨어지게 되면 집을 팔아도 전세보증금보다 적으니 돌려줄 수 없는 상황이 되죠. 여기에 집주인이 갭 투자를 목적으로 주택담보대출을 받았다면, 이 대출금도 갚을 수가 없어 이자는 연체되고 집은 결국 경매로 넘어가게 됩니다. 집주인이나 세입자나 양쪽 다 답이 없는 상황으로 치닫고 말죠.

그런데 지난 2022년 말부터 이런 깡통주택을 대량으로 소유한 사람들이 전세사기 사태를 벌여 많은 세입자들이 고통을 겪고 목숨까지 끊는 일이 발생했습니다. 사태의 시작으로 수도권 곳곳을 중심으로 많게는 빌라 수천채를 소유한 이른바 '빌라왕'들의 존재가 드러났는데요. 추후 수사 결과 이들은 중개업자까지 끌어들여 개인이 아닌 조직적으로 움직이며 전세사기를 저질렀습니다.

일단 이들은 값이 떨어진 깡통주택을 저렴하게 사들여 전세계약을 맺고, 이때 받은 전세보증금으로 또 다른 깡통주택을 매입합니다. 이런 식으로 소유 주택을 불려 나가는 '무자본 갭 투자'를 벌이는데요. 이 때 보증금을 떼어 먹고 잠적하기도 하고요. 계약기간이 끝나는 세입자에게 돌려 줄 보증금을 다른 세입자의 보증금으로 돌려막기 하다가 돈줄이 막히면 반환이 안 되는 사고도 터집니다. 아무 잘못 없는 세입자가 사기범의 갭 투자 욕심에 희생당하는 것입니다.

정치 · 경제 · 사회 · 국제 · 문화 · 미디어 · 과학 · IT · 스포츠

전세사기대책위 "실효성 없는 특별법 … '先구제 後회수' 필요"

전세사기 · **깡통전세** 피해자 전국대책위원회는 서울 종로구 보신각 앞에서 '전세사기 피해자 집중 집회'를 열고 "피해자의 보증금을 적극적으로 회수할 수 있도록 돕는 '선(先)구제 후(後)회수' 방안이 필요하다"고 밝혔다. 선구제 후회수 방안은 정부가 전세사기 피해자를 먼저 구제한 뒤 임대인 등으로부터 피해금을 회수하는 내용이다. 이들은 "현행 전세사기 특별법은 피해자로 인정받기가 너무 어렵다"며 "임대인이 세입자를 속일 의도가 있었음이 입증돼야 하고, 한 임대인으로 인한 피해가 여러 건이어야 하는 등 사각지대가 너무 넓다"고 주장했다. 그러면서 "공공의 주택매입, 우선매수권, 경공매유예와 같은 실효성 있는 대책도 대폭 확대해야 한다"고 주장했다. 아울러 "지금의 특별법은 과장광고 암보험과 똑같다"며 "선구제 후회수 방안을 포함하고 가해자 처벌 및 재산몰수를 할 수 있는 강력한 법을 마련하라"고 요구했다.

출처 : 연합뉴스/일부인용

서민의 치열한 내 집 마련

청약(請約)이라는 단어를 사전에서 찾아보면 '일정한 내용의 계약을 체결할 것을 목적으로 하는 일방적·확정적 의사표시'라고 나와 있습니다. 주택청약은 주택에 입주하려는 사람이 그 의사를 표시하기 위해 주택청약종합저축에 가입하는 것을 말하죠. 보통 신축아파트가 분양될 때 입주자를 모집하기 위해 일반적으로 쓰이는 방법입니다. 내 집 마련이 워낙 어렵다보니 나라에선 주택청약의 방법으로 국민에 게 집을 마련해주려고 합니다. 주택청약을 이야기하기 전에 앞서 본 분양가상한제를 먼저 짚어야 하는데요. 나라에서 새로 분양되는 주택의 가격상한을 제한해, 무조건 높은 가격을 제시한 사람이 주택을 독점하지 못하도록 한 것입니다. 그러면 많은 분양 희망자 중에 입주할 사람을 정해야 하는데, 이 과정에서 마련된 것이 주택청약입니다.

주택청약을 크게 보면 2가지로 구분됩니다. 먼저 한국토지주택공사(LH)나 서울주택도시공사(SH) 등 국가에서 국민의 주거안정을 위해 82m² 이하로 건설하는 국민주택이 있습니다. 또 민간이나 자치단체에서 82m² 초과로 건설해 공급하는 민영주택이 있죠. 청약신청을 위해서는 여러 자격조건이 붙는데, 무주택자 여부나 청약통장 가입기간·납입횟수, 해당지역 거주여부, 부양가족수 등 다양합니다. 국민주택인지 민영주택인지에 따라 자격조건이 다르고, 분양지역이 투기과열지구·청약과열지구인지에 따라서도 달라지죠. 이런 까다로운 조건에 따라 1순위, 2순위로 청약순위가 갈리게 됩니다. 1·2순위제는 입주자를 선정하는 일반적인 방식입니다.

주택청약은 분명 여러모로 좋은 제도이지만, 청약순위와 가산점 조건에 대한 말이 많았습니다. 경쟁이 치열하기 때문에 무주택 기간, 부양가족수 등 여러 조건에 많이 부합해야 가산점이 붙도록 했는데요. 그러다보니 젊은 20~30대가 청약을 받기란 '하늘의 별따기'였습니다. 그래서 부모들이 청약확률을 높이기 위해 어린 자녀들에게 일찌감치 청약통장을 만들어주기도 하죠. 이런 점을 수용해 정부는 신혼부부와 청년, 다자녀가구 등 정책적 배려가 필요한 사회계층이 분양받을 수 있도록 특별공급제도를 마련했습니다. 이 특별공급은 일반공급과 달리 순위경쟁 없이도 일정자격을 갖추면 분양에 도전할 수 있는데요. 대신 청약횟수는 1세대당 평생 1회로 제한됩니다.

정치 · 경제 · 사회 · 국제 · 문화 · 미디어 · 과학 · IT · 스포츠

서울 청약통장 가입자, 15개월 만에 증가

한국부동산원 청약홈에 따르면 이달 말 기준 서울 **주택청약종합저축** 가입자는 602만 1,273명으로 지난달보다 1,768명 늘어났다. 서울 청약통장 가입자는 부동산시장이 위축된 지난해 중순부터 줄어들기 시작해 이전 달까지 14개월 연속 감소세를 보였다. 기존 통장 해약이 계속되고 있지만 신규가입자가 늘어나면서 서울 전체 청약통장 계좌수가 증가한 것으로 풀이된다. 이달 서울 청약통장 중 1년 이상 가입(투기과열지구는 2년 이상)한 1순위 통장은 384만 6,571계좌에서 384만 5,299계좌로 줄었다. 반면 1순위 통장요건을 채우지 못한 2순위 통장은 217만 2,934계좌에서 217만 5,974계좌로 증가했다. 업계 관계자는 "청년 특별공급과 공공주택 사전청약 등 20 · 30대 젊은 층이 혜택을 볼 수 있는 제도가 많아 아파트 청약에 대한 관심이 높아졌다"고 설명했다.

출처 : 한국경제/일부인용

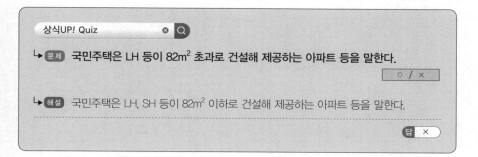

상식UP! Quiz

↳ 문제 국민주택은 LH 등이 82m² 초과로 건설해 제공하는 아파트 등을 말한다.

○ / ×

↳ 해설 국민주택은 LH, SH 등이 82m² 이하로 건설해 제공하는 아파트 등을 말한다.

답 ×

신문으로 공부하는
말랑말랑 시사상식
경제·경영

11-21 →

WALL ST

CHAPTER 05

국제

대한민국, 선진국의 자리에 오르다

우리나라는 선진국일까요? 경제규모나 산업·문화수준을 살펴보면 어느 정도 선진국 반열에 들지 않나 생각이 듭니다. 그러나 우리나라는 종전까지 공식적으로 개발도상국이었는데요. 지난 2021년 7월 2일 우리나라가 세계가 공인하는 선진국 지위에 올랐다는 소식이 들렸습니다. 이는 국제연합의 무역개발회의(UNCTAD)에서 결정된 사항이었는데요, 1964년 UNCTAD가 설립된 이래 개도국 그룹에서 선진국 그룹으로 이동한 사례는 우리나라가 처음입니다.

UNCTAD는 개발도상국의 산업화와 국제무역 참여 증진을 지원하기 위해 설립된 유엔 산하 정부 간 전문상설기구입니다. UNCTAD는 2021년 제68차 무역개발이사회 마지막 날 회의에서 만장일치로 우리나라의 지위를 선진국 그룹인 B그룹으로 공식 변경했습니다. 그동안 우리나라는 아시아, 아프리카 같은 주로 개도국이 포함된 A그룹에 속해 있었는데요. 지위변경으로 UNCTAD 내에서의 우리나라 활동에 직접적인 영향을 끼치는 것은 없을 것으로 예상되지만, 세계무대에서 주요 선진국으로 성장했다는 것을 공식적으로 인정받았다는 데 의의가 있습니다.

사실 우리나라는 이미 선진국으로 인정받는 수준에 올라서 있었습니다. 우리나라는 광복 후 약 50년간 600억달러에 달하는 국제원조를 받았죠. 그러나 1995년에 세계은행 원조대상국에서 제외됐고 1996년에는 선진국클럽이라는 경제협력개발기구(OECD)에 가입했습니다. 2009년에는 OECD 내 개발원조위원회 회원국이 되면서 '원조를 받는 나라'에서 '원조를 주는 나라'가 됐고, 국내적으로도 1987년에 대외경제협력기금(EDCF)을 설치해 공적개발원조도 지속적으로 늘려 왔습니다.

그러나 선진국이란 단순히 자본과 이에 따른 생산규모·소득이 많은 나라를 의미하지는 않습니다. 실질적인 국민의 삶의 질도 중요하죠. 최근에는 선진국을 평가할 때 교육지수, 기대수명지수, 국민총소득(GNI)의 기하평균으로 산출하는 인간개발지수도 중요하게 고려되고 있습니다. 그런 의미에서 우리나라는 삶의 질에 있어서는 여전히 경제발전을 따라가지 못했다는 반성도 나오고 있습니다.

정치 · **경제** · 사회 · **국제** · 문화 · 미디어 · 과학 · IT · <u>스포츠</u>　　　

"우리도 이제 선진국" … 외교부 해외원조 1조원 돌파

외교부의 공적개발원조(ODA) 예산이 처음으로 1조원을 돌파했다. 글로벌 보건위기 속에서 '**선진국**'으로서의 국제사회 기여를 늘리겠다는 의도다. 외교부는 3조 23억원으로 편성한 올해 예산안을 국회에 제출했다. 재작년 2조 8,409억원과 비교하면 5.7% 증가한 규모다. 2015년 외교부의 연간 예산이 처음 2조원대에 진입한 이후 7년여 만에 3조원 시대에 진입했다. 올해 정부 전체 예산안(604조 4,000억원)에서 차지하는 비중은 약 0.5%다. 올해도 외교부 예산안의 가장 큰 특징은 해외 국가들에 대한 ODA가 크게 늘었다는 점이다. 외교부 전체 예산의 37%인 1조 1,149억원이 편성됐다. 올해 관련 예산 (9,505억원)과 비교하면 17.3% 증액됐다. 김재휘 외교부 조정기획관은 "기존 외교활동 예산뿐 아니라 선진국으로서 국제사회에 대한 책임과 국격에 맞는 역할에 필요한 부분이라 부처 내부에선 의미있다고 평가한다"고 말했다.

출처 : 한국경제/일부인용

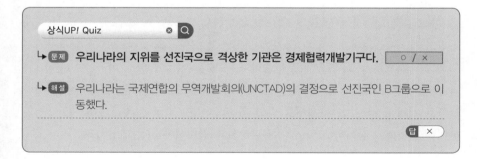

상식UP! Quiz

문제 우리나라의 지위를 선진국으로 격상한 기관은 경제협력개발기구다.　　ㅇ / ✕

해설 우리나라는 국제연합의 무역개발회의(UNCTAD)의 결정으로 선진국인 B그룹으로 이동했다.

답 ✕

G7에 대항하는 신흥경제국 모임?!

브릭스(BRICS)는 브라질·러시아·인도·중국·남아프리카공화국의 신흥경제 5국을 하나의 경제권으로 묶은 신흥시장입니다. 브라질(Brazil), 러시아(Russia), 인도(India), 중국(China), 남아공(South Africa) 5국의 영문 머리글자를 딴 것이죠. 본래 창립국은 브라질, 러시아, 인도, 중국이고 2011년에 남아공이 공식회원국으로 가입하면서 기존 'BRICs'에서 'BRICS'로 의미가 확대되었죠. 사실 브릭스라는 명칭은 2001년 미국 골드만삭스자산운용 회장이던 '짐 오닐'이 위 네 창립국을 빠르게 성장하는 신흥경제국으로 꼽아 브릭스라고 부르면서 정립됐습니다. 이러한 분위기를 타서 브릭스 4개국은 교류를 갖기 시작했고, 브릭스 정상회의가 2009년부터 시작이 돼 매년 열리고 있습니다. 이들은 회의를 통해 경제협력을 강화하고 상호 지속가능한 성장을 돕는 계획을 구상합니다.

지난 2023년 8월에는 남아공에서 15차 브릭스 정상회의가 열렸는데요. 이 회의에서 사우디아라비아와 이란, 아랍에미리트(UAE), 아르헨티나, 이집트, 에티오피아를 새 회원국으로 품게 됐죠. 브릭스의 주도권을 쥔 국가는 아무래도 중국과 러시아라고 할 수 있는데요. 이 두 국가는 브릭스의 회원국을 늘려 외연을 확장시키기 위해 적극적으로 목소리를 내고 있습니다. 그것은 이들이 현재 미국을 비롯한 G7과 서방 유럽국가와 대치하고 있는 국제정세 때문이죠. 러시아는 우크라이나 침공 이후로 서방의 경제·안보제재를 받고 있는 중이고, 중국은 최근 한국·미국·일본이 국제공조를 강화하고 있어 다른 나라들과 연대해야 하는 입장이죠.

그러나 한편 인도와 브라질은 브릭스를 G7과 미국에 대항하는 연대로 삼는다는 두 나라의 생각에 미온적인 태도를 보였습니다. 특히 룰라 브라질 대통령은 브릭스가 G7의 대항마가 아니라고 공개적으로 의견을 밝히기도 했는데요. 2023년 회의에서 5개국 정상은 예정된 기자회견까지 취소하고 새 회원국 가입에 대한 장시간의 토론 끝에 6개 국가를 새로 맞이하기로 결정했습니다. 이로써 브릭스의 정식회원국은 11개국으로 늘어났습니다. 뿐만 아니라 추가로 22개국이 공식적으로 가입을 요청했다고도 알려졌죠. 브릭스는 기존 5개 회원국만으로도 이미 전 세계인구의 42%, 영토의 26%, 국내총생산(GDP)의 23%, 교역량의 18%를 차지한다고 하는데요. 이들이 회원국을 점차 늘려 정말 G7의 대항마가 될 수 있을지는 지켜봐야 하겠습니다.

정치 · 경제 · 사회 · 국제 · 문화 · 미디어 · 과학 · IT · 스포츠

"너 친구 많아?" 중 · 러 브릭스 확장의 함의

캠프 데이비드에서 한 · 미 · 일 정상회의가 열린 후 중국은 신흥경제 5개국 협의체 **브릭스**(BRICS)를 11개국으로 확장했다. 월스트리트저널은 "(중국과 러시아가) 서구권과 지정학적 · 경제적으로 치열하게 경쟁하는 상황에서 경제블록을 강화하려던 시진핑 중국 국가주석과 블라디미르 푸틴 러시아 대통령이 승리했다"고 평가했다. 신냉전 구도에서는 프렌드쇼어링(Friend-shoring)이 핵심이고, 결국 친구를 많이 두는 쪽이 유리하기 때문이다. 브릭스의 확장은 그간 자국 상황에 발목이 잡혀있던 푸틴 대통령이 본격적으로 신냉전이란 무대에 등장하는 계기가 됐다. 미국 등 서구권에서 중국의 대안으로 거론되는 인도를 다독이는 것도 푸틴의 몫이었다. 러시아 대통령실은 푸틴 대통령이 나렌드라 모디 인도 총리와 앞서 화상회의를 갖고 브릭스 확장의 중요성을 강조했다고 밝혔다.

출처 : 더스쿠프/일부인용

상식UP! Quiz   ⊗ 🔍

↳ 문제   브릭스(BRICS)는 2023년 회원국을 늘리면서 각 회원국의 영문 앞 글자를 딴 명칭을 변경할 것으로 알려졌다.

`O / X`

↳ 해설   브릭스는 회원국이 늘더라도 기존 5개 회원국 이름의 첫 알파벳을 딴 명칭은 유지할 가능성이 큰 것으로 전해졌다.

답   X

한 나라의 신용을 정해주는 위력!

피치레이팅스, S&P, 무디스는 세계 3대 신용평가기관으로 불립니다. 이들은 거래, 재무구조 등을 바탕으로 개별 회사뿐만 아니라 한 국가의 신용도를 평가하는데, 전 세계적으로 그 영향력이 막강하답니다. 실제로 1920년대부터 미국의 주요 채권 등급을 심사하였고, 대상 국가 또한 100여 개 국가에 달할 정도니까요.

그렇다면 신용등급이 왜 중요할까요? 이는 바로 신용등급에 따라 국가의 신용도가 달라지고, 이에 따라 소비와 투자 등의 규모가 결정되기 때문입니다. 더욱이 지금처럼 국가 간 경계가 허물어진 자본시장에서 신용등급은 한 국가의 경제규모와 관계 없이, 단순히 등급 수준만으로도 엄청난 영향을 주게 되는 것이죠. 하지만 신용등급이 높다는 것이 반드시 투자의 성과를 보장한다거나, 경제의 탄탄함을 보장해주는 것은 아니랍니다. 지난 2008년 금융위기가 발생했을 때, 주요 신용평가기관들의 무분별한 평가가 금융위기의 혼란을 가중시킨 부분도 있기 때문인데요. 무엇보다 가장 중요한 것은 개별 회사나 국가 모두 건실하고 투명한 운영을 해나감으로써 높은 신용을 유지해야 하는 것입니다.

피치레이팅스 (Fitch Ratings)	• 1913년 '존 놀스 피치'가 설립한 '피치 퍼블리싱'에서 출발 • 1924년 'AAA~D'까지 등급을 매기는 평가방식 도입
S&P (Standard & Poor's)	• 1860년 헨리 바늄 푸어가 설립 후, 1942년 스탠더드와 합병하며 현 회사명으로 변경 • 미국의 3대 지수로 불리는 S&P 500지수 발표
무디스 (Moody's Corporation)	• 1909년 존 무디가 설립했으며, 기업체 및 정부를 대상으로 재무 관련 조사 및 분석 • 뉴욕 증권거래소 상장기업

극단정치의 폐해 … "미국, 더는 AAA등급 국가 아냐"

월가가 미국정부의 국가신용등급이 최고등급인 'AAA'에서 완전히 내려앉을 가능성에 대비하고 있다는 분석이 나왔다. 극단정치 등의 폐해로 이는 '구체제'가 됐다는 것이다. **세계 3대 신용평가기관** 중 스탠더드앤드푸어스(S&P)는 지난 2011년 미국 부채한도 협상 당시 국가신용등급을 AA+로 하향했고, 이를 지금까지 유지하고 있다. 피치는 올해 AAA에서 AA+로 내렸고, 무디스만 최고등급을 주고 있는데, 이마저 곧 떨어질 것이라는 게 월가의 예상인 것이다. 첫 번째 이유는 최근 하원의장 축출사태에서 드러난 극단정치 난맥상이고, 두 번째 이유는 미국의 방만한 재정운용이다. 무디스는 정치양극화 심화와 함께 미국이 다른 AAA 국가들보다 재정정책이 덜 건실하다는 점을 우려한다. 피치가 최근 미국 신용등급을 강등했던 주요 이유 역시 재정악화와 국가채무부담 증가였다. 미국은 현재 세계 최대 채무국이다.

출처 : 이데일리/일부인용

 상식UP! Quiz　　　　　⊗ Q

↳ 문제　**세계 3대 신용평가기관이 아닌 곳은?**

① 피치레이팅스　　　　　　　② 무디스
③ 피말락　　　　　　　　　　④ 스탠더드앤드푸어스

↳ 해설　세계 3대 신용평가기관은 영국의 피치레이팅스(Fitch Ratings), 미국의 무디스 (Moody's), 스탠더드앤드푸어스(S&P)다. 피말락은 피치레이팅스의 모기업이다.

 답　③

포괄적 · 점진적 환태평양경제동반자협정

CPTPP는 경제 · 무역과 관련된 협정입니다. CPTPP는 'Comprehensive and Progressive Agreement for Trans-Pacific Partnership'의 약자로 우리말로 번역하면 '포괄적 · 점진적 환태평양경제동반자협정'이라는 긴 이름을 갖고 있죠. 본래 약자는 'TPP'였는데, 당시 주도국이었던 미국의 트럼프 전 대통령이 탈퇴를 선언하면서, 2018년 3월 나머지 총 11개국이 명칭을 CPTPP로 변경했습니다. 그래서 현 가입국은 일본과 캐나다, 멕시코, 호주, 뉴질랜드, 베트남, 말레이시아, 싱가포르, 칠레, 페루, 브루나이 등 아시아 · 태평양 11개국입니다. 이 협정의 주요 내용은 농수산물과 공산품 역내 관세 철폐, 데이터 거래 활성화, 금융 · 외국인 투자 규제 완화, 이동 자유화, 국유기업 보조금 지원 금지 등이죠.

다자간 자유무역협정(FTA)인 이 CPTPP의 전략적 중요도는 점점 더 커지고 있습니다. 이미 영국과 중국, 대만도 가입을 추진하고 있죠. 우리나라 산업연구원의 조사에 따르면 CPTPP 참여국의 국내총생산(GDP)은 전세계 GDP의 12.8%에 이르고, 무역규모는 15.2%를 차지한다고 합니다. 일본이나 베트남 등 우리나라와 많은 교역이 이루어지는 나라들이 가입되어 있고, 또 우리나라의 최대 무역시장인 중국이 가입신청서를 내면서 그 중요도는 더 커지게 되었는데요. 그래서 우리나라도 CPTPP에 가입하기 위한 준비에 착수했습니다. 정부는 CPTPP 가입신청서를 제출하겠다고 발표하며, 무역증진 효과를 노릴 수 있고 국내 경제 체질도 상향시킬 수 있는 좋은 기회라고 덧붙였습니다. 우리나라의 통상 영토 또한 확대시킬 수 있죠. 다만 신청서만 낸다고 가입할 수 있는 것은 아닙니다. 당초 이 모임을 주도한 일본이 우리나라의 가입을 꺼리고 있는데다가 기존 가입국들의 동의도 얻어야 하기 때문이죠. 게다가 관세가 거의 철폐 수준으로 내려가고, 가입국 중 농업 비중이 큰 나라가 많은 만큼 우리나라 농업계의 반발도 만만치는 않습니다. 가입국이 되면 외국의 농산물이 낮은 관세를 타고 밀려들어 올 수 있기 때문입니다.

수출기업 86% "올해 통상환경 나아지지 않을 것"

수출기업 10곳 중 9곳은 올해 통상환경이 지난해보다 나아지지 않을 것으로 전망했다. 대한상공회의소가 올해 해외 수출기업 300개사를 대상으로 조사한 결과, 응답 기업의 30.7%는 지난해보다 통상환경이 어려워질 것으로 봤고, 55.0%가 지난해와 비슷할 것으로 전망했다. 수출기업의 85.7%가 올해 통상여건을 지난해와 같거나 나쁘게 예측한 것이다. '지난해보다 나아질 것'이란 응답은 14.3%에 그쳤다. 기업들이 정부에 가장 원하는 통상정책으로는 공급망 불안정에 대응할 수 있는 경제안보 강화(50.3%)가 꼽혔다. 자유무역협정(FTA) 등의 활용을 강화하고 **포괄적 · 점진적 환태평양경제동반자협정(CPTPP)** 가입에 따른 대응책 마련 등도 기업들이 원하는 통상정책으로 조사됐다.

출처 : 뉴시스/일부인용

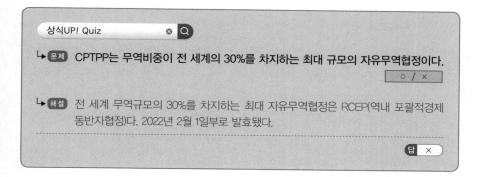

상식UP! Quiz

➥ 문제 CPTPP는 무역비중이 전 세계의 30%를 차지하는 최대 규모의 자유무역협정이다.

O / X

➥ 해설 전 세계 무역규모의 30%를 차지하는 최대 자유무역협정은 RCEP(역내 포괄적경제동반자협정)다. 2022년 2월 1일부로 발효됐다.

답 X

어려울 땐 이웃끼리 도와야죠!

서로 다른 통화를 약정된 환율에 따라 한 측이 원할 때 상호 교환(Swap)하는 외환거래를 통화스와프라고 합니다. 쉽게 말하면 우리나라 통화를 맡겨놓고 다른 나라 통화를 빌려오는 것입니다. 내용상으로는 차입이지만 형식상으로는 통화교환인 겁니다.

국가 간의 통화스와프 협정은 유동성 위기를 방지하기 위해 두 나라가 자국통화를 상대국 통화와 맞교환하는 방식으로 이루어집니다. 어느 한쪽에 외환위기가 발생하면 상대국이 외화를 즉각 융통해줌으로써 유동성 위기를 넘기고 환시세의 안정을 꾀할 수 있죠. 변제할 때는 최초 계약 때 정한 환율을 적용함으로써 시세변동의 위험을 피할 수도 있고요.

맞교환 방식이기 때문에 차입비용이 절감되고, 자금관리의 효율성도 제고됩니다. 국제통화기금(IMF)에서 돈을 빌릴 경우에는 통제와 간섭이 따라 경제주권과 국가 이미지가 훼손되지만, 통화스와프는 이를 피하여 외화 유동성을 확보하는 장점도 있습니다. 실제로 우리나라는 지난 2008년 10월 미국과 300억달러 규모의 통화스와프 협정을 체결해 외환시장 안정을 되찾았고, 2010년 2월 경기가 안정되면서 미국과의 통화스와프 협정을 성공적으로 종료한 바 있습니다. 또 한국과 미국은 다시금 2021년 말을 만기로 600억달러 규모의 통화스와프 협정을 체결했습니다. 당시 통화스와프 협정으로 인해 정부는 다급한 국내 달러 수요를 충족시킬 수 있었죠.

하지만 통화스와프 관리 비용과 체결국가 간 통화가치변동에 따라 손실을 입기도 합니다. 미국과 독일이 체결한 통화스와프의 경우 달러 가치가 하락하고, 독일의 마르크화 가치가 급등해 달러가 큰 손실을 입은 것이 대표적 사례지요. 통화스와프는 효율적이긴 하지만 단점도 분명 존재하기에 신중한 운영이 필요하다고 할 수 있습니다.

한 · 미 금리 역전차 역대 최대에 원화 약세 … 통화스와프 필요 없을까

미국 연방준비제도(Fed · 연준)가 기준금리를 0.25%포인트 올린 가운데 제롬 파월 연준 의장이 비둘기적(통화정책 완화 선호) 발언을 내놓으면서 원/달러 환율이 하락세를 보이고 있다. 강달러 현상은 수그러들었지만 여전히 미 · 중 갈등, 경상수지 적자 등 원화 약세 요소가 남아있는 만큼 일각에선 한 · 미 **통화스와프**를 재체결해야 한다는 목소리가 커지고 있다. 연준은 최근 10차례 연속 금리인상을 단행해 왔다. 이로써 미 기준금리는 한국 기준금리보다 1.75%포인트 더 높아졌다. 통상 한 · 미 금리 역전차가 커질수록 국내증시와 채권시장 등에선 외국인 투자자들은 더 높은 수익률을 좇기 위해 투자자금을 대거 빼 나갈 우려가 있다. 이렇게 되면 원화가치는 더욱 떨어질 수밖에 없다.

출처 : 머니S/일부인용

상식UP! Quiz

↳ **문제** 통화스와프는 외화의 차입비용을 절감시키지만, 돈을 빌릴 경우 통제와 간섭이 따라 경제주권과 국가 이미지가 훼손된다. ○ / X

↳ **해설** 국제통화기금(IMF)에서 돈을 빌릴 경우에는 통제와 간섭이 따라 경제주권과 국가 이미지가 훼손되지만, 통화스와프는 이를 피하여 외화 유동성을 확보하는 장점이 있다.

답 X

095 인플레이션 감축법

세계를 향한 미국의 횡포?!

2022년 8월 조 바이든 미국 대통령이 '인플레이션 감축법(IRA ; Inflation Reduction Act)'에 서명했습니다. 이 법률은 기후변화대응과 대기업 증세 등의 내용을 담고 있고, 2030년까지 온실가스를 40% 감축하기 위해 에너지안보 및 기후변화대응에 3,750억달러를 투자하는 내용을 골자로 합니다. 전기자동차의 보급을 확대하기 위해 전기차 구입에 세액공제를 해주는 내용도 포함됐죠. 북미(미국·캐나다·멕시코)산 전기차 가운데 북미에서 제조·조립된 배터리 부품의 비율과 북미와 자유무역협정(FTA)을 체결한 국가에서 채굴된 핵심광물의 사용비율에 따라 차등해 세액을 공제합니다. 수입전기차는 공제대상에서 제외됐고요.

그런데 문제는 우리나라 기업이 생산한 전기차도 그 대상에서 빠진다는 겁니다. 미국국민들은 세액공제를 받기 위해 자연히 외국산 전기차나 미국과 사이가 안 좋은, 가령 중국 같은 나라에서 캔 광물로 배터리를 만든 전기차는 사지 않을 겁니다. 보조금 혜택을 받으려면 미국에 공장을 세워 전기차를 만들든가, 미국이나 미국과 FTA를 맺은 나라의 광물로 배터리를 만들어 전기차를 팔아야 하는 겁니다. 그래서 우리 자동차 기업들은 부랴부랴 미국공장 착공을 서두르기도 했죠.

한편 IRA는 한미FTA와 세계무역기구(WTO)의 규범을 위반했다는 시각이 있습니다. WTO에서 내세우는 '최혜국 대우'와 '자유무역'이라는 원칙은 수출입 되는 어떤 상품이든 국적에 따라 차별받아서는 안 된다는 것인데요. 즉, 미국도 수입상품과 자국상품의 가치를 취급하는 데 차등을 둬서는 안 된다는 말입니다. 이 IRA 때문에 손해를 보는 국가는 우리만이 아니었는데요. 미국의 이러한 불공정한 처사로 유럽연합(EU)에서는 '유럽식 IRA'를 만들어 대응하겠다고 선언하기도 했죠. 이렇게 유럽 등 각국의 반발이 이어지면서 2023년 3월 미국은 IRA에 대한 세부규정을 내놓았습니다.

세부규정에선 전기차를 북미에서 최종조립해야 한다는 조항은 바꾸지 못했지만 렌트·리스용으로 판매되는 상업용 전기차는 이 조항을 적용받지 않게 되면서 국내 자동차 기업들은 한숨 돌리게 됐습니다. 또 배터리에 들어가는 핵심광물을 미국이 FTA를 맺지 않은 국가에서 수입해도 국내에서 가공해 50% 이상의 부가가치를 창출하면 세액공제를 받을 수 있도록 했는데요. 국내 배터리 업체들은 핵심광물의 80%를 중국에서 수입·가공해서 배터리의 양극재·음극재를 생산합니다. 당초 미국이 양극재·음극재를 배터리 부품으로 규정해 세제혜택을 받지 못할 것으로 우려했는데, 세부규정에서 이를 광물 처리과정으로 인정하면서 혜택을 받게 됐습니다.

정치 · **경제** · 사회 · **국제** · 문화 · 미디어 · 과학 · IT · 스포츠

미국 IRA 시행 1년 … 양극재 대미 수출 3배 늘었다

미국 중심의 공급망 재편을 추진하는 **인플레이션 감축법**(IRA) 시행으로 국내 이차전지 소재 업체의 대(對)미국 양극재 수출이 급증한 것으로 나타났다. 한국무역협회의 '미국 IRA 시행 지침이 한국 배터리 공급망에 미칠 영향' 보고서에 따르면 올 상반기 한국의 대미 양극재 수출 규모는 12억 4,000만달러(약 1조 6,300억원)로 지난해 같은 기간보다 3배(191.4%) 증가했다. IRA 시행으로 한국 배터리기업의 미국 내 공장 증설로 양극재 수요가 크게 늘었기 때문이다. 한국의 전체 양극재 수출 중 대미 수출이 차지하는 비중도 2021년 4.0%에서 지난해 11.7%로 높아졌다. 올 상반기에도 16.6%로 계속 오름세다.

출처 : 뉴시스/일부인용

상식UP! Quiz

↳ 문제 인플레이션 감축법에 따르면 중국산 배터리를 사용한 전기차는 세제혜택 대상이다.

○ / ×

↳ 해설 중국산 핵심광물이나 배터리를 사용한 전기차는 세제혜택 대상에서 제외됐다.

답 ×

반도체로 중국 때리는 미국

반도체 칩과 과학법(CHIPS and Science Act), 일명 '반도체 지원법'은 미국이 중국과의 반도체산업·기술 패권에서 승리하기 위한 법률로 2022년 8월 인플레이션 감축법과 함께 시행됐습니다. 이 법률에 따라 미국 내 반도체공장 등 관련시설을 건립하는 데 보조금과 세액공제를 지원하는데요.

그런데 이 부분과 관련된 세부기준이 매우 까다롭고 불리해 논란이 됐습니다. 미국은 보조금 심사기준으로 경제·국가안보, 사업 상업성, 재무건전성, 기술준비성, 인력개발, 사회공헌 등 6가지를 공개했는데, 특히 재무건전성 기준을 충족하기 위한 조건으로 이를 검증할 수 있는 수익성 지표와 예상 현금흐름 전망치를 제출해야 합니다. 또 일정 이상의 지원금을 받은 기업의 경우, 현금흐름과 수익이 미국이 제시하는 전망치를 초과하면 초과이익을 미국정부와 공유해야 한다는 내용이 담겼죠.

더 나아가 향후 10년간 중국을 비롯한 우려대상국에 첨단기술 투자를 해서는 안 된다는 '가드레일 조항'도 내세웠는데요. 여기에 보조금을 받는 기업들은 군사용 반도체를 미국에 안정적으로 공급해야 하며, 미국의 안보이익을 증진시켜야 할 뿐 아니라 첨단 반도체시설에의 접근권도 허용해야 한다는 조항이 담겨 논란을 일으켰습니다. 우리 정부는 이에 대한 우려를 표명하기 위해 산업통상자원부의 통상교섭본부장을 백악관에 파견하기도 했죠.

한편 백악관은 반도체 지원법 시행 1년 동안 460개가 넘는 투자의향서를 기업들이 제출했다고 밝혔는데요. 이와 함께 반도체와 전자제품에 대한 투자도 1,660억달러, 한화로 218조원에 이른다고 밝혔습니다. 물론 투자의향서를 제출한다고 해서 모두 지원을 받는 것도 아니죠. 백악관은 무엇보다 미국의 경제와 국가안보에 얼마나 기여하느냐에 따라 보조금을 지급할 기업을 선정하겠다고 밝힌 바 있습니다.

백악관 "美 반도체법 1년, 반도체 공급망 미국 내로 가져와"

미국이 **반도체 칩과 과학법**(반도체법)을 시행한 지 1년이 된 가운데, 백악관은 "일자리와 기회를 창출하면서도 반도체법의 시행으로 반도체 공급망을 미국 내로 가져왔다"고 평가했다. 조 바이든 미국 대통령도 "미국을 반도체 제조분야의 리더로 만들어 다른 국가에 덜 의존하도록 만들 것"이라고 밝혔다. 한편 중국 등 우려국에 첨단 반도체 투자를 제한하는 가드레일(보호장치) 조항에 대해서는 "자금지원을 받는 기술이나 혁신이 우려국에 의해 잘못 사용되는 것을 막기 위한 것"이라고 밝혔다. 그러면서 "미 상무부는 한국과 일본, 영국, 인도, 유럽연합 등과 접촉하면서 반도체법을 시행해나갈 것"이라고 덧붙였다.

출처 : 조선비즈/일부인용

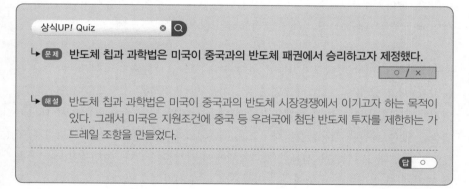

상식UP! Quiz

문제 반도체 칩과 과학법은 미국이 중국과의 반도체 패권에서 승리하고자 제정했다.

○ / ×

해설 반도체 칩과 과학법은 미국이 중국과의 반도체 시장경쟁에서 이기고자 하는 목적이 있다. 그래서 미국은 지원조건에 중국 등 우려국에 첨단 반도체 투자를 제한하는 가드레일 조항을 만들었다.

답 ○

빅테크 기업에 부는 무서운 칼바람

'레이오프(Layoff)'라는 말을 들어보았나요? 우리말로 번역하면 '일시해고'라고 합니다. 기업이 경영악화를 맞아 대규모로 인력을 감축하는 것이죠. 특히 최근 몇 년 사이 미국의 거대 테크기업에서 벌어지고 있는 일인데요. 테크기업 감원축적 사이트 '레이오프(Layoffs.fyi)'의 집계에 따르면 2022년 미국 테크기업 감원규모는 1,032개사 15만 5,126명이었으며 2023년의 규모는 그 유명한 구글까지 포함해 154개사 5만 5,324명입니다. 1년 사이에 21만명에 달하는 직원이 잘려나갔죠.

무서운 레이오프 바람은 기업규모와 관계없이 테크업계 전반에 휘몰아 쳤습니다. 아마존, 메타, 마이크로소프트 등 내로라하는 소위 '빅4 테크기업'에서만 5만명 이상이 해고됐죠. 대규모 해고 계획을 발표하지 않은 것은 그중 애플뿐이었습니다.

승승장구하던 미국의 테크기업들이 이렇게 대규모 인원감축에 나선 것은 무엇 때문일까요? 지난 10여 년간 테크업계는 호황을 맞아 가파른 성장세를 보였는데요. 여기에 코로나19로 비대면 트렌드가 확산되고 디지털 산업 수요도 늘면서 테크기업들은 많은 직원을 채용했습니다. 그러나 팬데믹이 엔데믹으로 전환되고 상황이 달라지면서 테크기업들은 심각한 경기침체에 빠지게 됐습니다. 기업들은 재정악화를 막기 위해 인건비를 비롯해 운영비를 삭감하기 시작했죠. 직원들은 이런 무서운 칼바람을 피할 수 없었습니다. 테크업계의 숙명적인 불안정성도 레이오프를 일으키는 데 한몫했습니다. 기술은 끊임없이 발전하는데 이에 발맞춰 따라가지 못하면 금세 도태되는 것이 테크업계이기 때문이죠.

갑작스레 실업자가 된 직원들은 이런 대규모 정리해고를 단행한 기업에 대항해 노조를 결성하고 시위를 벌이고 있습니다. 또 최근 인터넷에서는 미국 테크기업에서 일하던 우리나라 근로자들도 하루아침에 직장에서 잘려나가 막막해진 상황을 토로하는 글들을 쉽게 찾아볼 수 있는데요. 그러나 이 같은 대량해고는 좀처럼 끝나지

않을 기세입니다. 일부 경제분석가들은 재정위기를 벗어나기 위해선 해고규모가
외려 더 늘어야 한다고 지적하고 있습니다.

정치 · 경제 · 사회 · 국제 · 문화 · 미디어 · 과학 · IT · 스포츠

실리콘베이에 부는 차디찬 '레이오프' 칼바람

최근 미국의 거대 테크기업들이 대규모 인원감축 '**레이오프**'를 진행했다. 판도가 급변하
니 재정유출을 막고 경쟁력을 키우는 게 우선이라는 판단이다. 줌, 이베이, 디즈니, 보
잉, 델, 구글, 마이크로소프트, 페이팔 등 시장을 선도하는 거대 글로벌 기업들이 잇달아
레이오프를 선언하며 실리콘베이에 찬바람이 일고 있다. 최근 몇 년 스타트업이 우후죽
순 생기면서 취업문이 열렸으나 성공의 그림자 뒤엔 무서운 파도가 일고 있었다. 대규
모 레이오프가 일어나게 된 가장 큰 이유로 코로나19 팬데믹과 불안정한 산업적 특징을
꼽는다.

출처 : 문화뉴스/일부인용

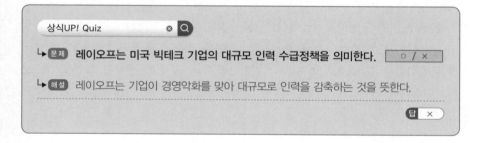

상식UP! Quiz

↳ 문제 레이오프는 미국 빅테크 기업의 대규모 인력 수급정책을 의미한다. ○ / ×

↳ 해설 레이오프는 기업이 경영악화를 맞아 대규모로 인력을 감축하는 것을 뜻한다.

답 ×

글로벌 경제를 움직이는 리더들의 모임

2010년 11월 우리나라를 떠들썩하게 했던 G20 정상회의를 아시나요? 전 세계 주요 국가의 정상들이 모이는 G20 정상회의가 서울에서 열려 큰 의미를 남겼습니다. G20에 대해 좀 더 자세히 알아보자면 G20은 선진 7개국 정상회담(G7)과 유럽연합(EU) 의장국, 신흥시장 12개국 등 총 20개국을 회원으로 하는 국제기구입니다. 미국, 일본, 영국, 프랑스, 독일, 이탈리아, 캐나다, 유럽연합(EU) 의장국, 러시아, 브라질, 인도, 중국, 남아프리카공화국, 멕시코, 사우디아라비아, 대한민국, 호주, 터키, 아르헨티나, 인도네시아 총 20개국이 회원국으로 가입해 있습니다. 이들 국가들은 주요 국제 금융현안을 비롯해서 세계경제가 안정적으로 성장하고, 국제 금융위기의 재발을 막기 위한 방안들을 논의합니다.

G20의 시작을 거슬러 올라가 보면 1999년 개최된 G7 재무장관회의에서 국제금융시장 안정을 위해 신흥시장국이 참여하는 G20 창설에 합의하여, 그해 12월 독일 베를린에서 제1차 G20 재무장관·중앙은행총재 회의가 개최되었고 2008년 미국발 금융위기가 전 세계로 번지면서 그해 11월 G20 국가 간 정상급 회의를 최초로 개최했습니다.

2010년 우리나라에서 개최된 이후 2011년 프랑스, 2012년 멕시코, 2013년 러시아, 2014년 호주, 2015년 터키, 2016년 중국, 2017년 독일, 2018년 아르헨티나, 2019년 일본 순서로 회의를 개최했으며 2020년 회의는 사우디아라비아에서 비대면 화상회의로 개최됐습니다. 2021년에는 이탈리아, 2022년 인도네시아, 2023년 인도에서 열렸죠. 현재 G20 구성원들의 인구를 합치면 전 세계 인구의 3분의 2에 달하기에 따라서 G20에서 결정되는 주요 현안들은 국제적으로 매우 큰 영향력을 끼치고 있습니다.

G20 재무장관 "디지털세 과세권, 신속하게 합의하자"

기획재정부에 따르면, 추경호 부총리 겸 기획재정부 장관은 미국 워싱턴D.C에서 열린 'G20 재무장관 · 중앙은행총재 회의'에 참석했다. 이 회의에서는 세계경제 · 국제금융체제, 지속가능금융 · 금융규제 및 포용, 국제조세 등 3개 세션에 대해 논의했다. '국제조세' 세션에서 회원국들은 조세투명성을 높이기 위한 노력을 지속해나가고, 디지털세 과세권 배분의 신속한 합의와 글로벌 최저한세의 차질 없는 이행을 위한 노력을 지속하자는 데 의견을 모았다. 디지털세는 구글과 페이스북 같은 글로벌 정보기술 기업들이 수익을 창출한 국가에 세금을 내게 하는 과세제다.

출처 : 조세일보/일부인용

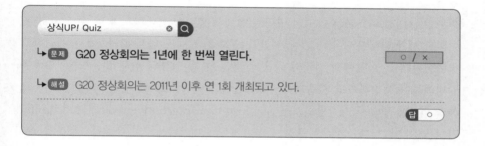

상식UP! Quiz

↳ 문제 G20 정상회의는 1년에 한 번씩 열린다.

O / X

↳ 해설 G20 정상회의는 2011년 이후 연 1회 개최되고 있다.

답 O

세계 산업의 축제

올림픽, 월드컵과 함께 세계 3대 이벤트로 꼽히는 것이 무엇인지 알고 있나요? 다름 아닌 엑스포(세계박람회)입니다. TV 중계도 되지 않고 재미도 없을 것 같은 엑스포가 그렇게 대단한가 싶겠지만, 엑스포를 유치한다는 것은 굉장한 의미가 있습니다. 세계를 주름잡는 모든 첨단 산업기술과 문화를 만날 수 있는 자리이기 때문이죠. 세계와 인류가 어떻게 발전하고 있는지 생생히 지켜볼 수 있는 현장입니다. 세계산업문화축제라고 할 수 있는데요. 이 엑스포 개최가 불러일으키는 경제효과는 월드컵의 4배가량이라고 하죠.

최초의 근대적 엑스포는 1851년 영국 런던에서 열린 만국박람회라 할 수 있습니다. 이후로 세계 각국은 자신의 기술과 산업, 문화를 뽐내기 위해서 엑스포를 개최하고 참여했는데요. 이곳에서 전구와 축음기, 자동차 등 인류의 현재 삶을 만든 수많은 발명품들이 등장하기도 했습니다. 1928년에는 이 엑스포를 체계적으로 관리하고 유치 업무를 맡을 국제박람회기구(BIE ; Bureau International des Expositions)가 설립되었습니다. 본부는 프랑스 파리에 있으며 1년에 2회 총회를 열고 엑스포 개최지를 선정하는 등 현재까지 중추적인 역할을 맡고 있습니다.

엑스포는 해당 국가의 정부에서 주최하는데요. BIE에서 공인하는 엑스포에는 등록박람회(세계박람회)와 인정박람회가 있습니다. 둘은 그 규모면에서 큰 차이가 있죠. 작은 규모의 인정박람회는 특정주제를 갖고 등록박람회 사이사이에 3개월간 개최됩니다. 최대 전시면적은 제한되어 있고, 개최하는 나라가 국가관을 만들어 참가국에 대여하는 방식입니다. 우리나라가 1993년 개최한 대전엑스포와 2012년 열었던 여수엑스포는 모두 인정박람회입니다. 대전은 '새로운 도약으로의 길', 여수는 '살아있는 바다 숨쉬는 연안'이 주제였죠. 반면 등록박람회의 주제와 전시면적에는 제한이 없고요. 개최간격은 5년이고 기간도 6개월이나 됩니다. 개최국은 전시할 부지만 마련해주고 참가국이 스스로 국가관을 만들어야 하죠.

'경쟁자서 동반자로' 한국 · 사우디, 2030엑스포 성공위해 맞손

사우디아라비아를 방문한 이상민 행정안전부 장관은 수도 리야드 국제컨벤션전시센터에서 사우디와 카타르 등 중동 국가의 장관들을 잇따라 만나 디지털정부 분야 등에서 한국 IT기업의 중동 진출방안을 논의했다. 먼저 그는 압둘라 알스와하 사우디아라비아 통신정보기술부 장관과 만나 디지털플랫폼정부의 핵심 과제인 공공부문 클라우드 전환 정책을 소개하는 등 디지털정부 분야 협력 강화 방안을 모색했다. 이상민 장관은 특히 사우디의 2030 **엑스포** 개최를 축하하며 엑스포 준비 과정에서 한국의 기업들이 참여할 수 있도록 협조해달라고 요청했다. 이에 압둘라 장관은 "한국은 클라우드 및 스마트시티 분야가 매우 인상적이고, 관련 분야의 협력이 강화될 경우 벤처캐피탈 투자도 확산할 것"이라며 한국 관련 기업이 사우디에 진출할 시 사우디 투자 펀드에서 적극 지원할 것을 시사했다.

출처 : 연합뉴스/일부인용

상식UP! Quiz

↳ 문제 **다음 중 국제박람회기구의 본부가 위치한 도시는?**
   ① 암스테르담   ② 함부르크
   ③ 맨체스터   ④ 파리

↳ 해설 국제박람회기구는 세계박람회 개최를 원활하게 수행하기 위한 기구로 본부는 프랑스 파리에 있다.

답 ④

일대일로에 맞서는 미국

미국과 중국의 경쟁이 심화되면서 두 국가는 다양한 전략을 두고 서로를 견제해왔습니다. 중국의 일대일로와 미국의 인도-태평양 전략이 바로 그것이지요. 트럼프 전 대통령은 인도-태평양 전략을 통해 중국과 사이가 좋지 않은 국가들과 손을 잡고 중국을 압박하려 했습니다. 그러나 트럼프의 이런 전략은 잘 먹혀들지 않았는데요. 그것은 트럼프가 집권 당시부터 내세웠던 미국 우선주의 때문이었습니다. 자국의 실리를 중심을 두고 외교 전략을 펼쳐나간 것이죠. 이런 미국의 손을 선뜻 잡는 국가는 그리 많지 않았습니다.

트럼프가 물러나고 바이든 정부가 새로 들어섰습니다. 바이든 또한 중국의 일대일로에 맞서 새로운 경제·외교 전략을 추진하고 있는데요. 바로 B3W(Build Back Better World)입니다. 이는 '더 나은 세계의 재건'이라는 뜻으로 바이든 대통령의 대선 캠페인에서 따온 명칭이기도 합니다. 개발도상국에 대한 대규모 인프라 투자 계획이죠. 바이든이 이 계획을 발표하자 G7의 회원국들도 이에 동참하기로 합의했습니다. 서방의 주요 선진국들도 중국의 일대일로에 대항하기 위해 힘을 모은 것이죠. 이 B3W를 통해 개도국의 주요 인프라뿐만 아니라 기후변화와 보건, 디지털 기술, 성 평등에 이르기까지 다양한 분야에 투자가 이루어질 계획입니다. 영국 콘월에 모인 G7 정상들은 2021년 6월 13일 이러한 내용의 공동성명을 내놓았습니다. 골자는 개발도상국이 2035년까지 약 40조달러(약 4경 4,640조원) 규모의 기반시설 수요를 충족시킬 수 있도록 지원하겠다는 것입니다.

하지만 계획에 필요한 엄청난 자금을 어떻게 충당할 것인지에 대해 물음표를 던지는 의견도 나왔습니다. 실제로 미국은 국내 인프라 투자 자금을 확보하는 데에도 어려움을 겪고 있다고 하는데요. 아울러 동참하게 된 G7의 나라들 사이에서도 중국과의 냉전에 온도차를 보인다는 보도도 있었습니다. 한편 중국은 일대일로의 지난 성과들을 자랑하며 이에 맞불을 놓고 있는 상황입니다.

'때로는 美, 때로는 中', G2 갈등 속 이합집산 각국들

미중경쟁이 격화되면서 세계도 양국을 중심으로 양분되고 있다. 다만 외교는 영원한 적도, 아군도 없는 만큼 필요에 따라 헤어졌다가 만나고 모였다가 흩어지는 이합집산 성격이 짙다. 미국과 중국 모두 우호국 포섭에 공을 들이는 모양새다. 표면적으론 중국의 행보가 보다 눈에 띈다. 중국은 일대일로 10주년 국제협력 정상포럼에 블라디미르 푸틴 러시아 대통령을 초청했다. 일대일로는 시진핑 중국 국가주석의 핵심 대외확장전략이다. 중국은 아시아, 아프리카, 유럽 등을 육상과 해상으로 연결하는 실크로드 경제벨트를 추진해왔다. 거대 경제권을 형성해 공동번영을 열어가자는 것이 골자다. 미국의 맞불 전략도 관심거리다. 미국의 일대일로 견제는 일찌감치 진행돼 왔다. 미국은 'B3W(더 나은 세계재건)' 출범을 주도했다. B3W는 지금까지 중국이 저소득국이나 개도국에 대한 인프라 지원으로 세력을 넓혀 온 만큼 이제부터라도 그 역할을 미국 중심의 동맹국이 맡겠다는 취지다.

출처 : 파이낸셜뉴스/일부인용

상식UP! Quiz

↳ 문제 미국의 외교전략인 B3W는 'Build Back Better World'의 약칭이다.   ○ / ×

↳ 해설 B3W는 'Build Back Better World'의 약칭으로 '더 나은 세계로의 재건'이라는 의미다. 바이든 대통령의 선거 캠페인에서 따왔다.

답 ○

변화하는 미국과 서방의 대중국 전략?!

최근 국제기사를 읽다보면 디리스킹(De-risking)이라는 용어를 종종 볼 수 있습니다. 디리스킹의 중심에는 세계정치·경제의 선두에서 미국과 쌍벽을 이루는 중국이 있습니다. 미국을 비롯한 서방국가들은 대체로 중국을 견제하는 스탠스를 취해왔는데요. 중국과는 거리를 두고 공급망에서 배제하는 '디커플링(De-coupling, 탈동조화)' 전략을 택해왔죠. 그런데 2023년에 들어 그런 기조에 변화가 생겼습니다. 중국과의 긴장을 완화하고 좀 더 유연한 관계로 전환을 시도하고 있는데요. 중국의 거대한 국제적 영향력을 무시할 수 없다는 점을 감안한 것이죠.

디리스킹은 '위험제거'를 뜻하는 말로 본래는 금융기관이 위험을 관리하기 위해 광범위하고 무차별적으로 거래를 중단하는 것을 의미합니다. 그런데 지난 2023년 3월 우르줄라 폰데어라이엔 유럽연합(EU) 집행위원장이 "세계시장에서 '탈(脫)중국'이란 불가능하고 유럽의 이익에도 부합하지 않는다"면서, "디리스킹으로 전환해야 한다"고 말해 주목받았습니다. 이는 중국과 경제적 협력관계를 유지하면서도 중국에 대한 과도한 외교·경제적 의존도를 낮춰 위험을 관리하겠다는 의도로 풀이됐습니다.

엄격한 대중관계를 유지하던 미국도 자세를 고쳐 앉기 시작했는데요. 미중 무역전쟁의 격화로 세계 각국에서 경제적 손실이 발생하고 신냉전 위기가 초래하고 있다는 지적이 제기되면서, '반도체지원법'처럼 공급망 재편 등을 통해 중국을 강하게 압박했던 '디커플링'에서 상대적으로 강도가 약한 '디리스킹' 카드를 꺼내는 모양새입니다. 조 바이든 미국 대통령도 2023년 5월 G7 정상회담에서 "중국과의 관계 다변화를 통해 위험을 제거하고자 한다"고 발언했죠. 이는 국제시장에서 중국의 영향력을 아예 벗어나기란 힘들다는 판단에 의한 것으로 해석됐습니다. 사실 최근 경제 둔화를 겪고 있는 중국으로서도 서방의 이런 태도는 나쁠 것이 없죠.

그러나 한편에선 이 같은 디리스킹 전략이 각국의 이해관계에 따라 그 범위와 수준이 다를 것이라고 예측합니다. 또 겉으로는 대중관계를 완화하는 척하면서 무역에서는 자국이익을 위해 여전히 디커플링 전략을 취할 것이라는 전망도 있는데요. 세계정세가 시시각각 변화하고 각국이 눈치를 보며 수시로 이합집산 하는 상황에서, 앞으로 서방과 중국의 관계가 어떻게 변화할지 주목할 필요가 있습니다.

정치 · 경제 · 사회 · 국제 · 문화 · 미디어 · 과학 · IT · 스포츠

中 디리스킹 방법 못 찾은 기업들, 그냥 짐 싸나

최근 지정학적 갈등이 심해지면서 글로벌기업들이 중국시장에서 속속 빠져나가고 있다. 미국과 유럽 등 서방국가들이 디커플링(분리)에서 **디리스킹**(위험제거)으로 대중국 전략을 전환하고 있지만, 적절한 방법을 찾지 못한 기업들은 중국시장에서 발을 빼는 것에만 집중하고 있다는 분석이 나왔다. 전문가들은 글로벌기업들이 디리스킹 전략에 대한 대책을 마련하지 못하고 지정학적 갈등을 최소화하기 위한 방어적 자세만 펼치고 있다고 분석했다. 유럽외교위원회의 선임연구원 아카테 데마라이스는 "유럽의 기업들은 아직도 디리스킹이 무엇인지, 그리고 어떻게 대처할 것인지를 고민하고 있다"며 "지난 1년간 민간기업들이 많은 논의를 해왔으나 투자부문에서도 디리스킹 전략이 실행되려면 몇 년이 더 걸릴 것"이라고 설명했다.

출처 : 아시아경제/일부인용

상식UP! Quiz

 디리스킹이란 대중관계에서 위험을 제거하기 위해, 중국을 강하게 압박하는 것을 뜻한다.

해설 디리스킹은 중국과 경제적 협력관계를 유지하면서도 중국에 대한 과도한 외교 · 경제적 의존도를 낮춰 위험을 관리하는 전략이다.

답 ✕

반도체 업계의 슈퍼을

지금 세계경제의 화두는 단연 반도체입니다. 세계는 치열한 반도체 전쟁을 벌이고 있죠. 이 살벌한 반도체 경쟁은 반도체를 많이 소비하는 국가와 많이 만드는 국가들을 합종연횡하게 하고, 저마다 반도체를 많이 가지기 위해 새 법률까지 만들어 상대국을 압박합니다. 우리나라도 그 현장 한복판에 있는데요. 우리나라의 대표적인 반도체 기업을 꼽자면 삼성전자와 SK하이닉스가 있습니다. 이 두 기업은 '파운드리(Foundry)'의 역할을 하고 있는데요.

파운드리란 반도체칩 생산기술과 설비를 보유해 반도체 상품을 위탁생산해주는 것을 말합니다. 이 명칭은 '주형틀에 쇳물을 부어 금속제품을 주조하는 공장'이라는 뜻을 가진 영단어 'Foundry'에서 유래했습니다. 제조과정을 담당하며 외주업체가 전달한 설계디자인을 바탕으로 반도체를 생산하는 역할을 합니다. 반도체 생태계에서는 빠질 수 없는 한 축을 담당하는데요. 대만의 TSMC가 대표적인 파운드리 기업입니다. 그 위세로만 치면 거의 독보적이죠. 시장조사업체 트렌드포스가 집계한 2022년 3분기 세계 파운드리 시장 점유율은 TSMC가 56.1%로 압도적 1위를 기록했고, 삼성전자가 15.5%로 그 뒤를 이었습니다. 사실 우리나라 삼성전자나 SK하이닉스는 반도체칩 설계와 생산을 함께하는 종합반도체기업이라고 할 수 있는데요. 생산하는 반도체칩에 자사의 로고를 새겨 내놓을 수 있는 세계에서 몇 안 되는 'IDM(Integrated Device Manufacturer)'입니다.

반도체칩 성능이 강력해지는 만큼, 이에 대응할 제조기술을 갖추는 것이 중요해지면서 파운드리의 위상도 높아지고 있습니다. 반도체칩 공정은 현재 한창 '나노 공정' 시대를 달리고 있는데요. 반도체칩에 들어가는 소자가 나노미터(10억분의 1미터) 간격으로 빼곡하게 들어가게 제조하는 것을 뜻하죠. 3나노 반도체 양산은 이미 삼성전자가 2022년 6월 세계 최초로 성공해 시작한 바 있습니다. 삼성은 2025년까지 2나노 반도체 양산을 시작하겠다는 구체적인 로드맵을 발표하기도 했죠.

한편 '팹리스(Fabless)'라고 하는 기업도 있는데요. 파운드리와 달리 반도체 설계를 전문으로 합니다. 반도체를 설계하는 기술은 있지만 생산공정 기술이 없거나 비용에 부담을 느껴 위탁을 하는 경우, 또 비메모리(시스템) 반도체에 주력하는 기업이 이에 해당합니다. 애플, 엔비디아, 퀄컴이 대표적인 팹리스입니다.

정치 · **경제** · 사회 · **국제** · 문화 · 미디어 · 과학 · IT · 스포츠

삼성전자, "파운드리 5년 안에 TSMC 뛰어넘는다"

삼성전자 **파운드리**가 출범 5년 만에 매출 200억달러를 처음 돌파했다. 삼성전자는 초격차 기술을 바탕으로 업계 1위인 대만 TSMC를 바짝 추격한다. 삼성전자는 지속적으로 2나노미터(10억분의 1m) 공정부터 TSMC를 압도할 기술력을 갖췄다는 자신감을 비치고 있다. 경계현 삼성전자 반도체 부문 사장은 대전 KAIST에서 열린 '삼성 반도체의 꿈과 행복 : 지속가능한 미래' 강연에서 "냉정하게 얘기하면 삼성전자의 파운드리 기술력이 TSMC에 1~2년 뒤처져 있다"며 "TSMC가 2나노미터 공정에 들어오는 시점부터는 삼성전자가 앞설 수 있다"고 말했다. 그는 "5년 안에 TSMC를 앞설 수 있다"고 장담했다.

출처 : 뉴시스/일부인용

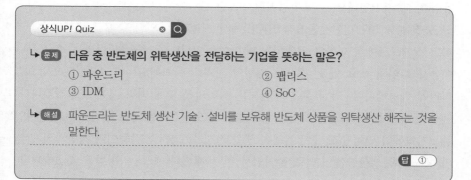

상식UP! Quiz

↳ 문제 다음 중 반도체의 위탁생산을 전담하는 기업을 뜻하는 말은?
① 파운드리   ② 팹리스
③ IDM   ④ SoC

↳ 해설 파운드리는 반도체 생산 기술 · 설비를 보유해 반도체 상품을 위탁생산 해주는 것을 말한다.

답 ①

기름 값이 세계를 주무른다

아무리 친환경에너지가 대세라고는 해도 아직 우리는 석유 없이는 살 수 없습니다. 제품을 생산하는 공장에서는 석유가 필요하고, 생산된 제품을 유통하는 화물차와 선박, 비행기도 석유 없이는 움직일 수 없습니다. 그만큼 화석연료의 대표주자인 석유의 영향력은 대단한데요. 우리는 이따금 뉴스에서 국제유가가 상승하거나 하락해서 전 세계가 술렁댄다는 소식을 접할 수 있습니다. 얼핏 생각하면 기름 값이 오르고 내리는 것이 나와 무슨 상관이 있을까 싶지만, 국제유가는 우리가 체감하는 실물경제에도 엄청난 영향을 끼칩니다. 앞서 말했듯이 공장이 기름 값이 비싸 제품을 충분히 못 만들면 공급도 줄어들고, 거기에 더해 유통에 쓰이는 운송수단이 운행을 못 하면 감소한 공급이 더 주저앉을 것입니다. 그렇게 되면 당연히 물가는 상승하게 되겠죠. 기업은 적자를 보게 될 것이고요.

이러한 유가는 거래되는 유종에 따라 각각 다릅니다. 국제원유시장에서 거래되는 유종은 세 가지인데요. 뉴욕상업거래소(NYMEX)에서 거래되는 '미국 서부텍사스산 중질유(WTI)', 런던선물거래소(ICE)에서 거래되는 '영국 북해산 브렌트유', 그리고 싱가포르에서 현물로 거래되는 '두바이유'입니다. 그중 우리나라는 주로 두바이유를 수입해 쓰고 있죠. 석유는 배럴당 가격으로 거래되는데, 1배럴은 158.987리터에 해당합니다. 각 유종은 생산되는 지역의 상황에 따라 가격이 달라집니다. 예를 들어 보통 우리가 알고 있는 석유파동 즉 오일쇼크는 주로 두바이유 생산지인 중동지역에서 일어났죠. 중동에서 발생한 전쟁 등 정치적 갈등이나 서방과의 관계 악화로 원유 생산량을 고의로 줄이면서 전 세계 경제에 큰 악영향을 끼쳤습니다. 또한 유종은 원유가 함유한 유황의 양에 따라서도 가격이 다른데요. 유황이 적을수록 이를 걸러내야 하는 비용도 적게 들기 때문에 가격이 저렴해집니다. 유황의 함유량은 WTI가 가장 적고 다음이 브렌트유, 마지막으로 두바이유가 가장 많다고 합니다.

유가상승에 수입금액 25%↑ ··· 교역지수 11개월 연속 악화

국제유가와 원자재 가격 상승으로 국내 수입금액지수가 15개월 연속 상승세를 이어갔다. 반면 국제유가 상승으로 수출한 단위로 수입할 수 있는 상품의 양을 뜻하는 '순상품 교역조건지수'는 11개월 연속 하락세를 지속했다. 한국은행이 발표한 '2월 무역지수 및 교역조건'에 따르면 2월 수입금액지수는 25.5% 오른 148.55로 나타나 15개월 연속 상승세를 이어갔다. 손진식 한국은행 경제통계국 물가통계팀 팀장은 "수입금액지수가 상승한 것은 국제유가와 원자재 가격이 상승한 원인이 컸다"고 말했다. 같은 달 월평균 두바이유 가격은 배럴당 92.4달러를 기록해 1년 전(60.9달러) 대비 51.7% 폭등했다. 전월(83.5달러) 대비로도 10.7% 급등했다. 러시아가 우크라이나를 침공하면서 공급 우려에 국제유가가 큰 폭으로 뛴 영향이다.

출처 : 뉴시스/일부인용

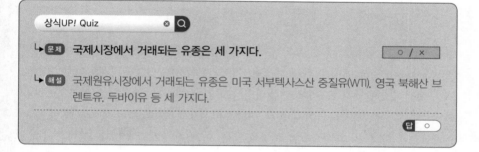

상식UP! Quiz

➥ 문제　국제시장에서 거래되는 유종은 세 가지다.　　　○ / ×

➥ 해설　국제원유시장에서 거래되는 유종은 미국 서부텍사스산 중질유(WTI), 영국 북해산 브렌트유, 두바이유 등 세 가지다.

답　○

전 세계를 지배하는 미국의 중앙은행

세계의 거의 모든 나라에는 각국의 통화를 관리하는 중앙은행이 있는데요. 미국에서 이런 역할을 하는 것은 우리가 세계경제뉴스에서 흔하게 접할 수 있는 '연방준비제도(연준·Fed)'입니다. 연방제 국가인 미국의 독립적 성격을 띤 중앙은행제인데요. 1913년 12월부터 시행되었다가 1935년 은행법 개정으로 완성되어 현재까지 내려옵니다. 미국의 대통령이 세계대통령이라면 이 연준의 수장인 의장은 '세계경제대통령'이라고들 합니다. 미국의 달러 발행 권한, 지급준비율 변경 권한, 기준금리 변경 권한 등 세계경제에 지대한 영향을 미칠 요소들에 대한 변경 권한을 갖고 있는 중책이기 때문입니다. 이 때문에 세계의 중앙은행과 증권시장, 기업들의 이목이 모두 의장의 입에 쏠려 있죠. 2023년 10월을 기준으로 연준의 의장은 '제롬 파월'입니다.

연준은 금리나 통화공급 등 통화금융정책의 방향을 결정하는 연방공개시장위원회(FOMC)와 FOMC에서 정한 통화금융정책을 수행하는 연방준비제도이사회(FRB)로 구성되어 있습니다. FRB은 연준의 실질적인 운영기관이라 할 수 있죠. 또 미국의 12개 연방에 각각 나뉘어져 있는 연방준비은행과 연방준비은행이사회 등을 주요기관으로 합니다. 이름이 비슷해 혼동될 수 있지만 각기 하는 역할은 다릅니다.

연준의 역할은 매우 다양합니다. 일단 미국 내의 통화정책을 관장하고, 은행과 금융기관에 대한 관리감독을 수행합니다. 또 중앙은행과 시중은행간의 여신금리 등 주요금리를 결정하죠. 또 하나 중요한 역할은 미국의 지폐 즉, 달러를 발행하는 것입니다. 달러는 세계의 기축통화로서 작용하기 때문에 미국의 달러 발행량은 환율 등 세계경제에 커다란 영향을 줄 수 있습니다.

그간 코로나19 팬데믹으로 세계경제는 악화됐고, 미국도 극심한 인플레이션에 시달리게 되었는데요. 이 때문에 파월 의장은 강력한 긴축정책을 펼쳤습니다. 2022

년 11월까지 무려 네 번의 '자이언트 스텝(기준금리를 한 번에 0.75~1.00%포인트 인상하는 것)'을 감행해 시장에 있던 돈을 끌어 모았죠. 덕분에 우리나라를 비롯한 세계 각국도 이에 대응해 허리띠를 바싹 졸라매야 했습니다.

정치 · **경제** · 사회 · **국제** · 문화 · 미디어 · 과학 · **IT** · 스포츠

챗GPT가 연방준비제도 금리결정도 예상할까

인공지능 챗봇 챗GPT가 **미국 연방준비제도(연준)**의 성향을 판단할 수 있다는 연구결과가 나왔다. 블룸버그는 최근 챗GPT가 연준의 성명이 매파적인지 비둘기파적인지를 해독하는데 있어 인간에 가까운 것을 발견한 논문이 발표됐다고 전했다. 리치먼드 연방준비은행의 앤 룬드가드 한센, 소피아 카니닉은 '챗GPT가 연준 성명을 해석할 수 있을까?(Can ChatGPT Decipher Fedspeak?)'란 논문을 발표했는데, 챗GPT가 구글의 최첨단 딥러닝 알고리즘 버트(BERT)를 능가하는 것을 발견했다. 또 챗GPT는 중앙은행의 자체 애널리스트와 유사한 방식으로 연준 정책설명의 분류를 설명할 수 있었다.

출처 : 스마트투데이/일부인용

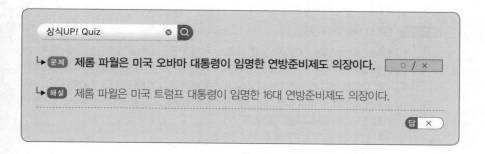

상식UP! Quiz

↳ **문제** 제롬 파월은 미국 오바마 대통령이 임명한 연방준비제도 의장이다. ○ / ×

↳ **해설** 제롬 파월은 미국 트럼프 대통령이 임명한 16대 연방준비제도 의장이다.

답 ×

 **105** 세이프가드

우리 가족 밥그릇은 내가 지킨다!

세이프가드(Safeguard)는 WTO(세계무역기구)가 나오기 전인 GATT(제네바관세협정) 때부터 보장하고 있는 국가의 무역조치 중 하나입니다. 특정 품목의 수입이 급증하여 국내 업체에 심각한 피해 발생 우려가 있을 경우, 해당 수입국 물품에 대한 관세를 인상하거나 수입량을 제한하는 규제를 합니다.

세이프가드의 유형으로는 수입물품의 수량 제한, 관세율 조정, 국내산업의 구조조정을 촉진시키기 위한 금융 등의 지원이 있습니다. 예기치 않은 사태가 발생할 경우 세이프가드와 같은 특별한 조치를 취하면 그외 GATT 협정을 어쩔 수 없이 위반할 수밖에 없는 사례가 발생합니다. 이에 대비하여 협정의 준수를 일시적으로 면제해주는 세이프가드제도(면책조항 또는 도피조항 : Escape Clause)도 규정되어 있다고 합니다.

 **토막상식** GATT(제네바관세협정)

1947년 제네바에서 23개국이 모여 관세 및 무역에 관한 규칙을 정한 협정이다. 이후 120여 개국까지 가맹국이 늘어났고, GATT의 규정들은 무역에서 일반적인 국제규범이 되었다가 1995년 WTO로 대체되었다. 가맹국 간에 체결한 협정내용은 다음과 같다.

• 회원국 상호 간의 다각적 교섭으로 관세율을 인하하고 회원국끼리는 최혜국대우를 베풀어 관세의 차별대우를 제거한다.
• 기존 특혜관세제도(영연방 특혜)는 인정한다.
• 수출입 제한은 원칙적으로 폐지한다.
• 수출입 절차와 대금 지불의 차별대우를 하지 않는다.
• 수출을 늘리기 위한 여하한 보조금의 지급도 금지한다.

한미 세탁기 세이프가드 분쟁, 한국 승소확정

우리정부가 미국 측이 시행한 세탁기 **세이프가드**(긴급수입제한조치)의 부당성을 놓고 세계무역기구(WTO)에서 벌인 소송에서 승소를 확정했다. 주 제네바 한국대표부에 따르면 WTO 분쟁해결기구(DSB)는 정례회의에서 한미 간 세탁기 세이프가드 분쟁에 대해 한국 측 손을 들어준 패널보고서를 채택했다. 패널보고서 채택은 승소확정을 의미하는 것으로, 한국이 2018년 5월 미국 측 세탁기 수입 규제의 부당성을 따지기 위해 WTO에 제소한 지 5년여 만이다. 2018년 2월 미국정부는 수입 세탁기로 인해 심각한 피해를 보고 있다는 자국 업계의 주장을 수용해 2018년 2월부터 세탁기 세이프가드를 시행했다. 이는 삼성전자와 LG전자 등의 제품을 겨냥한 조치다. 한국산 세탁기의 연간 수입물량을 제한하고 이를 넘으면 고율관세를 매기는 방식이다.

출처 : 연합뉴스/일부인용

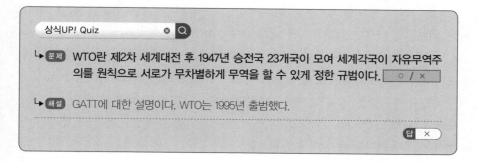

상식UP! Quiz

↳ 문제 WTO란 제2차 세계대전 후 1947년 승전국 23개국이 모여 세계각국이 자유무역주의를 원칙으로 서로가 무차별하게 무역을 할 수 있게 정한 규범이다. ○ / ×

↳ 해설 GATT에 대한 설명이다. WTO는 1995년 출범했다.

답 ×

다시 돌아온 중국의 큰손

'유커'란 여행객, 관광객을 뜻하는 '유객(游客)'을 중국어 발음으로 읽은 것입니다. 우리나라로 '여행·관광을 온 중국인'을 의미하죠. 유커는 특히 중국 단체관광객을 뜻하는 말로 언론과 국내 여행업계에서 많이 쓰입니다. 중국인 관광객들이 이런 특별한 용어로 특정된 이유는 이들이 씀씀이가 유명하기 때문입니다. 물품을 사더라도 대량으로 구매하고, 고가의 상품도 거침없이 구매하는 소비력을 자랑하죠. 그래서 이들을 통한 관광수지와 내수 활성화 효과를 기대해볼만 했습니다.

그러나 한동안은 이들의 움직임이 잠잠했었는데요. 그런데 2023년 8월 들어 우리 여행·호텔업계에서는 다시 유커를 맞을 준비로 분주해졌습니다. 중국정부가 6년 5개월 만에 한국행 단체관광을 전면 허용했기 때문이죠. 지난 2016년 경북 상주시에 미육군의 탄도탄 요격유도탄 체계 사드(THAAD)를 배치하는 문제로 한중갈등이 격화되면서 중국당국은 한국으로의 단체비자발급에 제동을 걸었습니다. 이후로도 중국당국의 한한령(限韓令)은 지속되었고, 또 코로나19 팬데믹이 터지는 바람에 중국발 단체관광은 미뤄졌는데요. 단체관광이 허용되자 곧 유커를 태운 크루즈가 항만에 속속 도착하기 시작하고, 유커가 주로 찾기로 유명한 서울 중구 명동의 상점가는 다시 활기를 찾기 시작했습니다.

한편 유커로 인한 관광수요가 어느 정도나 회복될 지는 지켜봐야 한다는 관측도 있습니다. 한중관계가 여전히 불안하고, 중국의 경기둔화 우려도 남아 있기 때문인데요. 우리나라의 2023년 상반기 관광수지는 46억 5,000만달러 적자로 2018년 이후 최대 적자를 기록했습니다. 코로나19의 엔데믹 전환 이후 아직 외국인 관광객 수요가 충분히 올라오지 않은 것이 요인이라고 하는데요. 이번 유커의 단체관광 허용으로 그 수요가 충분히 회복되었으면 합니다.

유커 귀환에 ··· 카지노주 등 '훨훨'

중국인 단체관광객 '**유커**'의 귀환이 예고되면서 카지노, 면세점, 화장품 관련 주가가 연일 들썩거리고 있다. 롯데관광개발은 최근 1개월간 주가가 46.2%, 코스맥스는 42.5%나 뛰었다. 상장지수펀드(ETF) 역시 유커 소비 관련종목들이 가장 수익률이 높았던 것으로 집계됐다. 한국거래소에 따르면 롯데관광개발은 지난 1개월간 주가가 46.2% 상승했다. 카지노를 운영하는 롯데관광개발은 중국인 관광객 관련 대표주로 꼽힌다. 최근 중국의 한국행 단체관광 금지 해제 소식이 전해진 이후 지속해서 주가가 오름세를 보이고 있다. 면세점도 호재를 맞았고, 화장품의 경우에도 아모레퍼시픽, LG생활건강 등 대장주뿐 아니라 토니모리, 제이준코스메틱 등 중소형주도 상승하고 있다.

출처 : 문화일보/일부인용

 상식UP! Quiz

↳ 문제 중국정부가 2016년 우리나라의 사드 배치에 대한 보복으로 자국에 내린 한류금지령은?

↳ 해설 중국정부는 2016년 우리나라에 사드 배치가 결정되자 이에 대한 보복으로 한국 단체관광을 금지하고 자국 내 한국콘텐츠의 유통 · 소비를 금지하는 한한령을 내렸다.

답 한한령

신문으로 공부하는
말랑말랑 시사상식
경제·경영

책속의 책

기초 튼튼 **경제학 상식**

거시·미시경제학

STEP 1. 100여 년 전만 하더라도 거시경제학은 없었다?

대다수 경제학 이론에서는 흔히 미시경제학을 나무, 거시경제학을 숲으로 본다고 소개하는데, 불과 100여 년 전만 하더라도 거시경제학이라는 용어 자체가 없었다고 합니다. 오히려 '경제학'이라는 하나의 개념만 있었죠. 이는 '보이지 않는 손', 즉 시장경제의 자유로운 조화에 따라 자연스레 균형이 이뤄진다는 믿음 때문이었습니다. 이렇게 봤을 때 당시의 경제학은 지금의 미시경제학과 유사함을 알 수 있습니다. 실업이나 환율과 같은 문제 또한 각각의 시장(노동시장, 국제시장)에 맡겨두면 자연스럽게 균형을 찾을 일이라고 해석했기 때문입니다. 결국 이러한 것이 대공황을 일으킵니다. 그리고 케인스라는 경제학자의 등장으로 거시경제학이 출현합니다. 필요에 따라서는 정부가 경제에 개입할 수 있다는 이론이 받아들여진 거죠.

STEP 2. 미시경제학은 크게 어떻게 구성되어 있는가?

흔히 "수요와 공급만 알아도 경제학의 절반은 안다"는 말이 있습니다. 앞 문단에서 살펴보았듯 만약 여러분이 100년 전에 태어났다면 지금처럼 어려운 이론을 다 배우지 않고도 경제현상을 분석해낼 수 있었다는 뜻이죠. 올바른 분석일지 아닐지는 모르지만요.

그럼 미시경제학은 크게 어떻게 구성되어 있을까요? 시장에는 수요와 공급 말고 또 무엇이 있는지, 그것들의 핵심은 무엇인지, 다음 표를 통해 주요 내용을 한눈에 정리해보도록 하죠.

경제주체[수요자] (소비자이론)	➡	거래[시장] (시장이론)	➡	경제주체[공급자] (생산자이론)

- 경제주체 : 합리적인 인간(물품의 기회비용, 희소성을 따진다)
- 수요자 : 거래의 수요 측면(물건이 싸면 사고 비싸면 안 산다)
- 공급자 : 거래의 공급 측면(비싼 물건을 팔고 싶다)
- 거래 : 시장 거래(경제학에서의 거래는 시장에서의 거래를 가정한다)
- 소비자이론 : 한계효용(욕구는 무한하지 않다), 무차별곡선(다양한 재화를 원한다)
- 생산자이론 : 수익성 · 안정성 기대, 한계생산(생산할수록 제조원가가 변화한다)
- 시장이론 : 독과점, 완전경쟁시장(모든 주체가 가장 효율적인 활동만을 반복한다)

이외에도 생산요소시장, 정보비대칭이론 등 미시경제학의 확장 이론들이 있지만 위 내용만 숙지해둔다면 추가적인 학습에 큰 어려움이 없을 것입니다.

STEP 3. 경제학 책을 폈을 때 기회비용이 가장 먼저 나오는 이유는?

일반적으로 경제학에서는 '시장을 통한 거래', 그리고 '합리적인 인간'을 가정합니다. 이는 수요자나 공급자 모두에 공통으로 적용되죠. 그렇기에 합리적인 인간이 거래하는 시장 또한 예측가능하다는 결론에 도달합니다. 그리고 거래의 기본이라 할 수 있는 수요와 공급의 개념이 이어서 소개되는데, 그동안 봤던 경제학 책의 구성을 떠올려 본다면 미시경제학이 왜 이러한 순서로 다뤄지는지 저절로 고개가 끄덕여질 것입니다.

하지만 자본주의가 점차 고도화되고, 소비 위주의 경제가 일반화된 사회에서 다양한 소비자의 패턴을 단순히 '수요'라고 표현하기엔 이론의 부족한 부분이 많았고, 이를 보완하기 위해 등장한 것이 '소비자이론'이라 볼 수 있습니다(물론 수요와 소비의 개념은 엄연히 구분하자면 다르다고 볼 수 있으나, 미시경제학을 처음 접하는 경우에 있어서는 동일 선상에 놓고 학습하시면 이해가 더욱 빠릅니다). 생산자이론에 비하면 소비자이론의 비중이 높은 것이 사실입니다. 그렇다고 해서 생산자이론을 간과하면 자본주의의 상징이라 할 수 있는 기업의 생산활동을 이해하기 어려워집니다. 그러므로 소비자이론과 생산자이론, 이 둘에 대한 학습이 필요한 것입니다.

이 또한 앞서 접했던 소비와 공급의 관계를 연결시킨다면 큰 무리 없이 배워나갈 수 있을 것입니다.

STEP 4. 완전경쟁시장이 가능한가? 좋은 건가?

이 물음에 답하기 전에 한 번 생각해보도록 하죠. 우리는 '합리적인 인간'인가요? 모든 선택에 있어 경제학적인 결과를 가져오는 최적의 방향을 알고 있나요? 아마 그 대답은 '불가능'일 것입니다(최적의 방향을 알기 위해서는 기본적으로 가격뿐만 아니라 거래 상대방에 대한 정보, 제품의 질, 추후 서비스 등 거래에 대한 모든 것을 알고 있어야 한다는 의미입니다. 하지만 실제 이렇게 거래하기는 매우 어렵죠). 우리는 경제학이 말하는 '합리적인 인간'을 하나의 이상적인 인간 정도로 바라보고 있습니다. 그렇기에 이러한 이상적인 인간이 거래하는 시장인 완전경쟁시장 또한 흔히 '이상적인 시장모델'이라고 하는 것입니다.

그런데 이게 어찌된 걸까요? 오히려 이상적이지 않은, 멀리해야 할 독점시장의 형태가 시장에 출몰하게 됩니다. 합리적인 수요자라면 완전경쟁시장에 만족할지 모르지만, 사실 모든 합리적인 공급자들은 자신을 중심으로 하는 독점시장을 원하기 때문입니다. 그렇기에 완전경쟁시장이 아닌 독점시장이 나타나는 것은 자연스러운 결과입니다. 반대로 완전경쟁시장이 계속된다는 것은 공급자들이 발전할 방법을 찾지 못하고 있다는 뜻입니다. 이게 과연 좋은 일인 걸까요? 이처럼 경제학의 모든 요소에는 양면성이 있습니다.

STEP 5. 거시경제학을 배우면 경제뉴스를 해석할 수 있나요?

거시경제학을 한 줄로 요약하기 어렵습니다만, 경제성장을 목표로 한다는 것에는 이견이 없습니다. 그리고 이러한 경제성장을 위해 어떤 정책들이 이뤄지는지 등을 배우는 것인데, 간단하게 표로 나타내본다면 다음과 같습니다(경제학파에 따라 약간의 차이가 있을 수 있습니다).

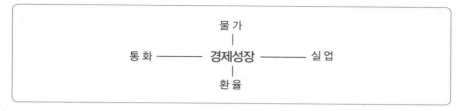

물 가
|
통 화 ——— 경제성장 ——— 실 업
|
환 율

거시경제는 경제성장이라는 가운데 축을 목표로 4개의 거시경제요인을 잘 운영해 나가는 것입니다. 물가가 너무 높으면 안 될 것이고, 실업률도 낮추어야 할 것이며 통화 발행 또한 금리를 고려해야 합니다. 국제수지를 위한 적정 환율도 고려해야 할 테고요.

그런데 이게 쉬운 일이 아닙니다. 흔히 말하는 필립스곡선만 하더라도 물가와 실업률의 상충관계를 나타내는데, 실제 우리 경제에서 봤을 때 물가와 실업률을 동시에 낮춘다는 게 쉬운 일이 아니죠. 더욱이 물가는 금리와도 관련이 있고, 이 금리는 자국 화폐가치를 나타내는 환율과도 연관이 되죠.

통화량, 환율과 물가상승률이 너무 높거나 낮으면 안 되는 것처럼, 실업률 또한 마찬가지입니다. 보통 낮으면 좋다고 생각하지만 실업률이 0%라는 것은 사회구조가 비정상적이거나 수익률이 나쁠 가능성이 큽니다. 거시경제의 주요 지표는 서로 연계되어 있는 부분이 존재합니다. 그렇기에 오쿤의 법칙이나 필립스곡선과 같이 주요 지표 간의 관계를 나타내는 이론이 상당수 있으므로, 학습 시 전반적인 내용을 두루 익혀나가는 것이 중요합니다.

일단 거시경제학을 배우면 위 내용의 통화량이나 국제수지가 무엇을 의미하는지도 알 수 있습니다. 여기까지는 분명히 답할 수 있는 부분입니다. 중요한 것은 신문, 즉 경제 관련 최근 이슈를 읽고 해석할 수 있느냐 하는 것인데(의외로 경제신문을 보는 것을 어렵게 받아들이시는 분들이 많더군요. 바꿔 말하면, 경제신문을 읽음으로써 실물 경제를 배우고자 하는 분들이 많이 있는가 봅니다), 이 책의 내용만 습득하면 대학교에서 원론 수준으로 가르치는 거시경제학을 배우지 않아도 경제신문 자체를 읽는 데는 별 어려움이 없습니다.

STEP 6. 거시경제학과 주식투자?

단순히 주식투자 등을 통한 이익추구가 목적일 경우에는 차라리 증권, 파생상품 등을 따로 공부하시는 게 더 빠를 겁니다. 관련 분야에 실제 종사하시는 분들께 조언을 구하는 것도 좋은 방법일 테고요. 사실 거시경제학 안에서 주식이나 투자 등에 대해서 다루기는 하지만 그리 전문적인 내용은 아닙니다. 거시경제학은 물가나 환율 등 국가경제 전반에 대한 내용을 다루기에 금융에 관련된 분야는 매우 한정적입니다.

물론 배우지 않은 것에 비하면 주식 등에 대한 이해도가 월등히 높을 것입니다. 꽃집에서는 꽃을 많이 보고 꽃에 대해 많이 배우는 것이고, 커피숍에서는 커피에 대해서 더 많이 알고 좀 더 여유를 즐길 수 있는 것이며, 서점에서 책을 더 많이 보게 되고 많은 생각을 할 수 있는 것과 같은 이치죠.

STEP 7. 거시경제학이 너무 어려운데…

사실 거시경제학을 배우는 것은 결코 쉬운 일이 아닙니다. 한 국가의 경제시스템을 배워나가는 것이니만큼 알아둘 것도 많고, 배경지식도 필요하죠. 또한 거시경제학을 배웠다 하더라도 실제 경제현상에 적용하기는 어렵습니다. 예컨대, 미국이 불경기라고 해서 우리나라도 반드시 불경기가 올 거라고 장담은 못 합니다. 변수가 매우 많기 때문이죠. 우리가 흔히 경제와 관련된 뉴스의 인터뷰를 보면 "경제전문가라더니 다들 비슷한 이야기만 한다"고 느끼는 경우가 많은데, 이 또한 위와 같은 맥락의 이야기라고 할 수 있습니다. 이는 우리나라 외환위기(IMF)의 원인이 정확히 "이것이다!"라고 아직까지도 결론이 나지 않는 것과 마찬가지죠.

이처럼 정말로 거시경제학을 통해서 세상을 보는 눈을 기르고자 하시는 분들께서는 거시경제학을 배운다고 해서, 뭔가 뾰족한 답이 나오는 것은 아닙니다. 오히려 이런저런 매체를 통해 세상이 어떻게 돌아가는지, "무슨 사건이 발생했기에 이와 같은 결과가 발생했는가"와 같은 질문을 꾸준히 던져야 합니다.

물론 여러분 대다수는 거시경제학을 학교에서 배우는 경우가 대부분일 것입니다. 이마저도 경제학자가 되기보다는, 사실상 진학을 대비한 학습이 많고요. 즉, 시험을 대비로 거시경제학을 공부한다면 시험 대비 교재를 보는 것만으로도 충분할 것입니다. 보다 구체적으로 학습하고자 하시는 경우에는, 자신이 준비하는 직종 또는 관련 시험에 대해 알아보시길 바랍니다. 동일한 문제라도 어디에서 어떻게 묻느냐에 따라 난이도가 천차만별이기 때문입니다. 이는 출제되지 않는 수준의 내용을 배우기 위해 어려운 경제이론을 완벽하게 이해할 필요는 없다는 뜻입니다.

수요

수요란?

수요란 재화(또는 용역)를 소비하고자 하는 활동입니다. 일반적인 경우에 합리적인 소비자는 가격이 하락하면 많이 소비하고자 하고, 반대로 합리적인 공급자는 가격이 상승하면 많이 공급하고자 합니다. 이는 경제학의 수요란 실제 수요가 아닌 가수요를 의미함을 알 수 있습니다. 가수요란 '실제 수요한 양이 아닌 수요하고자 하는 양'을 나타냅니다.

수요곡선

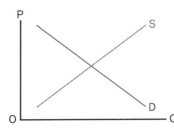

가장 기본적인 형태의 수요와 공급곡선입니다. 가로축은 Q, 세로축은 P로 나타나 있는데 가로축의 Q는 영어로 Quantity − 양을 의미하고, 세로축의 P는 Price − 가격을 의미합니다. 직선을 살펴보면 S직선의 S는 Supply − 공급을 의미하고 D는 Demand − 수요를 의미합니다. 그래프에 왜 네 가지 요소들이 사용되었을까요? 바로 가격 결정에 가장 중요한 역할을 하기 때문입니다. 실제 수요는 직선이 아닌 곡선으로 나타나지만, 그래프 해석을 위해 직선으로 표현하였습니다. 만약 공급물량이 항상 같고 가격대도 일정하다고 가정한다면 어떻게 될까요? 그렇다면 사람들이 구매하는 데 있어서 영향을 미치는 것은 소득이 가장 중요해지겠지요? 이 경우에는 P가 아닌 소득의 Income을 의미하는 I가 세로축을 차지할 수도 있을 것입니다. 이처럼 P(가격)와 Q(양 또는 수량)가 사용되는 것이 당연하다고 생각되는 수요와 공급곡선 그래프에서도 왜 세로축에 P, 가로축에 Q가 위치하는지를 명확히 이해하는 것이 중요합니다.

수요함수

앞에서 살펴본 그래프는 단순한 선이 아닌, 수식을 표현한 것입니다. 다시 말하면 그래프의 선이 존재하기 위해서는 먼저 수식이 존재한다는 것이며 이는 곧 함수를 의미합니다. 다들 아시다시피 경제학에서는 수식과 그래프가 많이 등장합니다. 하지만 우리가 경제를 이해하는 수준에서는 그리 어려운 함수가 소개되지는 않으므로, 수식에 다소 약하더라도 자신감을 갖고 하나하나 배워나가도록 합시다.

$$Dx = f(Px, Mx, Ix)$$

이 수식은 수요 D는 가격(Price), 마케팅(Marketing), 소득(Income)에 의해 영향을 받는다고 가정하고 함수를 세운 것입니다. 우리가 어떤 상품을 수요할 때에는 여러 가지 영향을 받습니다. 그 상품의 Marketing, 또는 광고의 영향을 받을 수도 있을 것이며 소득수준에도 영향을 받을 것입니다. 그러나 이렇게 여러 요인의 영향을 받는다고 가정하고 수요를 분석하는 경우에는 고려해야 할 요인이 많아짐에 따라 그 식이 매우 복잡해지며 결괏값을 예측하기 어려워질 수 있습니다. 이에 가장 큰 영향을 주는 요소인 P만을 남겨 도출한 것이 수요와 공급 그래프입니다. 즉 상품의 가격이 수요에 가장 큰 영향을 준다고 보고 나머지 요인은 영향을 주지 않는다고 가정하여 아예 제거해버리는 것이죠. 어떤가요? 실제 우리 경제와 이를 바탕으로 한 경제학, 완벽히 일치할 수 없다는 것을 새삼 깨닫게 될 것입니다.

$$Dx = f(Px)$$

바로 이 함수가 기본적인 수요함수의 형태입니다. 다음에서 만나볼 Q = −2P + 40, Q = −3P + 20과 같은 방정식은 이런 과정을 통해 성립된 것입니다.

개별수요곡선과 시장수요곡선

수요곡선은 일반적으로 개별수요곡선과 그 합을 나타내는 시장수요곡선으로 구분됩니다. 개별수요곡선의 경우는 일반적으로 우하향하는 형태로 나타나며 시장수요곡선의 경우는 개별수요곡선을 더한 형태로 나타납니다. 이는 합리적인 소비를 하는 이들의 개별수요곡선, 그리고 이 합리적인 소비자가 모인 전체, 시장수요곡선 또한 합리적인 형태를 보일 것이라고 간주하는 것입니다.

이제 시장에 A와 B라는 수요자가 존재한다고 가정해보도록 하겠습니다. 경제학에서는 주로 수량의 경우는 1단위(개, Q)를 기준으로, 가격의 경우에도 1단위(원, P)로 구분하고 있습니다. 그리고 이 Q와 P를 가지고 함수의 형태로 나타내어 개별수요자의 수요함수 및 수요곡선을 나타내는 것이죠.

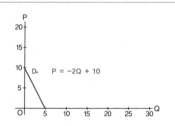

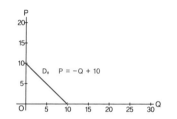

이 그래프는 A수요자의 수요곡선을 나타낸 것입니다. A수요자는 상품의 가격이 10일 경우에는 수요량이 0이며 가격이 하락함에 따라 점차 수요가 늘어나다가 가격이 0일 경우에는 5까지 수요함을 알 수 있습니다.

이 그래프는 B수요자의 수요곡선을 나타낸 것입니다. B수요자는 가격이 10일 경우에는 수요량이 0이지만 가격이 하락함에 따라 수요가 늘어나다가 가격이 0일 경우에는 10까지 수요합니다. A수요자에 비해 최대수량이 많음을 알 수 있습니다.

이를 통해 우리는 몇 가지 사실을 알아낼 수 있습니다.

- 두 수요자 모두 우하향하는 일반적인 수요곡선의 형태를 갖는다.
- 위 경우에는 가격이 10 이상일 경우에는 수요하지 않는다.
- B수요자의 경우에는 A수요자에 비해 동일 가격에서 더 많은 수량을 수요하고자 한다. 이는 동일한 재화의 경우 B수요자가 A수요자에 비해 수요에 보다 탄력적이라 할 수 있다.

그리고 이를 통해 우리는 수요에는 일정한 법칙이 있음을 알 수 있습니다. 바로 수요의 법칙입니다.

수요의 법칙
다른 조건이 일정할 때 가격이 상승하면 수요량이 감소하며, 그 역의 관계도 성립

앞의 그래프를 살펴보면, 각 수요자의 수요를 함수로 표현했는데 시장수요곡선은 이를 더하는 것으로 알아볼 수 있습니다. 다만 앞처럼 $P = -2Q + 10$, $P = -Q + 10$의 형태로 나타난 수요함수를 더하고자 하는 경우에는 반드시 $Q = aP + b$의 꼴로 변형해줘야 합니다.

- $P = -2Q + 10 \rightarrow Q = -P/2 + 5$
- $P = -Q + 10 \rightarrow Q = -P + 10$
  계산된 두 함수를 더하면 총 $Q = -3/2P + 15$이며, 이를 다시 P의 형태로 나타내면
- $P = -2Q/3 + 10$

이것이 A · B수요자의 시장수요함수이며 이를 그래프로 나타내면 다음과 같습니다.

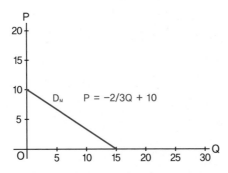

이로써 간단하게 수요에 대해 알아보았습니다. 물론 수요의 변화, 예외적인 수요곡선 등 수요에 대해 아직 배울 것이 많이 남아 있습니다만, 위의 내용만 정확하게 알아두면 수요의 기초를 탄탄하게 다져놓은 것으로 볼 수 있으므로 학습해나감에 큰 어려움이 없을 것입니다.

소득분배이론

소득분배이론이란?

경제학에서는 소득의 창출과정뿐만 아니라 분배문제도 하나의 이론으로 소개하고 있습니다. 소득분배이론은 크게 기능별·계층별 소득분배이론으로 구분됩니다. 기능별 소득분배이론은 소득의 원천(자본, 노동, 지대 등)을 기준으로 나누는 반면, 계층별 소득분배이론은 소득의 크기에 따라 계층을 나누어 그 수준을 살펴봅니다.

개인적 측면에 따른 원인

계층별 소득분배문제가 나타나는 원인은 다양한데 먼저 소득의 격차가 발생하는 이유의 개인적인 측면을 살펴보겠습니다. 가장 대표적인 것은 개개인의 능력 차이를 들 수 있습니다. 사유재산을 인정하는 경제에서는 누구든지 자신의 재산을 늘리고자 할 것입니다. 이를 위해 자신의 능력을 십분 발휘하게 되는데, 이러한 능력의 차이에서 오는 소득 격차는 소득분배문제의 가장 큰 원인으로 볼 수 있습니다.

그리고 현대 사회에서 능력만큼이나 중요한 것이 교육입니다. 아무리 똑똑하더라도 교육 없이 스스로 기술을 터득하기에는 사회가 너무나도 복잡해졌기 때문입니다. 그렇기에 체계적인 교육을 받지 않고서는 전문적인 일(대개 고소득의 직업)을 하는 데에 한계가 있기 마련입니다.

물론 이렇게 능력이 있고 교육도 받아 소득수준이 높아지기도 하지만, 그렇지 않은 경우도 있습니다. 바로 상속 등을 통하여 발생한 소득으로 인해 평균소득 자체가 높아지는 것입니다. 이 책을 보시는 분들께서도 한 번 생각해보면, 상속의 경우는 하나의 생산과정에 따른 부의 창출이라 볼 수 없습니다(그럼에도 상속은 엄연히 소득분배문제의 한 부분을 차지하고 있으며, 같은 소득이라도 능력이나 교육을 통해 발생한 것이 아니기 때문에 주식투기 등과 더불어 그 평가가 엇갈리는 측면이 있습니다).

제도적 측면에 따른 원인

소득차이의 개인적인 측면은 위와 같다고 볼 수 있습니다. 그렇다면 제도적인 측면에서도 소득차이의 원인을 살펴볼 필요성이 있고 예를 들자면 부자감세가 이에 해당합니다. 부자감세는 고소득층에게 세금을 감면해주고 이를 통해 고소득층의 투자를 증가시키면 그 재원이 저소득층에게도 돌아갈 수 있다는 것입니다. 소득분배에 관한 여러 정책 중 하나이죠. 또한 저소득층 지원제도가 얼마나 잘 구축되어 있느냐에 따라서도 소득분배문제의 개선 여지가 결정된다고 볼 수 있습니다.

계층별 소득분배문제의 측정

소득분배문제는 다들 몸으로 체감할 수 있는 부분이기에 그 원인을 이해하는 것은 크게 어렵지 않습니다. 이제 계층별 소득분배를 경제학에서는 어떻게 설명하는지, 즉 그 측정에 대해서 알아보도록 하겠습니다. 이 또한 하나의 이론이니 크게 다음과 같습니다.

> • 십분위분배율   • Lorenz곡선   • Gini계수

십분위분배율

> • 십분위분배율 : 구성원을 소득의 크기에 따라 10등분한 뒤, 하위 40% 소득을 상위 20% 소득으로 나눈 비율
> • 도식 : $\dfrac{\text{하위 40\% 소득}}{\text{상위 20\% 소득}}$
> • 최댓값 : 2(가장 평등한 분배를 나타낸다)
> • 최솟값 : 0(가장 불평등한 분배를 나타낸다)

만약 소득이 완전하게 분배되어 있다면 하위 40%의 소득의 크기는 전체 소득의 40%가 될 것이고, 상위 20%의 소득은 전체 소득의 20%가 될 것이기에 십분위분배율은 그 값이 2가 되며, 가장 평등한 분배를 나타낼 것입니다. 그러나 이와 달리 하위 40%의 소득이 적고 상위 20%가 모든 소득을 가지고 있다면 그 크기가 0일 것입니다. 즉, 십분위분배율은 소득의 분포도에 따라 값이 달라지는데 2에 가까워질수록 보다 소득이 평등하게 분배되어 있다고 해석할 수 있습니다.

대개 계층별 소득분배를 다룰 때 십분위분배율을 가장 먼저 언급할 만큼 이 방법은 해석이 간단하며 이해 또한 쉬운 편입니다(아마 위의 내용만 읽더라도 이해에 큰 어려움이 없을 것입니다).

그러면 여기서 질문을 던져보도록 하겠습니다. 만약 양극화가 심한 사회에서 소득 재분배가 개선된다고 한다면 십분위분배율의 값은 커질까요, 작아질까요? 당연히 커질 것입니다.

오분위분배율

여기서 한 가지를 더 언급하자면 오분위분배율이란 것이 있습니다. 오분위분배율 또한 위와 기본적 틀은 비슷하지만 측정 방법에 약간의 차이가 있습니다.

> **오분위분배율** : 소득의 크기에 따라 10등분이 아닌 5등분을 하여, 상위 20%의 소득을 하위 20%의 소득으로 나눈 값

같은 질문을 던져보도록 하겠습니다. 소득재분배가 이뤄진다면 오분위분배율의 값은 커질까요, 작아질까요? 당연히 작아질 것입니다. 십분위분배율과 오분위분배율의 경우 분자·분모에 놓이는 계층이 반전되므로 나타나는 결과입니다. 사소해 보이지만 구분할 필요성이 있는 부분이죠.

Lorenz곡선

Lorenz곡선 : 소득의 크기대로 순서를 매긴 뒤에, 저소득층부터 인구가 추가될 때마다 소득 누
적분을 그래프에 나타낸 것을 의미

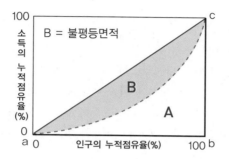

Lorenz곡선은 위의 ac에 이르는 곡선으로 나타낼 수 있습니다. 십분위분배율만큼
이 또한 이해에는 큰 어려움이 없을 것입니다. 먼저 X축(가로)은 전체 인구의 누적
비율을 나타냅니다. 그리고 Y축은 저소득층부터 인구가 누적됨에 따른 소득의 누
적비율을 나타냅니다. 이 경우 소득분배가 완전히 균등하게 이뤄진다면 Lorenz곡
선은 위의 직선 ac처럼 완전균등선의 형태로 나타날 것입니다. 반대로 소득분배가
불균등한 경우에는 Lorenz곡선은 곡선 ac 형태로 나타날 것입니다.

그런데 한번 생각해볼까요? 저소득층이라 해도 소득이 아예 없지는 않을 것입니
다. 즉 소득의 값이 0보다 크다는 것이죠. 그렇기에 위의 점선으로 표시한 ac곡선
의 y값은 0에 수렴하는 형태이며 여기서 소득분배가 균등해져갈수록 ac직선인 완
전균등선에 가까워지는 것입니다. Lorenz곡선에서 가장 주의 깊게 봐야 할 부분은
바로 완전균등선과 Lorenz곡선 사이의 면적입니다. 이 면적(B)이 작을수록 그 사
회의 소득분배는 평등하다고 볼 수 있는 것입니다. 또한 십분위분배율이 상위 20%
와 하위 40%의 소득만을 비교하는 것에 그친 데 반해 Lorenz곡선은 사회 전체의
소득을 살펴볼 수 있다는 점에서 차이가 있다고 할 수 있습니다.

Gini계수

Lorenz곡선에 관한 이해가 되었다면 이제 Gini계수에 대해서 알아보도록 하겠습니다. Gini계수를 이해하려면 Lorenz곡선의 이해가 필수입니다. Lorenz곡선을 통해 Gini계수를 도출할 수 있기 때문입니다.

> **Gini계수** : 소득 불균등의 정도를 나타내는 수치

Gini계수를 알아보는 방법은 다음과 같습니다. Lorenz곡선 그래프에서 abc 삼각형 전체의 면적 중 B면적이 차지하는 비중을 값으로 나타낸 것이 Gini계수이기에 이 면적을 계산하면 됩니다. 소득이 완전균등하다고 가정해보겠습니다. 그렇다면 Lorenz곡선은 완전균등선에 일치할 것이며, 이 경우 Gini계수인 B의 면적은 0이 되며 Gini계수 또한 0이 됩니다(완전균등 = Gini계수는 0). 이와 반대로 소득이 완전불균등하다고 가정해보면 Gini계수인 B의 면적이 abc삼각형의 면적과 같아지며 Gini계수는 1이 됩니다(완전불균등 = Gini계수는 1).

기능별 소득분배이론

계층별 소득분배이론이 소득분배문제를 소득의 정도를 나눠 그 불평등성을 평가한 것이라면, 기능별 소득분배이론은 소득 차이가 발생하는 원인을 찾는 것입니다. 기능별 소득분배이론에서는 일단 경제주체들을, 사용하는 '생산수단'에 따라 집단으로 묶습니다. 대표적으로 지주(토지)와 자본가(자본), 노동자(노동)를 구분할 수 있죠. 자본가는 노동자에 비해 많은 소득을 가져갑니다. 이는 자본이 노동에 비해 '한계생산성'이 높기 때문입니다. 자본가가 자본 1을 투입할 경우 10을 생산할 수 있다면, 10을 투입하면 100을 생산할 수 있습니다. 반면 노동자는 처음에는 노동 1을 투입할 경우 10을 생산하더라도, 노동 10을 투입한다고 100을 생산하지는 못하죠. 투입하는 노동의 양 또한 개인으로서는 한계가 있습니다. 이렇게 투입량에 따라 생산 비율이 같이 높아질 수 있는 지를 한계생산성이라 합니다.

GDP

GDP란?

> **국내총생산(GDP ; Gross Domestic Product)** : 일정기간 동안 한 국가 내에서 생산되는 재화 및 용역의 시장가치를 모두 합한 것
>
> • **일정기간** : 대개 1년을 말하며, 유량의 개념이다(일정기간을 기준으로 측정한다).
> • **한 국가** : 지리적인 개념이다. 만약 중국인이 우리나라에서 1,000원짜리 연필을 생산했다면 이 연필은 우리나라의 GDP에 포함되는 것이다(이와 달리 GNP의 경우 중국인이 생산한 이 연필은 우리나라의 GNP에는 포함되지 않는다. 즉, GDP는 어느 국가에서 생산되었는지가 중요하며, GNP는 어느 나라 사람인지가 중요하다).
> • **재화와 용역의 시장가치** : 용역 대신 서비스라는 표현을 써도 무방하다(GDP의 경우는 생산된 재화와 용역의 최종 가치재만을 의미한다. 만약 500원의 밀가루를 구매해서 1,000원짜리 빵으로 판매하면 GDP는 1,500원이 아니고 500원도 아니며 1,000원이 된다). 여기서 시장가치라는 것은 시장에서 거래되는 가치를 의미한다. 즉, 시장에서 이뤄지지 않는 거래는 GDP에 포함되지 않는다(예) 식당 아주머니의 노동은 GDP에 포함되나 우리 어머니들의 저녁식사 준비는 GDP에 포함되지 않는다고 볼 수 있다. 또 마약이나 윤락, 사채, 불법노동 등을 나타내는 지하경제의 거래도 포함되지 않는다).

그럼 사례를 통해 GDP 계산을 좀 더 확실하게 알아보도록 하겠습니다.

Q. 작년에 생산된 자동차가 올해 판매된다면 GDP는 어떻게 측정될까?(시기)

A. '작년에 생산된 자동차'가 핵심이다. 그러므로 GDP는 올해가 아닌 작년에 포함된다.

Q. 의사가 자신의 집에서 아들을 진찰한 행위는?(시장가치)

A. 의사가 병원에서 환자를 진찰한 행위는 진료비를 받게 되므로 GDP에 포함되나 집에서 한 경우는 GDP에 포함되지 않는다.

Q. 중국에 있는 중국회사가 우리나라로부터 수입한 김치는?(위치)

A. 이 경우 김치는 우리나라에서 생산되었다. 단지 중국회사로 수출된 것이므로 우리나라의 GDP에 포함된다.

GDP와 GNP, 어떻게 구분할까?

GDP는 유사지표라 할 수 있는 GNP(Gross National Product)와의 비교도 중요합니다. GDP와 GNP의 차이는 국가의 차이, 그리고 국민의 차이라고 할 수 있는데, 이 말이 무엇을 의미하는지 살펴보도록 하겠습니다.

> **Q.** 한국인 성식이는 현재 미국에서 맥주를 생산하고 있다. 이 맥주는 GDP와 GNP 중 어디에 포함될까?
>
> **A.** 이 경우 질문은 GDP와 GNP라고 나와 있으나 차근차근 살펴보면 "한국의 GDP이냐, 미국의 GDP이냐 또는 한국의 GNP이냐, 미국의 GNP이냐"로 구분되는 것이다. 우선 한국(우리나라)의 경우는 GDP가 아닌 GNP로 측정될 것이다. 왜냐하면 미국에서 한국인에 의해 생산되었기 때문이다(GDP의 경우 그 기준이 한 국가임을 생각). 이에 반해, 미국의 경우는 GDP로 측정될 것이다. 미국 내에서 생산되었기 때문이다. 하지만 미국의 GNP에는 속하지 않을 것이다(왜냐하면 성식이는 한국인이기 때문).
>
> **Q.** 성식이가 살고 있는 나라는 인구 1,000명이다. 이 중 900명이 해외에서 사업을 하고 있다고 가정해보자. 즉, 100명만이 국내에서 경제활동을 하고 있으며, 그 외 국민(외국인)은 없다고 가정해보자. 그렇다면 성식이가 살고 있는 나라의 경제규모를 가능한 크게 측정하기 위해서는 GDP가 적절할까, GNP가 적절할까?
>
> **A.** GDP로 측정하면 성식이의 나라에 있는 100명의 경제규모만 나타날 것이므로 적절하지 않음을 알 수 있다. 즉, 이렇게 국가 외적인 소득이 많은 국가의 경우는 GDP보다 GNP가 더 적절한 지표임을 알 수 있다.

GDP의 한계

그럼 한 가지 질문을 해보겠습니다. 만약 작년에 1,000원이었던 과자가 올해 1,100원으로 올랐다면 어떻게 해석해야 할까요? 이때 단순히 가격만 올랐을 뿐이며 생산량은 변함 없다고 한다면 이 경제는 성장한 것으로 봐야 할 것인지에 대한 의문이 생길 것입니다. 그렇기에 여기서는 둘의 근본적인 차이와 적용까지 다뤄보고자 합니다. 다음 소개되는 A국가는 일부 상품만을 생산하는 초소형 국가임을 가정하고, 직접 계산해보도록 하겠습니다.

A국가 대통령과 경제부장관의 대화

[상황 1] "음, 올해는 생산량이 어떠한가?"

"예, 쌀은 3kg, 자동차 3대, 아메리카노 3잔을 생산하였습니다. 작년에 비해 쌀은 줄었고 아메리카노는 늘어났습니다."

"그럼 올해의 GDP를 산출해보게."

"올해 쌀은 1kg당 4,000원이고 자동차는 1대에 1,000만원, 아메리카노는 한 잔에 6,000원이므로 12,000 + 30,000,000 + 18,000 = 30,030,000원입니다. 작년에 비해 GDP가 3만원 증가했습니다."

"올해의 GDP만을 계산해서 살펴보면 뭔가 이상하지 않은가? 쌀은 분명 생산량이 줄어들었고 아메리카노는 늘어났는데 단순히 GDP 숫자가 커졌으므로 올해 경제가 성장했다고 볼 수 있는 건가?"

(여러분께서는 어떻게 생각하시나요?)

[상황 2] (상황 1에서 1년 뒤)

"음, 올해는 생산량이 어떠한가?"

"작년과 동일합니다."

"그럼 올해의 GDP를 산출해보게."

"올해 쌀은 1kg당 5,000원이고 자동차는 1대에 1,000만원, 아메리카노는 한 잔에 7,000원이므로 15,000 + 30,000,000 + 21,000 = 30,036,000원입니다."

"작년과 생산량이 동일한데, GDP는 커졌으므로 경제가 성장한 것으로 봐야하나? 우리 국민들이 먹고 사는데 사용하는 생산량이 작년과 차이가 없는데도, 물가가 올랐기 때문에 GDP 규모가 커졌다고 봐야 하는 건가? 그럼 우리 경제가 성장했다고 봐야 하나?"

이제 위의 상황을 각각 살펴보도록 하겠습니다. 두 경우로 나누어 볼 수 있는데, 첫 번째는 생산량이 작년과 달라진 경우이고 두 번째는 생산량이 작년과 동일한 경우입니다. 대통령의 궁금증을 좀 쉽게 설명하면, GDP라는 것이 나라의 경제규모를 측정하는 것인데, 생산량이 변동했음에도 그 해 물가수준의 영향을 받게 되었을 때 GDP가 과연 경제규모를 제대로 측정할 수 있는가 하는 의문이 생긴다는 것입니다. 이처럼 "GDP가 커졌으므로 경제가 성장했구나"라고 생각하는 사람들을 의외로 우리 주위에서도 쉽게 찾아볼 수 있기 때문에, 해석에 주의를 요합니다.

좀 더 세분해서 설명하자면 우선 [상황 1]의 경우는 쌀의 생산량이 줄어들었으며 차는 동일, 아메리카노는 늘어났음을 알 수 있습니다. 여기서는 이해를 돕기 위해 A국가라는 소규모 국가의 GDP를 측정하고 있지만 실제로 국가경제의 규모를 측정하기 위해서는 쌀이나 차, 아메리카노 하나하나가 거대한 산업분야를 의미하는 것입니다. 이는 다시 말하면 어느 나라의 농사가 흉작일 경우 쌀값이 폭등할 수도 있고, 관세를 인하하여 쌀 수입량이 많아지면 쌀값이 하락할 수도 있다는 것입니다. [상황 2]에 비춰볼 때 만약 쌀값이 하락한다면 쌀 생산량이 작년에 비해 늘어났음에도 불구하고 작년과 올해 쌀 시장의 GDP를 계산해보면 올해가 더 낮을 수 있다는 뜻이죠.

[상황 2]의 경우도 크게 다를 바가 없습니다. 그런데 한 가지 문제점은 "GDP가 작년에 비해 커졌으니 우리 경제가 성장했구나"라고 단정하는 경우입니다. 위의 [상황 2]가 바로 그러한 경우인데, 생산량은 변동이 없음에도 물가상승으로 인해 GDP가 커진 것이죠.

명목GDP와 실질GDP 계산하기

이와 같은 GDP 계산의 문제점을 해결하기 위해 등장한 것이 실질GDP와 명목GDP입니다. 그럼 실질GDP와 명목GDP에 대해 구체적으로 알아보겠습니다.

> **명목GDP** : 그 해 생산물 × 그 해 가격
> **실질GDP** : 그 해 생산물 × 기준연도 가격

기준연도가 따로 주어지지 않는 이상, 올해 명목GDP와 실질GDP는 당연히 같습니다. 위의 사례에서는 기준연도가 모두 작년인 것입니다. [상황 2]의 경우 올해의 실질GDP를 구해보면 작년의 명목GDP와 같음을 알 수 있습니다(생산량이 동일하므로). 즉, [상황 1]과 같이 작년과 물가나 생산량이 달라질 경우에는 실질GDP, 명목GDP를 계산할 필요성이 있는 것이죠.

명목GDP와 실질GDP 계산하기

명목GDP나 실질GDP나 그 해 생산량을 계산한다는 것에는 차이가 없습니다. 다만 가격, 즉 물가의 차이가 중요합니다. 생산량이 동일할 경우, 작년보다 물가가 하락하면 명목GDP는 감소하지만 실질GDP는 차이가 없습니다. 이런 경우는 "올해 경제는 작년에 비해 물가가 하락했으나 생산량은 감소하지 않았다. 다만 물가 하락에 따른 문제점이 발생할 수 있으므로 이에 따른 대책을 마련해야 한다."라고 예측을 할 수 있는 것이죠. 그에 반해 실질GDP가 작년에 비해 커졌다면, 생산량이 늘어났다는 것을 의미하므로 전체적인 경제성장을 예측해 볼 수 있을 것입니다. 위의 대통령이 생각한 'GDP 증가 = 경제성장'이 이러한 경우에 해당하는 것입니다.

탄력성

탄력성이란?

잔잔한 연못에 돌을 던져본다고 생각해보겠습니다. 돌이 어느 정도의 크기인지와 얼마나 세게 던졌는지에 따라 연못에 생기는 파장의 크기가 다를 것입니다. 이와 유사하게, 경제학에서의 탄력성이란 가격의 변화에 따른 수요나 공급의 변화, 즉 돌(가격)의 크기나 던져지는 힘(변화 정도)에 따른 연못(수요)의 흔들림 정도를 가리킨다고 할 수 있습니다.

> • **탄력성** : 한 변수가 다른 변수에 의해 변동되는 정도
> • **경제학에서의 탄력성** : 가격의 변화에 따른 수요나 공급의 변화량

일반적인 관점에서 봤을 때, 쌀의 판매가격이 10,000원 오른다고 해서 우리는 그 수요가 급감하지는 않을 것이라 예측할 수 있습니다. 그러나 우리가 가끔 먹는 피자의 가격이 10,000원 오른다면 수요는 어떻게 될까요? 반대로 피자 가격이 10,000원 내렸을 때의 수요증가와 쌀 가격이 10,000원 내렸을 때의 수요증가를 비교한다면 어느 쪽이 보다 많이 변할까요? 이처럼 우리 경제에서 말하는 탄력성이란 '가격'의 변화에 따라 재화별, 시장별, 전체가격별로 다르게 나타나는 수요나 공급의 변화량을 말합니다.

탄력성, 이것만은 알아두자!

> **Q.** 가격이 얼마나 변화하는가?(수요나 공급 기준이 아님, 가격이 주요인)
> **A.** 기본적으로 1원

Q. 그렇다면 그 변화는 재화의 수요나 공급에 변화를 가져다 주는가?

A. 예/아니오(변화가 없으면 탄력성을 구할 필요가 없음)

Q. 변화를 일으킨다면, 과연 수요나 공급은 얼마나 변화하는가?

A. 변화 정도에 따라 탄력성의 크기 구분

위의 3단계가 탄력성의 전체적인 개념입니다. 이처럼 가격탄력성에서 기준은 바로 가격입니다. 즉, 가격이 변하는 것이 먼저이고 수요나 공급이 변하는 것은 그 다음이라는 뜻이죠.

다음의 두 함수를 살펴보죠.

- $Q = -3P + 20$
- $Q = -4P + 10$

기준이 가격이라는 점, 왜 중요할까요? 이는 탄력성에 대해서 대부분의 경제학 책에서는 함수형태로 나타내며 이를 계산하여 정확한 답을 요구하기 때문입니다. 즉, 위의 두 함수에서 가격(P)이 변화함에 따라 수요(Q)가 얼마나 변화하는지를 구하는 것이라 할 수 있습니다.

그렇기에 탄력성을 구하기 위해서는 기본적으로 이 함수가 그래프 상에서 우상향하는지, 우하향하는지 그리고 기울기는 어느 정도인지(또는 수평인지 수직인지)에 대해 직접 그려보지 않아도 될 만큼 익숙해져야 합니다. 실제로 경제학에서 수요와 공급에 대해 먼저 다루고, 어느 정도 익숙해진 뒤에 탄력성에 대해 접근하는 것도 이와 같은 이유에서입니다.

경제학에서 말하는 탄력성

그럼 한 번 경제학적으로, 용어를 써서 정리해볼까요? 어렵지 않습니다. '재화'라느니, '수요, 공급' 등의 용어를 사용할 뿐입니다.

> 수요의 가격탄력성(Price Elasticity of Demand) : 한 재화의 가격 변화에 따른 수요량 변화의 정도(수요량의 변화율/가격의 변화율)

여기서 중요한 것이 있습니다. 수요의 가격탄력성의 경우는 결괏값 앞에 '음(−)' 부호를 붙여야 한다는 것입니다.

예외적으로 과시적 소비, 즉 사치재의 경우 우상향(가격이 오를수록 수요가 상승)하는 수요곡선이 존재하는 경우가 있으나 대부분의 수요곡선은 우하향하기 때문입니다. 그렇기에 가격의 변화율과 수요량의 변화율은 역의 관계를 가질 수밖에 없고, 이는 다시 말해 가격이 상승하면 수요량은 줄어들고 가격이 하락하면 수요량은 늘어난다는 것입니다. 여기서 '그렇다면 수요량은 얼마나 줄어들고 늘어나는가'에 대한 질문에 답하는 것이 바로 탄력성인 것이지요.

Q. 대체재가 많은 재화에 대한 수요의 가격탄력성은 어떻게 될까?

A. 탄력성은 커진다. 여기서 커진다는 말은 가격 변화에 따른 수요량의 변화가 보다 커지는 것을 의미한다. 대체재가 많이 존재하는 경우 그 재화의 가격이 조금만 오르더라도 쉽게 대체재를 수요하기에 그 재화의 수요량은 급감할 것이고, 이는 수요의 가격탄력성이 크다는 것을 나타낸다.

Q. 자전거와 비행기 중 어느 것이 탄력적일까?

A. 먼저 결론부터 말하자면 비행기가 더 탄력적이다. 대개 재화의 가격이 고가일수록 그리고 사치품일수록 탄력성이 크다. 그리고 가격이 낮고 필수품일수록 탄력성이 작다. 필수품일 경우에는 가격이 변화하더라도 그 수요가 필수이므로 가격 변화율에 따른 수요 변화율이 작지만, 그 반대로 사치품의 경우는 가격이 조금만 낮아져도 수요가 급증하기 때문이다.

Q. 기간에 따라 구분하면 어떻게 될까?

A. 기름값이 갑자기 폭등했다고 가정하자. 지금 당장은 출퇴근을 자동차로 해야 할 것이다. 그러나 시간이 지났는데도 기름값이 계속 유지된다면 대체수단을 이용할 것이다. 즉, 단기에는 탄력성이 작고 장기에는 커진다.

탄력성, 매출과 무슨 관계가 있는 것일까?

직장이 잡히지 않자 자영업을 하기로 결심한 성식. 결국 광화문 광장 앞에서 자신이 직접 만든 아메리카노를 판매하기로 결정한다. 아메리카노 한 잔의 가격은 500원. 그리고 이 아메리카노는 하루에 100잔씩 팔리고 있다.

그러던 중, 날이 추워지자 아메리카노 판매량이 급증하기 시작한다. 하루에 200잔씩 팔리기 시작한 것이다. 이에 성식은 인간의 지극한 본성인 이기심이 발동하기 시작한다. "그래, 100원만 더 올려서 받는 거야. 그러면 200×100으로 20,000원만큼 내 수익이 늘어나겠지? 좋아, 내일부터는 600원에 판매하는 거야."

그러자 실제로 판매량은 180잔으로 줄어들었으며 그럼에도 성식은 꽤 쏠쏠한 이득(8,000원)을 볼 수 있었다. 이에 성식은 700원으로 올리고자 하였으며 똑같은 방법을 시도했는데, 판매량은 150잔밖에 되지 않았다. 결국 성식은 600원으로 가격을 재조정하였다. 일을 마친 성식은 집에 와서 자신의 총수입을 정리해봤다.

- 기존의 가격(500원)×수량(200잔) = 총수입(100,000원)
- 첫 번째 가격(600원)×수량(180잔) = 총수입(108,000원)
- 두 번째 가격(700원)×수량(150잔) = 총수입(105,000원)

이 경우 성식이는 어떠한 결정을 내려야 하는가?

이 이야기의 핵심은 가격설정에 따라 총수입이 달라질 수 있다는 것입니다. 위의 사례에서 보듯이 가격이 100 변함에 따라 수량변화가 −20, −30으로 달라집니다. 즉, 가격의 상승이 수요량의 감소를 얼마나 상쇄할 수 있느냐에 따라 예전보다 이익을 볼 수도 있고 손해를 볼 수도 있는 것입니다.

대개 가격이 오르면 수요량은 줄어들며 가격이 떨어지면 수요량은 늘어납니다. 그리고 이를 탄력성과 연관을 지어서 생각하면, 그 기준이라는 것이 반드시 존재한다는 것을 알 수 있습니다. 여기서의 기준이란 양자 간의 비율의 기준을 말합니다. 즉, 특정 가격수준에서는 가격이 오르면 수요량이 감소하더라도 이득을 봅니다. 반대로 어떤 구간에서는 가격이 떨어지면 수요량이 증가하여 이득을 봅니다.

최저가격제

최저가격제란 무엇인가?

인터넷에서 최저가격제를 검색해보면 '가격을 일정수준 이상으로 유지하는 제도' 등으로 소개되며, 연관검색어로 '가격상한제, 가격하한제, 최저임금제' 등이 나오는데요, 최저가격제의 의미는 다음과 같습니다.

> 최저가격제 : 가격의 하한을 일정수준 이상으로 정하는 제도

용어 자체는 어렵지 않으나 경제학에 대해 잘 알지 못할 경우에는 위 문장의 예시를 드는게 쉽지 않을 겁니다. 쉽게 설명하면 "아무리 가격이 싸더라도 최소한 이 정도의 가격은 유지해야 한다"는 것이 최저가격제입니다. 앞서 시장에서 '자유로운 거래'가 이뤄진다고 한 바 있죠. 당사자 간 합의 하에 거래가 이뤄지면 더할 나위 없이 좋은데, 굳이 최저가격제와 같은 제도가 나타나는 이유는 뭘까요?

'균형'이 존재하는 경제학 이론에서 최저가격제는 필요하지 않다

사실 최저가격제를 이해하기 위해서는 먼저 우리 경제를 이해해야 합니다. 우리 경제란 무엇일까요? 헌법에도 명시되어 있듯이 개인의 경제상의 자유와 창의를 존중하고 있는, 엄연한 시장경제체제입니다. 이러한 시장경제체제에서 이뤄지는 거래는 당연히 개인의 선택에 입각한 자유거래일 것이고, 우리가 경제학 책에서 수없이 보고 읽었던 '균형'이라는 것도 이러한 거래의 결과입니다.

우린 여기서 이 균형이 의미하는 게 무엇인지 알아볼 필요가 있습니다. 균형이란 거래의 참가자인 수요자와 공급자가 서로 시장에서 만나, 양자가 원하는 가격과 수량으로 거래가 이뤄짐을 말합니다. 이를 균형가격이자 균형거래량이라 하는 것입니다.

균형이잖아, 양자가 합의했는데 대체 최저가격제가 왜 필요해?

그런데 이 균형이라는 것이 약간 애매한 점이 있습니다. 양자 간의 자유로운 거래라고는 하나, 사실 따져보면 울며 겨자 먹기 식으로 거래에 응한 자도 있을 것이고, 반대로 자신의 지위를 악용하여 거래에 응한 자도 있는 것이죠. 물론 후자의 경우에는 불공정거래로 간주해 법의 엄정한 심판을 받게 할 수 있으나, 자유긴 하나 울며 겨자 먹기의 경우처럼 어쩔 수 없는 거래를 한 것이라면 어떻게 해야 할까요? 인위적으로라도 그 거래에 일부 제한을 가할 필요가 있는 것입니다. 그럼 여기서 이러한 궁금증이 들 것입니다. "대체 어쩔 수 없는 자유거래란 무엇일까?"

최저임금제, 거래의 약자인 노동자를 보호하다

최저가격제의 가장 대표적인 사례는 최저임금제입니다. '기본적으로 임금은 최저 xx원 이상은 되어야 한다'는 것이 최저임금제인데요, 시장의 논리에 비춰봤을 때 아무리 평등한 관계라 할지라도 실제 대다수의 경우 노동자는 사용자에 비해 상대적으로 열악한 위치에 놓일 수밖에 없습니다. 물론 강성노조라 하여 노동자의 권익이 사용자에 비해 높은 경우도 있으나, 그와 반대로 터무니없이 적은 임금을 받고도 어쩔 수 없이 일하는 경우가 있죠. 이를 방지하기 위한 것이 최저임금제입니다. 최저임금제를 통해 노동자의 생계에 있어 최소한의 수준을 보장하는 것이죠.

최저임금제는 어떤 효과를 가져다줄까?

앞에서 말씀드렸듯이 우리가 배우는 경제학, 즉 시장을 기준으로 하는 경제학은 '균형'을 전제합니다. 즉, 시장은 가격이라는 것이 있기 때문에 수요자와 공급자 사이에 균형이 이뤄진다는 것이죠. 한번 예를 들어보겠습니다. '말랑말랑 시사상식'을 하나의 회사라고 가정해보죠. 현재 '말랑말랑 시사상식'은 50명의 인원을 고용하고 있으며, 그들의 일률 시급은 9,000원입니다. 이를 정리하면 다음과 같습니다.

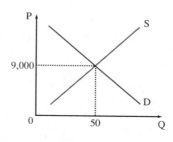

시장 상황	여기서 알 수 있는 것
• 공급 : 노동자(사람들이 노동력을 공급) • 수요 : 고용주(돈을 주고 노동력을 사용) • 균형가격 : 9,000원 • 균형노동자의 수 : 50명	• 고용주가 지불해야 하는 임금 총액 : 450,000원 • 개별 노동자가 받는 금액 : 9,000원

그럼 여기서 잠깐, 최저임금을 올려볼까?

그런데 어느 날, 정부에서 최저임금을 10,000원으로 올렸다고 가정해봅시다. 이에 '말랑말랑 시사상식'의 고용주 또한 현재의 임금을 10,000원으로 올려야 했죠.

이해 더하기⁺

> 물론 10,000원을 주고 50명을 그대로 고용할 수도 있습니다. 하지만 우리가 지금 배우는 것은 '경제학'의 이론, 즉 수요와 공급을 바탕으로 한 하나의 학문적 이론을 배우는 것입니다. 그러므로 일단은 위의 그래프 내에서만 생각해야 합니다.

경제학의 기본 논리를 생각해보죠. 소비자는 가격이 오르면 더 살까요, 덜 살까요. 대개의 경우 덜 사게 됩니다. 이는 가격을 임금으로 놓고 봐도 마찬가지입니다. 최저임금제에서 수요자는 기업의 고용주이므로, 자신이 지불해야 하는 임금이 높아질수록 상대적으로 덜 고용(수요)하고자 할 것입니다.

우리 경제학에서는 임금이 오를 경우, 고용의 수가 줄어든다

이처럼 수요와 공급, 그리고 균형을 바탕으로 한 우리의 경제학에서는 최저임금이 오를 경우 그 고용의 수가 줄어든다고 가정합니다. 예를 들어 10명이 줄어들었다고 해봅시다. 그러면 오른쪽과 같은 그래프가 나타납니다.

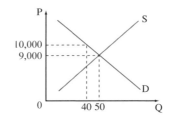

시장 상황	여기서 알 수 있는 것
• 공급 : 노동자 • 수요 : 고용주 • 강제가격 : 10,000원(9,000원에서 1,000원 상승) • 균형노동자의 수 : 40명(50명에서 10명 감소)	• 고용주가 지불해야 하는 임금 총액 : 400,000원 • 개별 노동자가 받는 금액 : 10,000원

경제학에서의 최저임금제를 해석하면 어떤 결과가 나타나는가

즉, 최저임금제를 시행함에 따라 50명의 노동자 중 남아 있는 노동자는 9,000원을 받다가 10,000원을 받게 됩니다. 임금이 상승했기 때문이죠. 다만 여기서 중요한 것은 줄어든 10, 즉 해고된 10명은 9,000원도 받지 못한다는 점입니다.

1,000원의 임금이 더 증가한 40명 vs 해고된 10명

사실 최저임금제의 핵심은 위의 한 문장이라고도 볼 수 있습니다. 정작 누군가의 생활터전이 없어지는데 단순히 그래프나 그려놓고 '최저임금제는 임금의 하한수준을 규정한 것으로, 임금이 상승하면 평균 임금이 올라간다'는 뻔한 결론만 내려서는 최저가격제를 배운다 한들 아무런 의미가 없는 것이죠. 오히려 최저임금제가 갖는 진정한 의미와 방향에 대해 고민해야 할 것입니다.

경제학의 최저임금제가 아닌, 경제의 최저임금제에 대해 알아야 한다

최저가격제라는 이론을 바탕으로 한 최저임금제에 대해 알아보았습니다. 매년 최저임금을 두고 노사 간 치열한 논의가 펼쳐지는데요, 2024년 시간당 최저임금은 9,860원으로 결정되었습니다. 그럼 한번 생각해보도록 하죠. 책정된 시간당 최저임금 수준은 높은 수준일까요, 아니면 낮은 수준일까요? 또는 지금의 경제상황에 적절한 수준일까요? 그 해답은 바로 '깊이 있는 대화'에 있을 것입니다. 노사 간 서로의 입장을 충분히 들어본 후, 받아들일 수 있는 범위 내에서의 절충안이 필요한 것이죠(경기가 어려울 때에는 임금을 동결하고 어려움을 극복한 회사들처럼 말입니다). 이처럼 깊이 있는 대화를 통해 언젠가는 경제학의 이론이 우리 경제를 충분히 설명할 수 있는, 즉 정부가 개입하지 않고도 노사 간 충분한 대화 속에 모두가 만족할 수 있는 임금이 결정될 수 있는 날이 오길 바랍니다.

게임이론

상대의 반응을 고려한 의사결정, 게임이론

천재 수학자라 불리는 폰 노이만(J. von Neumann)에 의해 고안된 게임이론은 경제학의 발전에 지대한 공헌을 하였습니다. 그도 그럴 것이, 단순히 개인의 합리성만을 가정했던 경제학에 '경제주체는 거래상대방의 반응을 고려한 행동을 할 것이다'라는 개념을 인식시켜 주었기 때문이죠. 다만 그의 '특출한 천재성' 때문이었는지, 당대 사람들은 그의 이론을 이해하는 게 쉽지 않았다고 합니다(물론 지금도 게임이론은 어려운 부분에 있어서는 전공자들도 혀를 내두를 정도죠). 그러나 천재는 천재를 이해한다 했던가요? 이후 모겐스턴(O. Morgenstern)이라는 학자에 의해 다듬어진 게임이론은 어느덧 우리 경제 전반에 걸친 의사결정의 모델로 자리 잡았습니다. 이러한 게임이론은 내쉬(John F. Nash)와 같은 걸출한 인물을 통해 승계되어 세분화 · 발전되어 가고 있습니다.

게임이론의 창시자. '폰 노이만 구조'로 더 잘 알려져 있는 시대의 천재학자. 경제학뿐만 아니라 수학, 공학 등에도 큰 영향을 준 John von Neumann	게임이론을 체계화하고 그 틀을 정립한 인물. 수학자였던 폰 노이만과 달리 경제학자의 관점에서 게임이론을 완성시키는 데 큰 영향을 준 Oskar Morgenstern	30여 년간의 정신분열 병력 그리고 1994년 노벨경제학상 수상. 우리에게는 영화〈뷰티풀 마인드〉로 더 잘 알려져 있는 인물이자, 내쉬균형의 고안자이기도 한 John Forbes Nash

▲ 게임이론과 관련된 주요 경제학자들

서부 최고의 총잡이는 누구?

게임이론을 가장 쉽게, 그리고 재미 있게 적용해볼 수 있는 것 중 하나가 서부의 총잡이 게임입니다. 이 게임은 각기 다른 명중률을 가진 세 명의 총잡이가 서로를 향해 동시에 총을 쏠 때, 살아남을 확률이 가장 높은 이가 누군지 예상하는 것입니다 (세 명이 순서대로 총을 쏘는 경우와 동시에 쏘는 경우에 따라 결과가 달라지는데, 여기서는 동시에 쏘는 경우에만 한정).

우리에게는 〈놈놈놈〉으로 더 잘 알려져 있는 영화에 빗대어 설명해보도록 하죠. 여기 세 명의 '놈놈놈'이 있습니다. 이 중 먼저 착한 놈은 70%의 명중률을 가지고 있습니다. 그리고 나쁜 놈은 100%, 이상한 놈은 30%의 명중률을 가지고 있죠. 이들이 동시에 서로를 향해 총을 쏠 경우, 살아남을 확률이 가장 높은 이는 과연 누굴까요? 미리 정답을 말씀드리자면, 바로 이상한 놈입니다.

각 총잡이의 명중률	주요 가정
• 나쁜 놈 : 100% • 착한 놈 : 70% • 이상한 놈 : 30%	• 명중률을 제외한 나머지 조건은 모두 동일 • 세 명의 총알은 동시에 발사 • 서로 간 협의 등은 없음

1회전
- 착한 놈 : 이상한 놈(30%)보다는 나쁜 놈(100%)을 쏘고자 할 것
- 나쁜 놈 : 이상한 놈(30%)보다는 착한 놈(70%)을 쏘고자 할 것
- 이상한 놈 : 착한 놈(70%)보다는 나쁜 놈(100%)을 쏘고자 할 것

여기서 우리가 알 수 있는 것은, 착한 놈은 반드시 죽는다는 것입니다. 왜냐하면 확률 100%의 나쁜 놈이 착한 놈에게 총을 쏘기 때문이죠. 이에 반해 명중률이 가장 낮은 이상한 놈은 단 한 발도 맞지 않는, 글자 그대로 이상한 결과(?)가 나옵니다. 나쁜 놈은 두 발을 맞게 될 것임에도 불구하고 확률상 반드시 죽지는 않습니다. 나쁜 놈이 살아남을 확률은 $(1-0.3) \times (1-0.7) = 0.21 \times 100 = 21\%$가 되죠.

> 2회전
> - 착한 놈 : (1회전에서 사망)
> - 나쁜 놈 : 21%의 확률로 살아남아, 이상한 놈(30%)을 쏘고자 할 것
> - 이상한 놈 : 100%의 확률로 살아남아, 나쁜 놈(100%)을 쏘고자 할 것

그럼 2회전을 살펴보도록 하겠습니다. 2회전에서는 명중률 100%의 나쁜 놈이 30%의 이상한 놈을 향해 총을 쏠 것이 분명하므로, 이상한 놈은 죽게 됩니다. 이상한 놈이 쏜 총알에 의해 나쁜 놈이 죽을 확률은 30%이죠. 우리는 이 게임을 통해 1회전에서 착한 놈과 나쁜 놈이 모두 죽고 이상한 놈만 살아남거나, 2회전에서 나쁜 놈이 살아남는 결과, 나쁜 놈과 이상한 놈이 모두 죽는 결과를 예측할 수 있습니다. 정리해보자면 이상한 놈이 1회전에서 죽을 확률은 0%, 2회전까지 포함해 죽을 확률은 50%이고 나쁜 놈이 1회전에서 죽을 확률은 79%, 2회전까지 포함해 죽을 확률은 85.3%가 됩니다. 즉, 서부의 총잡이 게임에 유리한 자는 바로 이상한 놈인 것이죠.

이처럼, 서부의 총잡이 게임은 단순히 생각해봤을 때 '명중률이 가장 높은 나쁜 놈이 살아남는 것 아닐까' 싶음에도 불구하고 논리적 해석을 통해 '1등이 반드시 1등을 하는 것은 아님'을 증명해보였다는 데에 더 큰 의미가 있습니다.

만원 게임

이 게임은 100원을 주고 10,000원을 받는, 일종의 경매형식의 게임입니다. 이 게임에 참여한 이들 중 가장 높은 금액을 부르는 이가 10,000원을 가져갑니다(예를 들어 100원을 제시한다면 그 차액인 9,900원을 가져감). 단, 이 게임의 특징 중 하나는 두 번째로 높은 가격을 제시한 이의 경우, 10,000원을 받지 못함에도 자신이 제시한 금액을 지불해야 한다는 점입니다. 과연 이 게임의 결과는 어떨까요? 얼핏 생각해보면 9,900원까지 오르고 더 오르지 않을 것처럼 보이지만 실제로는 오히려 10,000원을 넘어서는 결과가 나왔다고 합니다.

```
┌─────────────────────────────────────────────────────────────────────┐
│                   두 명의 참가자를 가정한 만원 게임                        │
│  • A : 100원을 제시                                                     │
│  • B : 자신이 200원을 제시하면 그 차액(9,800)을 가져갈 수 있으므로 200원 제시   │
│  • A : B가 당첨될 경우 A는 100원을 손해보게 됨. 그러나 만약 300원을 주게 되면   │
│    9,700원을 얻을 수 있으므로 A는 300원을 제시                             │
│                     (위와 동일한 과정이 반복)                              │
│  • B : 9,800원을 제시                                                   │
│  • A : 9,900원을 제시                                                   │
│  • B : 10,000원을 주고 10,000원을 받으면 사실 이득은 0이다. 그러나            │
│    10,000원을 제시하지 않는다면 9,800원을 손해보게 되므로 10,000원을 제시할 것임 │
└─────────────────────────────────────────────────────────────────────┘
```

물론 이 게임에도 몇 가지 가정이 있습니다. 그 중 하나는 게임 참여자 간 서로 이 야기된 바가 없어야 한다는 점입니다. 만약 서로 간 합의가 있었다면 100원을 제시 한 후 그 차액인 9,900원을 두 명이 나눠 갖는 결과가 나왔을 것입니다. 그럼에도 A, B가 이 게임의 결과를 좀 더 생각하지 않고 참여함에 따라 결과적으로 10,000 원을 잃을 것처럼 보였던 게임 제시자가 오히려 가장 큰 이득을 얻게 되죠.

치킨 게임

이번에 알아볼 것은 치킨 게임입니다. 이 게임은 다음과 같은 상황을 가정하면 이 해하기 쉽습니다.

상금을 두고 A, B 두 참가자가 마주본 채 운전하며 달려온다. 먼저 피하는 사람은 겁쟁이로 취 급받는다. 일촉즉발의 순간, 두 사람의 선택은?

		B	
		돌 진	우 회
A	돌 진	(−10, −10)	(4, 0)
	우 회	(0, 4)	(0, 0)

A, B 모두 돌진할 경우 가장 나쁜 결과(-10, -10)를 가져옵니다. 이에 반해 A는 돌진하고 B가 우회할 경우, A는 4만큼 이익을 얻고 B는 0의 이익을 얻게 됩니다. 이는 B 또한 마찬가지죠. 즉, 이 게임의 핵심은 상대방의 행동을 어떻게 예측하느냐에 따라 그 결과가 달라진다는 점에 있습니다. '예측의 연쇄'가 발생한다는 것이죠.

이로써 간단한 몇 가지 게임이론을 알아보았습니다. 위 외에도 내쉬균형, 반복게임, 위험최소화전략 등 위와 관련된 수많은 게임이론이 존재합니다. 무엇보다 게임이론이 말하고자 하는 가장 큰 의미는 '가장 최적의 결과'를 얻는 데에 있습니다. 여기서의 최적의 결과란 게임 참가자 모두에게 이득이 되는 결과를 의미하죠.

가격차별이론

가격차별이란?

무더운 여름, 한 청년이 백사장에서 시원한 수박을 판매하고 있다고 가정해봅시다. 일반적인 경제학 이론에 따르면 백사장의 피서인원을 수요로 놓고, 자신의 수박을 공급으로 한 수요·공급이론에 따라 가격을 책정할 것입니다. 그런데 알고 보니, 커플 단위로 놀러온 그룹은 수박을 13,000원까지 지불할 의향이 있으며 대규모 가족 단위로 놀러온 그룹은 20,000원까지도 지불할 의향이 있다고 합니다. 여기서 이 청년은 고심합니다. 일반적인 경제학 이론(수요·공급)에 비춰봤을 때 이 청년은 일정 수준의 가격(예를 들어 15,000원)을 책정했을 것입니다. 즉 모든 수요자에게 동일한 가격에 수박을 판매하는 것이죠. 하지만 실제 백사장에 와보니, 수요자마다 수박에 대한 관심이 다르고 지불하고자 하는 금액의 크기가 다름을 알게 된 것입니다.

> 수박 가격을 동일하게 책정할 경우의 표준 판매수입 : 15,000원
> (커플 단위는 수박을 구매하지 않고 대규모 가족만이 구매)
>
> 수박 가격을 손님에 따라 따로 책정할 경우의 표준 판매수입 : 33,000원
> (커플 13,000원 + 대규모 가족 20,000원)

경제학에서는 이러한 행위를 가격차별이라고 하는데, 핵심은 하나의 수요일지라도 그 수요의 세분화가 가능할 경우에는 각각의 수요가 존재할 것이고, 이에 따라 동일한 재화를 공급하더라도 서로 다른 가격설정이 가능하다는 점입니다. 이처럼 각각 다른 가격을 설정할 수 있다는 것이 이해가 되었다면, 그에 따른 가격설정에 대해 알아보도록 하겠습니다. 경제학에서는 이를 3가지로 구분하는데, 바로 1급·2급·3급 가격차별입니다.

1급 가격차별

> 1급 가격차별 : 기업이 수요자의 소비 행태를 완벽하게 파악하였을 때 나타나며, 상품을 1단위씩 나누어 각각의 소비자에게 다른 가격을 부과하는 것을 의미한다.

먼저 가격차별의 전제조건에 대해 알아볼 필요가 있는데, 전제조건이 성립하지 않으면 가격차별 또한 성립하지 않습니다.

> 〈전제조건〉
> • 기업은 수요의 가격탄력성을 바탕으로 시장을 구분할 수 있어야 한다.
> • 시장 간에 재판매가 불가능해야 한다.

시장을 구분할 수 있다는 것은 각 시장마다 수요의 가격탄력성이 다르다는 것을 기업이 인지하고 구분할 수 있다는 것을 말하며, 시장 간의 재판매가 불가능해야 함은 A시장에서 구입한 상품을 B시장에서 판매하는 것이 불가능(한 기업이 하나의 재화를 팔기로 했다면 그 기업이 A시장이나 B시장 모두에서 독점력을 가져야 함)하다는 것을 의미합니다.

> **● 예 시 ●**
> • 사진사 준형은 광화문광장에서 독점적으로 사진을 찍어줄 권한을 얻게 된다. 준형이 생각하는 사진 한 장당 가격은 10,000원이다. 그들 앞에 외국인이 나타난다. 이들은 한국 방문이 일생에 있어서 처음이자 마지막이 될 것이라고 하면서 사진을 찍어달라고 한다(이 경우 준형 외에는 사진사가 없으며 찍은 사진은 복사가 안 된다고 가정). 이제 준형은 흑심(?)을 품게 될 것이다. "까짓 것, 어차피 돈 쓰러 관광 온 거 아냐? 20,000원 불러도 분명 응할거야" 하는 생각과 함께, 준형은 20,000원에 사진을 찍어준다.
> • 다음으로는 부산에서 올라온 연인 커플이다. 이들은 광화문광장에 다시 올 수는 있으나 아마도 내년 또는 후년에 올 것 같다고 한다. 무엇보다 이들은 커플(?)이기에 돈 걱정이 별로 없어 보인다. 이들 또한 이곳에서의 사진을 무척이나 갖고 싶어 하기에 준형은 18,000원에 흥정을 하고 사진을 찍어준다.
> • 다음은 광화문광장 옆 건물에서 근무하는 직장인들의 단체사진이다. 이들은 광화문광장이 걸어서 10분 거리이다. 이에 준형은 돈을 더 받을 생각은 단념하고 10,000원만 받고 사진을 찍어준다.

이러한 1급 가격차별의 핵심은 기업이 수요자의 지불용의를 완벽히 파악하고 있다는 점에 있습니다. 여기서 '완벽'이라는 것은 각 단위별로 지불용의를 완벽히 파악하므로 기업이 수취하는 가격이 수요자의 지불용의금액과 일치한다는 말이며, 여기서 일치한다는 것은 소비자의 잉여는 0이 된다는 것을 의미합니다. 준형이 소비자들의 지불용의금액을 파악하지 못하고 10,000원으로 동일하게 사진을 찍었다면 30,000원 밖에 벌지 못했을 것이나, 이를 정확하게 알았기에 48,000원이나 벌 수 있었던 것입니다.

하지만 1급 가격차별의 한계는 위 이야기처럼 소비자들의 지불용의수준을 정확하게 알지 못한다는 점에 있습니다. 그러므로 1급 가격차별을 실제로 찾아보기는 어렵다고 할 수 있죠. 또한 1급 가격차별의 가장 큰 문제점은 소비자 잉여가 0이 된다는 점입니다. 사실 독점기업의 입장에서는 1급 가격차별만큼이나 이윤을 극대화할 수 있는 수단은 없을 것입니다. 그렇기에 소비자들의 선호도, 나이, 거주지, 학력 등 이런저런 요인들을 알아내어 시장을 분리하고자 노력합니다. 이는 실제로도 우리가 인터넷을 통해 회원가입을 할 때나 설문지에서 극명하게 드러납니다.

2급 가격차별

> 2급 가격차별 : 소비자를 구매량에 따라 몇 개의 구간으로 나누어 각 구간마다 다른 가격을 책정하는 것을 말한다.

먼저 2급 가격차별은 1급과 구분할 필요가 있습니다. 1급 가격차별의 경우 가장 중요한 기준이 바로 한 단위입니다. 즉 단위별로 가격을 다르게 책정함으로써 소비자의 잉여를 전부 독점기업이 가져간다는 것입니다. 이에 비해 2급 가격차별에서는 기준이 구간입니다. 이는 다시 말해 재화의 구입량 정도를 말하는 것입니다.

1급 가격차별의 경우에는 우하향하는 직선의 형태로 나타나는 수요곡선에 대해 각각 가격차별을 적용시키기 때문에 소비자의 잉여가 0이 되나, 2급 가격차별의 경우에는 재화의 구입량, 즉 구간에 따라 가격이 달리 설정되므로 작게나마 소비자 잉여가 존재하게 됩니다.

그렇기에 독점기업도 1급 가격차별보다는 적은 이윤을 얻게 되나, 비현실적인 1급 가격차별의 이윤을 추구하기보다 현실적인 2급 가격차별에 이윤 추구를 나쁘지 않게 생각하는 것입니다. 2급 가격차별은 실제로도 많은 곳에서 살펴볼 수 있는데, 수도요금이나 가스요금 등이 그 좋은 사례입니다. 또 통화시간에 따라 요금을 달리 책정하는 통신사의 요금제 등이 좋은 예가 될 수 있을 것입니다.

3급 가격차별

> 3급 가격차별 : 소비자를 특성에 따라 나누어 다른 가격을 부과하는 것이다. 1·2급 가격차별과는 재화가 아닌 소비자로 구분하는 데에 큰 차이가 있다.

3급 가격차별의 핵심은 재화가 아닌 소비자로 구분한다는 것입니다. 다시 말하면 1급의 경우에는 구매의 한 단위가 기준이었고 2급의 경우에는 재화의 구간 또는 소비량 수준이었다면 3급에서는 재화가 아닌 소비자를 대상으로 한다는 것입니다.

앞서 2급 가격차별처럼 3급 가격차별 또한 현실에서 쉽게 찾아볼 수 있습니다. 조조영화의 경우 영화표 가격이 보다 저렴하다거나 운동경기장에 성인 요금과 어린이 요금을 다르게 받는 것도 일종의 3급 가격차별이라고 볼 수 있는 것입니다.

이를 정리해보면 다음과 같습니다.

> • 제1급 가격차별 : 독점기업은 구매의 각 단위를 기준으로 가격을 설정
> • 제2급 가격차별 : 독점기업은 재화의 적정 구간을 기준으로 가격을 설정
> • 제3급 가격차별 : 독점기업의 소비자의 특성을 기준으로 가격을 설정

여러 종류의 가격차별을 살펴봤습니다만 여기서 중요한 것이 있습니다. 대개 가격차별에 대해서 우리는 부정적인 시각을 갖습니다. 왜냐하면 소비자가 누려야 할 잉여, 즉 구매를 하고 남은 소비자 잉여를 앗아가려고 하는 못된 행위라고 생각할 수 있기 때문입니다. 하지만 꼭 이렇게 볼 필요는 없습니다. 필수불가결한 요소들에 대해서는 위의 가격차별이 오히려 도움이 될 수도 있습니다.

그 좋은 예가 병원인데 저소득층에게는 저렴한 비용을 받고, 고소득층에게는 일반 진료비 비용을 받는 것입니다. 만약 동일한 진료비를 청구해서 저소득층의 환자가 병원을 이용하지 못한다면 어떻게 될까요? 이 경우를 고려해본다면 가격차별을 나쁘다고 볼 수만은 없을 것입니다.

어떤가요? 가격차별은 매우 어려운 이론처럼 느껴질 수 있지만, 이처럼 그 의미를 정확하게 파악하고 사례를 통해 읽어나가면 매우 쉽게 이해할 수 있는 부분입니다. 이는 여타 경제학의 이론 또한 크게 다르지 않습니다. 기초를 알고 사례를 통해 하나하나씩 배워나가면, 언젠가는 경제학 전체의 이론을 하나의 이야기처럼 이어가는 자신을 발견할 수 있을 것입니다.

〈21세기 자본론〉은 왜 떴을까?

21세기 자본론은 어떤 책인가?

▲
토마스 피케티 교수
(1971. 5. 7 ~)

토마스 피케티 교수가 쓴 〈21세기 자본론〉의 원제는 'Le Capital au XXIe siecle', 영어로는 'Capital in the Twenty-First Century'입니다. 21세기 자본론이라는 제목에 비춰볼 때, 원제를 그대로 번역한 것이라 볼 수 있습니다. 그런데 제목을 보면 알 수 있듯이 과거 '사회주의의 성서'라 불리며 한 시대를 풍미했던 칼 마르크스의 〈자본론(Das Kapital)〉을 현 시대에 맞게 해석한 책이 아닐까? 하는 느낌을 받게 될 것입니다.

이런 궁금증이 통해서였을까요. 이 책은 프랑스에서 첫 출간된 후 큰 인기를 얻었으며, 이후 영문판이 소개된 뒤에는 30만부 이상이 판매되었다고 합니다. 딱딱한 표와 어려운 통계자료, 그리고 600쪽이 넘는 두터운 학술서임을 고려해 봤을 때 엄청난 인기몰이를 한 셈이라 할 수 있죠. 그렇다면 대체 이 책은 어떠한 내용을 담고 있을까요?

'사회적 차별은 공동 이익을 근거로 해서만 있을 수 있다(프랑스 인권선언 1조(1789))'는 문구를 소개하며 시작되는 이 책은 계층 간의 불평등, 그 중에서도 자본에 의해 나타나는 불평등에 대해 다루고 있습니다. 이 책의 가장 중요한 부분은 바로 역사에 기반한 불평등 분석에 있습니다. 토마스 피케티는 18세기 이후부터 약 200여 년간의 주요 국가의 자본수익률(r)과 (경제)성장률(g)이라는 방대한 자료를 수집·분석했습니다. 그는 이를 통해 자본수익률이 (경제)성장률을 앞질렀음(r > g)을 밝혀냈습니다.

자본수익률이 경제성장률을 앞질렀다는 말이 어떤 의미인지 설명드리자면, 흔히 말하는 이자, 배당금, 임대수익 등으로 얻는 수입이 노동활동을 통해 얻는 수입보다 크다는 뜻입니다. 물론 부의 창출이 반드시 노동에서 나타나야 할 것은 아니지만, 노동이 아닌 부분(소수)의 창출이 노동(다수)보다 크다는 것은 경제성장이라는 거시적인 관점에서 볼 때, 매우 심각한 문제가 아닐 수 없습니다.

피케티는 이 부분에 대해 일침을 가하고 있는데, 바로 자본수익률과 경제성장률의 격차가 선진화된 자본주의 국가일수록 확대된다는 점입니다. 즉, 소득 불평등 문제가 점차 심화되고 있다는 뜻이며, 이러한 불평등은 세습자본주의(Patrimonial Capitalism : 소수의 부자들이 세습된 부를 가지는 특권)를 불러올 수 있고, 이를 해결하기 위해서는 각 국가가 공조하여 부자증세인 글로벌 부유세를 도입해야 한다는 것이 주요 내용입니다. 사실 그동안 경제학계에서 소득 불평등에 대한 비판이 없었던 것은 아닙니다. 하지만 이 책은 '경제가 성장하면 분배 문제는 자연스럽게 해결된다'는 주류경제학계의 주장에 대해, 피케티 스스로 15년간 조사해 온 '데이터에 기반한 결론'을 갖고 정면으로 반박하는 것입니다.

◀ 자본주의에는 긍정적인 면도 있지만, 그렇지 않은 면도 있다. 노동자들의 악순환이 그것이다. 무엇보다 피케티의 〈21세기 자본론〉이 큰 의미를 갖는 가장 큰 이유는 부의 세습에 대한 우려일 것이다. 자본수익률이 경제성장률보다 크다는 것은, 왼쪽 그림의 인물들이 바로 우리가 될 수도 있다는 점이다.

뜨거운 찬사, 그리고 비판

이 책에 대한 많은 찬사가 쏟아졌습니다. 로버트 소로우, 폴 크루그먼과 같은 학자들은 이 책에 대해 찬사를 아끼지 않았습니다.

Robert Merton Solow

"피케티는 오래된 주제에 새롭고 강력한 공헌을 했다. 그는 자본소득의 증가율이 경제성장률을 앞지르는 한, 부자들의 부와 수입은 노동을 통한 수입보다 한층 빠르게 증가할 것이라는 점을 보여줬다"

Paul Robin Krugman

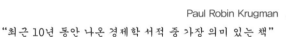

"최근 10년 동안 나온 경제학 서적 중 가장 의미 있는 책"

물론 이 책에 대한 반론 또한 만만치 않습니다. 우리에게는 〈맨큐의 경제학〉이라고 하여 잘 알려진 그레고리 맨큐 교수 또한 이 책에 대한 의견을 내놓았으며, 로렌스 서머스 미국 전 재무부 장관은 피케티의 주장이 틀렸다고 반박했습니다.

Nicholas Gregory Mankiw

"피케티의 주장은 경제학적 이론이라기보다 추측에 가깝다"

Lawrence Henry Summers

"피케티는 자본 소득을 저하시키거나 한계 짓는 요인에 대해선 검토하지 않았다"

궁극적으로 피케티의 '세습자본주의의 도래를 막기 위한 해법'은 강력한 자본과세를 실현하는 것입니다. 하지만 이것이 얼마만큼의 실현가능성을 갖고 있을까요? 현실적으로 자본은 전 세계를 이동하기 마련입니다. 이런 상황에서 부자증세는 해당 국가에서 자본의 이탈만 불러오게 되죠. 세계 각국이 세율 인상에 협조한다는 게 가능한 일일까요? 지난 수년간 많은 유럽 나라가 투자를 더 유치하기 위해 법인세 인하 경쟁을 벌이기도 했습니다. 이러한 점에서 그의 주장은 마르크스의 "전 세계의 노동자 혁명이 필요하다"는 말처럼 허망할 뿐이라는 맹점이 있습니다.

21세기 청년에게 21세기 자본론이 갖는 의미

각계의 비판을 떠나 우리가 이 책에 주목해야 하는 이유는 따로 있습니다. 바로 돈이 돈을 버는 속도가 노동으로 돈을 버는 속도보다 빠르다는 점입니다. 그리고 이렇게 창출된 부가 세습된다는 것이지요. 이러한 세습자본주의는 세계 10대 강국에 손꼽히는 우리나라에서도 큰 문제로 인식되고 있습니다.

"증여세 피하는 대기업 오너들…
손자에 수백억 쳐 주식 매입"

"욕설 우유 ×× A회장
6살 손자는 20억대 주식 부자"

누군가는 열심히 공부해 대학을 졸업하고 취업하여 돈을 모아도 집 하나 구하기 어려운 현실인데, 어떠한 기업의 자녀들은 수억원 대의 주식을 이미 가지고 있다고 합니다. 이는 어떤 면에서 사회 구조상의 문제로 볼 수 있는 것이지요.

하지만 피케티의 주장에서도 알 수 있듯이, 자본성장률이 경제성장률을 넘어섰다는 것은 사실상 "열심히 일하는 것만으로는 결코 부유해질 수 없다"는 것입니다. 즉, 기존의 실력대결에서 벗어나 새로운 해법을 양자가 찾아봐야 한다는 것이지요.

그럼에도 이러한 문제를 해결하고자 하면 '자유주의 경제의 근간인 경쟁의 유인을 해칠 수 있다', '열심히 일할 요인을 없애는 정책은 우리 경제 기초에 반한다'는 비판이 존재합니다.

과거 마르크스는 자신의 저서를 통해 노동가치설의 기초이론을 설명하였습니다. 잉여가치의 개념을 설명하며 자본가의 착취, 노동자의 궁핍함을 이론적으로 증명하였죠. 그러나 이후 등장한 한계효용학파 등에 비춰 궁극적으로는 오류가 있는 것으로 밝혀지기도 하였습니다. 하지만 그렇다고 하여 마르크스가 주장한 이론의 중요성이 결코 퇴색되는 것은 아닙니다.

피케티가 주장한 바 또한 마찬가지일 것입니다. 우리가 경제를 배우고, 경제문제에 대해 고민하는 이유는 '모두가 잘 사는 사회를 만들기 위함'이지, 결코 좌우파 간의 다툼을 통한 어느 한 체제의 독점을 이루고자 하는 것이 아니기 때문입니다.

피케티의 물음에 대한 해답이 그가 말한 것처럼 단순한 부유세 도입이 아닐 수 있습니다. 이러한 불평등 문제는 꾸준히 제기되어왔던 문제이기에, 지금이야말로 이에 대한 해답을 모두가 함께 고민해야 할 때입니다.

지금의 자본주의와 시장경제를 있게 만든 Adam Smith ▶
만약 그가 피케티의 주장을 들었더라면 어떻게 대답했을까?

시대를 이끈 경제학자들

시대를 바꾼 경제학, 그리고 시대를 이끌었던 경제학자

지금의 경제가 있기까지, 그 이면에는 위대한 경제학자들의 노력이 있었습니다. 그 중에는 경제학자로서의 부와 명예를 한껏 누리며 살다간 이가 있는 반면, 혹독한 비판과 낙인 속에 삶을 보내다가 사후에 재조명되는 불우한 이들도 있었습니다. 그 중에서도 경제학의 3대 인물이라 불리는 이들이 있습니다. 이들은 한 시대를 이끌 었던 경제학자로 평가받고 있습니다.

경제학의 아버지라 불리는 인물. 굳이 경제학을 배우지 않더라도 한 번쯤은 들어 봤음직한 '보이지 않는 손'이라는 명언을 남기며 현대 자본주의의 발판을 만든 Adam Smith	공산주의의 시초이자 20세기 사상에 지대한 영향을 미쳤으며, 자본주의의 필연적 붕괴를 예언했던 인물. 인류의 절반이 그를 따랐고 절반이 비판한 Karl Marx	케인스혁명이라 불리며 자본주의를 위기에서 구해낸 당대 최고의 풍운아. 현재까지 주류 경제학으로 그 명성을 유지하며 자본주의에 중대한 영향을 끼친 John Maynard Keynes

아담 스미스

"우리가 저녁 식사를 제대로 할 수 있는 것은 정육점, 양조장, 빵집 주인들이 관대해서가 아니며, 그들이 이익을 추구하는 사람들이기 때문이다"

Adam Smith
• 1723. 6. 5 ~ 1790. 7. 17
• 당대의 정치경제학자이자 철학자
• 경제학의 아버지이자 현 자본주의의 이론적 토대를 마련
• 주요 저서 : 〈국부론〉, 〈도덕감정론〉

Adam Smith는 개인이 자신의 이익을 위해 행동하더라도 '보이지 않는 손(Invisible Hand)'에 의해 조화로운 결과가 나올 것이라 하였습니다. 이는 자유무역, 그리고 현대 자본주의경제의 이론적 근거가 되었습니다. 그의 사후 200여 년이 지난 지금까지도 세계 대다수의 국가가 자본주의를 기초로 한 경제체제(자유시장)를 유지하고 있습니다. 이에 비춰볼 때, 인간의 이기심이 경제활동의 근본이라는 그의 의견은 결코 틀리지 않았음을 알 수 있죠.

하지만 앞에서 밝힌 바 있듯이, Adam Smith는 단순한 경제학자가 아닙니다. 오히려 당대에는 윤리철학자에 가까웠다고 합니다. 그렇기에 그는 인간 본성에 대해 많은 관심을 가졌으며(이 결과물이 바로 〈도덕감정론〉), 더불어 경제학에 대한 깊은 연구(기존의 중상주의를 반박, 인간의 노동이 상품 가치에 원천이라는 노동가치설 주장)를 통해 인간의 자유로운 거래가 모두에게 이득이 될 수 있음을 밝혀낸 것입니다. '완전히 자유로운 시장', 그것이 Adam Smith가 주장한 이상향이었던 것이죠.

그럼에도 그의 〈국부론〉에만 주목했던 탓이었을까요? 그의 사상은 상당부분 왜곡되어 전해지고 있습니다. 실제로 많은 이들이 Adam Smith의 사상을 정부규제의 반대근거로 사용하고 있죠. '시장에서 개인 간 자유롭게 거래하면 알아서 될 것을 왜 정부가 개입하느냐'함이 그것입니다. 하지만 그는 보이지 않는 손을 하나의 자연 원리로만 말했을 뿐이지 '개인의 이기심은 공정한 관찰자와 공정경쟁, 정의를 통해 통제되는 경우에 한해서만 공공의 이익을 산출할 수 있다'고 믿었습니다.

그의 사후 200여 년이 지난 지금, 우리가 보고 있는 경제는 그가 꿈꿨던 모습일까요? Adam Smith는 지금까지도 우리에게 많은 시사점과 교훈을 주는 위대한 경제학자 중 한 명입니다.

칼 마르크스

"이제까지 철학자들은 세계를 다양하게 해석했다. 그러나 중요한 것은 세계를 변화시키는 것이다"

Karl Heinrich Marx
- 1818. 5. 5 ~ 1883. 3. 14
- 철학자이자 경제학자, 역사학자, 사상가
- 인류의 절반이 꿈꿨던 공산주의를 창시한 인물
- 주요 저서 : 〈자본론〉, 〈공산당 선언〉, 〈경제학–철학 수고〉

인류사에 가장 큰 영향을 준 인물 중 한 명이자, 더불어 현재까지 존경과 비판을 동시에 받아왔고, 학계에서도 논란이 분분한 인물. 바로 Karl Marx입니다. 영국 BBC에서는 '지난 1,000년간 가장 위대했던 철학자', '지난 1,000년간 가장 큰 영향을 준 책'을 주제로 설문조사를 한 바 있습니다. 1위는 바로 Karl Marx, 그리고 그의 저서 〈자본론〉이었습니다. '한국사회에 영향을 준 책'이라는 주제로 국내 교수신문에서 조사한 결과 또한 1위는 〈자본론〉이었습니다. 대체 〈자본론〉은 어떠한 내용을 담고 있기에 이렇듯 높이 평가받는 것일까요? 이 책이 나오기까지는, 자본주의 이면에 가려진 노동자들의 참혹한 현실과 투쟁이 있었습니다.

Karl Marx는 그의 저서 〈자본론〉을 통해 당시 노동자들의 처참한 현실을 고발하였습니다. Adam Smith의 '노동가치설'을 발전시킴으로써, 상품의 가치규정 및 생산과정을 이론적으로 입증함과 동시에 '잉여가치'라는 개념을 제시함으로써 자본가들이 노동자들을 어떻게 착취하는지 밝혀냈고, 공황 등의 발생으로 인해 자본주의는 붕괴하고 공산주의가 도래할 것이라 예언하였습니다. 당시 노동자들의 입장에서는 '왜 우리는 가난할 수밖에 없는가'라는 질문에 통쾌한 해답을 준 책이라고도 볼 수 있으니 그 영향력은 이루 말로 표현할 수 없을 정도이죠. 실제로 좌·우파를 떠나서 〈자본론〉에 나와 있는 당시 노동 상황을 살펴보면 누구든 치미는 분노를 다

스리지 못할 것입니다. 아직 열 살도 안 된 어린 노동자들이 하루 12~14시간의 노동을 견뎌내야 했고, 그 환경 또한 열악하기 짝이 없었기 때문이었죠. 사실 Karl Marx는 그의 생전에 〈자본론〉을 완성하지는 못했습니다. 그의 사후에 남은 유고를 모아 지금의 〈자본론〉이 완성되었죠.

그의 사후 전 세계적으로 분 공산주의로 인해, 한 때 세계는 냉전을 겪기도 했습니다. 몇몇 국가에서는 독재로 변질되어 많은 이들을 희생토록 한 이론적 근거로 Karl Marx가 이용된 것이 사실입니다. 여전히 분단상황에 놓여 있는 우리나라에서는 그의 이름을 꺼내는 것이 조심스러울 정도이죠.

우리는 이렇듯 방향은 달랐지만, Adam Smith와 Karl Marx 모두 '이상적인 세상'을 꿈꿨다는 것에 주목할 필요가 있습니다. 자본주의의 변질과 공산주의라는 실패의 경험을 교훈삼아 보다 나은 미래를 그려나가야 하는 것이죠.

존 케인스

"장기적 관점은 지금의 상황에 그릇된 길을 제시할 뿐이다. 장기적으로 우리는 모두 죽는다"

John Maynard Keynes
• 1883. 6. 5 ~ 1946. 4. 21
• 20세기를 대표하는 걸출한 경제학자
• 자본주의의 수호자, 거시경제학의 대부
• 주요 저서 : 〈일반이론〉, 〈화폐론〉

대공황, 그리고 냉전이라는 시기. Keynes는 사실상 자본주의 최대의 위기라 할 수 있는 20세기에 등장하여 자본주의를 공산주의로부터 지켜내고, 경제학이라는 학문에 엄청난 영향을 끼친 인물입니다. 흔히 대학 강단에서 배우는 미시경제학이 Adam Smith의 사상을 이어받은 것이라면, 거시경제학은 Keynes의 사상을 이어받은 것이라 할 수 있죠. 단순한 경제학자가 아닌, '케인스혁명'을 불러온 위대한 경제학자입니다.

〈일반이론〉의 원제는 〈고용·이자 및 화폐의 일반이론〉입니다. 여기서 제목에 주목할 필요가 있는데, 일반이란 'General', 즉 기존의 이론은 'Not General'하다는 의미입니다. 기존 경제이론의 구조를 바꾼 도서라 할 수 있으니 가히 혁명이죠.

자유방임, 즉 시장에 놓아두면 물가든 실업이든 자연스레 균형으로 돌아갈 것이라는 게 당대 경제학자들의 주요 견해였던 것에 반해 Keynes는 단기적인 처방을 내놓을 것을 주문하였습니다. 바로 '유효수요'입니다. 정부가 개입하여 소득증가량에 비해 더딘 소비증가량의 상승량을 고려해 과감한 투자를 이끌어 유효수요를 창출함으로써 문제를 해결하라는 것이죠. 이 이론은 당시 뉴딜정책과 맞아떨어지며 전 세계에 영향을 주게 됩니다.

Keynes 자신 또한 사후에까지 큰 명예를 얻게 되죠. 무엇보다 그는 모든 것을 다 갖춘 '당대의 풍운아'로도 유명합니다. 유복한 가정과 더불어 연하의 발레리나와의 결혼, 거기에 학자로서 얻을 수 있는 최고의 명예까지 가히 모든 것을 갖췄다고 할 수 있죠. 아마 그의 이름은 자본주의가 지속되는 이상 결코 잊히지 않을 것입니다.

경제의 사라지지 않는 길잡이 '경제학 고전'

▲
시대를 풍미한 두 경제학자, 케인스와 하이에크. 실제 이들의 사상이 다르긴 했으나, 대결구도를 좋아하는 이들에게는 이만한 소재거리가 없을 것이다.

흔히 고전이라 하면, "누구나 아는 책. 하지만 읽지는 않은 책"이라고 합니다. 그만큼 널리 알려졌음에도 불구하고 실제 그 내용을 제대로 알지 못한다는 의미이기도 하죠. 그렇기에 어떤 이는 고전을 "옛날 것, 한 번 들어본 책"으로 치부해버리기도 하고, 또 어떤 이는 "의견을 주장하고자 할 때, 그 사상적 근거로 활용하는 것(Adam Smith를 예로 들며 성장이 우선시되어야 한다는 주장)" 정도로 생각하기도 합니다.

안타까운 현실이지만, 어찌 보면 이럴 수밖에 없다는 생각도 드는 것이 바로 고전의 한계라는 점 때문입니다. GDP, 물가지수, 인플레이션, 환율 등 국가경제의 모든 것이 계량화·수치화되고, 작은 플라스틱 카드 안에 개인의 경제활동 정보가 수집되고 활용되는 시대, 무엇보다 경제적 이득을 가장 큰 가치로 두는 시대에 있어, 딱딱한 이론을 어렵게 그리고 장황하게 써 놓은 고전은 점점 경시될 수밖에 없는 처지이죠.

이러한 고전의 한계가 있음에도 불구하고 때로는 고전이 큰 힘을 발휘하기도 합니다. 바로 그 시대가 위기에 처했을 때입니다.

특히 경제학의 경우 자본주의 경제체제가 점차 고도화됨에 따라 경제문제에 기반한 사회문제가 심각한 문제점으로 나타나고 있습니다(과거에는 문화, 인종 등에 차별한 문제가 대두되었다면 지금은 국가 간 개발격차, 계층 간 빈부격차 등이 나타남).

이러한 문제를 해결하기 위해 다양한 이론을 연구하고 적용하는데, 그 연구의 시작점이 바로 고전인 것입니다. 즉, 지금의 문제를 해결하기 위해 그동안 미처 보지 못했던 사실들, 우리보다 먼저 그 문제점을 인식하고 이를 해결하고자 노력했던, 과거 위대한 경제학자들이 남긴 고전에서 그 해답을 찾고자 하는 것입니다. 소개하는 고전 중에는 그동안 여러분께서 미처 알지 못했던 것도 여럿 있을 수 있습니다. 또는 기존에 알고 있던 고전이라 할지라도, 그 재발견과 함께 그 속에 담겨 있는 경제 사상의 진수(眞髓)를 살펴봄으로써 현대 자본주의 경제의 구성원으로 나아가는 여러분 스스로 지금의 문제점과 해결, 그리고 앞으로의 방향을 그려보시길 바랍니다.

- 아래의 고전 중 한 도서를 선택하여 정독하고 최근의 경제문제와 결부시켜 그에 따른 비평문을 작성해보시기 바랍니다(각 항목별 주요 질문 참고). 여타 대외활동과는 차별화된 여러분만의 포트폴리오가 만들어질 것입니다.
- 선정 기준이 명확하지 않을 수 있고, 꼭 들어가야 함에도 빠진 도서가 있을 수 있습니다만 아래 도서를 먼저 접해보는 것도 나쁘지 않을 것입니다.

1. Adam Smith 〈국부론〉
   - 그는 과연 시장을 신봉하였는가?
   - 국부론을 한 줄로 정의하면?
   - 아담 스미스와 칼 마르크스, 둘을 비교해본다면?

2. Karl Marx 〈자본론〉
   - 노동가치설, 공황이론이란 무엇인가?
   - 마르크스는 지금의 경제위기를 어떻게 예견할 수 있었는가?
   - 그는 공산주의자인가?

3. John Maynard Keynes 〈고용, 이자 및 화폐의 일반이론〉
   - (반드시 이 책을 읽은 이후에 생각해 볼 것) 유효수요이론은 케인스의 작품으로 봐야 하는가, 힉스(John Hicks, 천재경제학자)의 작품으로 봐야 하는가?
   - 일반이론은 정말 일반(General)적일 수 있는가?
   - 케인스는 역대 경제학자 중 가장 성공한 경제학자로 볼 수 있는가?

4. Hayek 〈노예의 길〉
- 하이에크, 그는 누구인가? 단순한 경제학자인가?
- 그가 주장한 자유주의는 프리드먼의 자유주의와 어떻게 구분할 수 있는가?
- 하이에크가 꿈꿨던 경제의 모습과 지금의 모습을 비춰볼 때, 우리 경제가 나아가야 할 방향은?

5. Schumpeter 〈자본주의 민주주의 사회주의〉
- 창조적 파괴란 무엇이고, 현 경제에서 유효할 수 있는가?
- 자본주의는 지속가능한가?
- (반드시 이 책을 읽은 이후에 생각해 볼 것) 자본주의, 민주주의, 사회주의를 각각 한 문단으로 정의해보면?

6. Thorstein Veblen 〈유한계급론〉
- 과시적 소비란 무엇인가?
- 유한계급론을 경제고전으로 추천한다면, 그 이유는?
- 베블런, 그가 지금 시대에 태어났다면 지금의 경제를 어떻게 해석할까?

7. Max Weber 〈프로테스탄티즘 윤리와 자본주의 정신〉
- 이 책을 경제고전으로 봐야 하는가? 경제고전으로 포함시킬 수 있는 이유는?
- 막스 베버가 주장하는 당시 자본주의 정신이란?
- 사회과학의 명저를 꼽는다면, 이 책은 몇 위쯤에 둘 수 있으며 그 이유는?

8. John Stuart Mill 〈자유론〉
- 그는 천재인가?
- 고전경제학에서 그의 학문적 영향은 어떠한가?
- 공리주의란? 그리고 질적 차이란?

※ 존 스튜어트 밀은 다양한 분야에 영향을 끼친 역사 속 천재 중 한 명입니다. 경제학자 중에서도 천재를 꼽으라면 항상 순위를 다투는 인물이기도 하죠. 그의 다른 저서(정치경제학 원리)는 초심자가 읽기에는 다소 적합하지 않을 수 있어 자유론을 소개한 것이니만큼, 〈자유론〉을 통해 먼저 그의 사상에 조금이나마 접근해보시기 바랍니다.

9. Karl Polanyi 〈거대한 전환〉
- 그는 왜 지금껏 주목받지 못했는가?
- '악마의 맷돌'은 무엇을 의미하는가?
- 그의 사상은 신자유주의의 대안이 될 수 있는가?

좋은 책을 만드는 길, 독자님과 함께 하겠습니다.

신문으로 공부하는 말랑말랑 시사상식 – 경제 · 경영

개정10판2쇄 발행	2024년 05월 10일 (인쇄 2024년 04월 15일)
초 판 발 행	2016년 01월 15일 (인쇄 2015년 11월 30일)
발 행 인	박영일
책 임 편 집	이해욱
편 저	시사상식연구소
편 집 진 행	김준일 · 이보영 · 남민우
표지디자인	김지수
편집디자인	홍영란 · 곽은슬
발 행 처	(주)시대고시기획
출 판 등 록	제10-1521호
주 소	서울시 마포구 큰우물로 75 [도화동 538 성지 B/D] 9F
전 화	1600-3600
팩 스	02-701-8823
홈 페 이 지	www.sdedu.co.kr
I S B N	979-11-383-6177-4 (13030)
정 가	17,000원